STÉPHANE LUPASCO

STÉPHANE LUPASCO

O HOMEM E A OBRA

Sob a direção de
Horia Badescu e Basarab Nicolescu

Tradução de
Lucia Pereira de Souza

TRIOM

Centro de Estudos Marina e Martin Harvey
Editorial e Comercial
1ª edição
São Paulo, 2001

Título Original:
Stéphane Lupasco - L'Homme et L'Oeuvre

TRIOM – Centro de Estudos Marina e Martin Harvey
Editorial e Comercial Ltda.
Rua Araçari, 218
01453-020 - São Paulo - SP - Brasil
Tel: (11) 3168-8380 / Fax: (11) 3078-6966
E-mail: editora@triom.com.br
www.triom.com.br

Tradução: Lucia Pereira de Souza
Revisão: Vitória Mendonça de Barros
Ruth Cunha Cintra
Revisão gráfica: Adriana C. L. da Cunha Cintra
Capa, diagramação e fotolitos: Casa de Tipos Bureau e Editora Ltda.

Edição patrocinada por Vitória Mendonça de Barros

Dados Internacionais de Catalogação na Publicação (CIP)
(Câmara Brasileira do Livro, SP, Brasil)

Badescu, Horia
Stéphane Lupasco: o homem e a obra; sob a direção de Horia Badescu e Basarab Nicolescu. tradução de Lucia Pereira de Souza. – São Paulo: TRIOM, 2001.

Título original: Stéphane Lupasco.
Bibliografia.
ISBN 85-85464-40-2

1. Filosofia 2. Interdisciplinaridade e conhecimento 3. Lupasco, Stéphane I. Nicolescu, Basarab. II. Título.

00-1550 CDD-001

Índices para catálogo sistemático:

1. Transdisciplinaridade: Conhecimento 001

Stéphane Lupasco

Sumário

BIOBLIOGRAFIA DE STÉPHANE LUPASCO

Prefácio

A presente obra foi editada após o Congresso Internacional "Stéphane Lupasco – O homem e a obra", ocorrido em 13 de março de 1998, no *Institut de France*, e organizado pelo Centro Cultural Romeno, pelo Serviço Cultural da Embaixada da Romênia na França e pelo Centro Internacional de Pesquisas e Estudos Transdisciplinares (CIRET), com a colaboração da *Académie des Inscriptions et Belles Lettres.* Diversas contribuições suplementares, bem como uma considerável biobibliografia de Stéphane Lupasco, foram acrescentadas.

Este livro, realizado em colaboração com o CIRET, constitui uma contribuição à celebração do centenário de nascimento de um dos mais importantes pensadores deste século.

MEU AMIGO LUPASCO

GEORGES MATHIEU
Membro do Institut de France

Mestre Alde Lupasco,
Senhor Embaixador,
Senhor Secretário perpétuo,
Senhor Diretor do Centro Cultural Romeno,
Senhor Presidente do CIRET,
Senhoras, Senhores,

ODÉON 72 11

Este número de telefone, devo tê-lo discado, em trinta anos, mais de cem vezes.

Era o de Stéphane Lupasco. Foi-me dado por nosso saudoso amigo Cioran, a quem eu o havia pedido em 15 de janeiro de 1953.

Havia acabado de ler *Le Principe d'antagonisme et la Logique de l'énergie,* publicado por Hermann, e ficara fascinado, maravilhado mesmo, com o pensamento fundamentalmente original de Lupasco.

Escrevi-lhe logo, em 17 de janeiro, contando que eu dirigia a revista internacional bilingüe *House-organ,* de uma companhia de navegação americana, onde era o chefe de relações públicas, e que desejava confrontar os aspectos mais avançados da Expressão, do Saber e do Pensamento dos dois lados do Atlântico.

E que, tendo ficado extremamente impressionado

com sua última obra, ficaríamos honrados se ele quisesse participar da redação dessa publicação, para a qual havia solicitado a colaboração de Louis de Broglie, T. S. Eliot, Étienne Gilson, Julian Huxley, I. A. Richards, Bertrand Russel, Lionello Venturi, James J. Sweeney, William Faulkner, André Malraux, Denis de Rougemont, Herbert Read, além de outras personalidades.

Expliquei que sua contribuição poderia favorecer o desenvolvimento da lógica do contraditório, desde a lógica hilbertiana até seus mais recentes trabalhos. E também que me parecia em particular oportuno, no momento em que Louis de Broglie curiosamente retornava ao determinismo – impelido por um jovem físico americano, David Bohm, que retomara suas concepções –, revelar, graças à sua lógica, que a contradição bate em todas as portas, quer se trate da microfísica, onde as *relações de Incertezas de Heisenberg* prevalecem desde 1927, ou da matemática, lembrando que o teorema de Gödel data de 1931.

Lupasco respondeu-me quase imediatamente e convidei-o para almoçar. Combinamos de nos encontrar no primeiro andar da Brasserie Lipp, mais calmo que no térreo.

Lupasco chegou antes de mim. Era um homem extremamente agradável – eu diria até jovial – e extremamente polido. Era bastante corpulento e fumava cachimbo. Longe de parecer um erudito de biblioteca, percebia-se que amava a vida.

– Quanta honra, Mestre, ter aceito meu convite; não tenho grande conhecimento, sou apenas um jovem pintor abstrato, que sente curiosidade por tudo o que diz respeito ao indeterminismo, à semântica e à topologia. Seu livro é absolutamente fascinante, sua lógica é a primeira a dar conta, de maneira assombrosa, da coerência dos fenômenos da física e também da biologia, da psicologia e até da arte, mais particularmente da arte abstrata.

Gostaria de comer chucrute? É a especialidade da casa, excelente, e as porções são generosas.

– Com prazer, gosto muito de chucrute; mas como veio a conhecer meus trabalhos? Conheço um pouco os seus, minha esposa também é pintora.

– Por volta de 1951, vi seu nome pela primeira vez em um artigo de André Breton, no jornal *Arts*. Breton, como sabe, era filho de um policial e não passou sua vida aplicando multas, mas, sim, operando exclusões – quase diria excomunhões em seu movimento. Ia contra todas as formas de ordem e de convenções lógicas e naturalmente interessou-se por seus trabalhos. Ele se interessava pelo esoterismo, mas buscava mais a eficácia infra-humana do que a real transcendência.

– Porém você, um pintor, como lhe ocorreu esse interesse pelas aventuras da ciência?

– Sem dúvida porque meu trabalho é pintar. Também penso. Acredito que René Guénon, com suas obras, me tenha revelado uma verdadeira aversão pela Grécia, por aquele povo pequeno e limitado, que não deu atenção às prodigiosas iluminações dos pré-socráticos, não percebeu, na arte, senão o antropomorfismo e cuja visão de mundo reduziu a civilização aos elementos puramente humanos: a razão e os sentidos.

É hora de riscar, com mil traços vermelhos, tudo aquilo que a antiguidade grega clássica nos legou a respeito das relações entre a inspiração e a poética. Da sábia mediação, proposta por Platão, entre a razão autônoma consciente e o divino delírio encarnado, à tradição aristotélica e "humanista", que entre nós ainda se prolonga, nossa civilização suportou a corrente nascida do erro fundamental: *tentar chegar ao Ser a partir do Homem!*

– Se entendo bem, Georges Mathieu, você considera a Grécia clássica culpada da crise da filosofia ocidental.

– Exatamente, e tenho certeza que Gilbert Durand estaria de acordo comigo por considerar que duas linhas conceituais norteiam o pensamento ocidental.

A linha que vai de Heráclito a Lupasco, passando por Parmênides, Denis o Areopagita, Plotino, Santo Agostinho, Nicolau de Cusa, Jacob Boehme, Leibniz, Louis Claude de Saint-Martin e, mais próximos de nós, Nietzsche, Teilhard e Heidegger.

– E a outra corrente?

– Certamente é a que vai do *platonismo* ao *materialismo dialético*. Em outras palavras, de Sócrates a Althusser.

Durante vinte e três séculos, todo homem de ciência e todo filósofo raciocinou segundo a lógica clássica do terceiro excluído, formalizada por Sócrates e Aristóteles.

Posteriormente, ninguém, nem Descartes, nem Kant, nem Hegel, ousou lançar-se contra os três princípios de *não-contradição*, de *identidade*, do *terceiro excluído. Você foi o primeiro, Mestre, coube a você opor-se a isso!* Você é o primeiro e essa é sua glória.

Suas três ortodeduções oferecem-nos, após as tentativas de Hilbert e de Tarski, enfim, as verdadeiras chaves do Conhecimento. Seus únicos verdadeiros pais espirituais são Heráclito e Nicolau de Cusa que, em sua "Docta Ignorantia", já revela a coincidência dos contrários e condena a matemática grega que se limita, com o *tipo euclidiano* e apesar de Arquimedes, a um ideal de perfeição fechado e recluso.

Nicolau, ao contrário, em consequência de suas idéias sobre *o poder e o ato, o contínuo, o infinito matemático* que ele liga, é de certo modo o precursor de seus trabalhos, como o será de Copérnico e de Galileu.

Desculpe-me, Mestre, por essa digressão sobre aquele a quem podemos chamar 'o anunciador do Pensamento moderno'. Poderia perguntar-lhe, Mestre, de quando datam seus primeiros trabalhos?

– Bem, minhas primeiras teses datam de 1935, mas infelizmente foram plagiadas por Gaston Bachelard, que publicou, em 1940, *La Philosophie du Non.*

– Isto que você está dizendo não me surpreende em absoluto. Basta comparar seu *Nouvel Esprit Scientifique,* de 1934, e *La Philosophie du Non,* de 1940.

Nesta última obra, reaparecem todas as suas expressões e referências a Pauli e a Dirac. Nela, ele discorre sobre *energia negativa,* massa negativa, conceitos que reconhece apenas como construções puras do espírito. Dá-se conta de uma ruptura dos níveis de conhecimento e fala de *supraracionalismo.*

Ele afirma que a ciência contemporânea estabeleceu uma nova *ruptura epistemológica* e esclarece mais, admitindo que o estudo da microfísica o obriga a pensar de modo diferente daquele que o obrigava uma estrutura invariável do entendimento.

Pensávamos compreendê-lo. No entanto foi você, Mestre, *quem fez a revolução do entendimento.* Não ele.

Também vemos surgir o tema novo da dinâmica associada à energia, da homogeneidade dispersa.

Deste ponto em diante, Bachelard pretende colocar *os pensamentos antes das experiências,* escapar da localização euclidiana e, finalmente, romper o determinismo cerebral. *É um verdadeiro plágio.* Imagino seu desgosto diante de tal furto. A História o punirá.

Uma outra questão, que me intriga, é a de seu interesse pelo advento estético da Abstração. O que vem a ser isso?

– Constato que o pintor ressurge. De fato, visualizo o problema da arte abstrata de um ponto de vista epistemológico e me indago sobre as razões que levaram o artista, no século XX, de repente, a abandonar a representação.

A cada instante de nossa vida, quando aparece um conflito, tentamos, sem cessar, fazê-lo calar; o artista, ao contrário, lança-se sobre ele.

O artista quer o antagonismo da vida e da morte. A *criação figurativa* é o reflexo natural para amenizar o antagonismo do mundo, enquanto o *verdadeiro artista* aplica sobre essa figuração, que representa a vida *tranquilizada*, os próprios elementos da morte, da destruição, ou seja, da contradição.

O pintor abstrato tenta abstrair o psiquismo puro do envoltório biológico e físico no qual ele se encontra.

– Não me surpreende que meus quadros assumam, muitas vezes, a forma de batalhas. Minha pintura é a expressão fulminante de sua teoria.

– Este chucrute é realmente muito bom. Poderíamos pedir um outro?

– Mas é claro.

– É que, segundo meu anfitrião, devo comer bastante para emagrecer.

Comer bastante para emagrecer, que sublime contradição aparente!

Mas Lupasco acrescentou:

– É que preciso fazer *meu organismo trabalhar!*

Veja, na vida, o ser vivo tem apenas uma idéia, a de escapar à dor, ou seja, escapar da afetividade, da realidade ontológica.

O artista, por outro lado, objetivando o conflito, enxerga exatamente essa realidade ontológica, deseja fazê-la aparecer. É uma constatação empírica. Percebo que tudo acontece dessa maneira. O conflito introduziu a afetividade ontológica, ou seja, aquele ser que se basta, quando, ao contrário, a supressão do conflito a elimina.

– O artista é, então, aquele que quer experimentar a maior afetividade criando o maior conflito.

– Exatamente.

– O que me fascina é que essa metodologia contraditória, implicada por seu aparato lógico, não só nos permite questionar as explicações fragmentárias dos deterministas, como também abre caminho para campos de exploração completamente novos na biologia, medicina, psiquiatria...

Sua concepção da arte permite a compreensão, por exemplo, da relação que deve existir entre um artista, um neurótico e um louco.

– Realmente, o neurótico, como o louco, sofre de falta de conflito, de falta de contradição, ao contrário do que pensam os maiores psiquiatras.

A loucura e o câncer são idênticos no plano dos princípios. O câncer é um desenvolvimento sem contradição, é uma proliferação sem antagonismo

– Isso é simplesmente extraordinário! Você traz um esclarecimento absolutamente novo a todos os fenômenos da Natureza e da Vida! Acabo de escrever a Norbert Wiener pedindo-lhe também um artigo para minha revista. Imagino que tenha lido seu livro, *Cybernetics*, publicado, em 1948, por seu editor Hermann.

– Sim, é uma obra de considerável importância no domínio do controle e da comunicação, que pode esclarecer os problemas tão complexos da natureza da teoria dos quanta e da relatividade.

Curiosamente, esse livro foi publicado primeiro na França e em inglês.

– É verdade, acho que talvez seja um tipo de homenagem a nossos matemáticos franceses como Benoît Mandelbrot, que acaba de aplicar a teoria de von Neumann e Morgenstern à cibernética.

Porém, esses domínios são um tanto árduos demais para mim. Eles fazem intervir, entre os comunicantes, interlocutores hostis, que não saberíamos reconhecer como sendo a Natureza, a Entropia ou o Diabo!

Permita-me, querido Mestre, encerrar – provisoriamente, espero – este prodigioso encontro e agradecer, de antemão, pelas páginas que escreverá para nossa revista. Você vai desafiar Louis de Broglie e Einstein!

Aguardo notícias.

Antes de prosseguir, gostaria de ler uma história que escrevi em 1978 e publiquei em um de meus livros, *L'Abstraction prophétique*. Ocorreu um ou dois anos após meu primeiro encontro com Stéphane:

"Nessa ocasião – morava, então, perto do bosque –, havia organizado um jantar quando Norbert Wiener estava de passagem por Paris. Estavam presentes Pierre Boulez, Henri Michaux, o Padre Bruno e Lupasco, é claro, para confrontar a cibernética com a lógica dinâmica do contraditório. Foi um diálogo de surdos. Wiener começou a recitar, em grego, o segundo ato de *Nuvens*, de Aristófanes; depois começou a declamar, sem transição, a célebre passagem de Fausto – em alemão:

Habe nun, ach! Philosophie,
Juristerei und Medizin
Und leider auch Theologie
durchaus studiert...
Da steh'ich nun, ich armer Tor!
Und bin so klug, als wie zuvor.

Ah, acabei Filosofia
Direito e Medicina
E infelizmente Teologia também
Eis-me aqui, eu pobre tolo
E sou tão esperto quanto antes.
(trad. Marcio A. Vianna Fº e Adriana Colotto)

Essa situação durou mais de vinte minutos. Meus convidados estavam, ao mesmo tempo, consternados e boquiabertos. Mal conheciam Norbert. Antes de iniciar uma conversa séria com ele, era preciso fazê-lo entender que estávamos plenamente conscientes de sua genialidade, que sabíamos que aprendera a ler aos três anos, que falava quatorze línguas...

Quando veio me visitar, em meu escritório da rua Auber, logo me fascinou contando sobre o último romance policial que acabara de escrever (sob um pseudônimo). Isso durou, mais ou menos, duas horas. Em seguida, conversamos sobre o futuro do mundo.

Interrompi Fausto para dar a palavra a Lupasco, mas Wiener continuou seu monólogo, como se nada tivesse acontecido. Felizmente, Elisa serviu os primeiros pratos."

Alguns dias antes, havia escrito ao príncipe Louis de Broglie, pedindo-lhe uma entrevista, pois estava revoltado com a idéia de que o famoso autor de *La*

Mécanique ondulatoire deixasse, repentinamente, o campus da Escola de Copenhage, de Heisenberg, de Bohr, de Pauli...

Há alguns anos vislumbrava que a imagem do mundo deixaria de se situar na prisão estreita da causalidade restrita e era isso que eu ia afirmar em minha revista, isto é, que as línguas de Aristóteles e de Leonardo estavam ultrapassadas.

Caí das alturas; toda a trama de minha revista, todo o pensamento que corria como filigrana, de repente estava fora de prumo.

Louis de Broglie recebeu-me no Institut Henri Poincaré. Foi de extrema gentileza diante da audácia inacreditável – quase insolente – de vir confessar-lhe o quanto eu estava contrariado com sua volta.

Fiz, então, um elogio exaltado dos trabalhos de Lupasco.

Teria ele lido *Le Principe d'antagonisme et la Logique de l'énergie*, onde Lupasco havia substituído a noção de *complementaridade* de Bohr pela noção de *complementaridade contraditória,* mas havia, sobretudo, mostrado que a *estranha dualidade onda-corpúsculo era logicamente contraditória?*

– Quando discorreu, príncipe, sobre o grande drama da microfísica contemporânea, não teríamos o direito de perguntar se o drama não é o da *inadaptabilidade das ferramentas do pensamento à análise complexa do real?*

– Com muita frequência, respondeu, a contradição assusta. O físico espera de uma teoria que ela concorde com a experiência. É um critério absoluto.

Mas ele lhe exige uma *certa coerência interna,* que permita deduzir o conjunto de seus resultados de um certo número de postulados que não apresentem nenhuma contradição entre si.

– Compreendo perfeitamente, respondi. Porém, vou me atrever a perguntar-lhe se, para forçar essa coerência, o físico tem o direito de recorrer a *parâmetros* mais ou menos *ocultos,* em vez de se questionar a respeito de seu aparato lógico?

– É verdade que, até 1950, mantive-me restrito à interpretação puramente probabilística de Bohr, Born e Heisenberg, mas considerava insatisfatória essa palavra complementaridade, que serve somente para traduzir o aparecimento sucessivo de aparências corpusculares e de aparências ondulatórias nos fenômenos irrefutáveis e não constitui, de maneira alguma, uma explicação real da dualidade das ondas e dos corpúsculos.

Podemos comparar a complementaridade à *virtude adormecedora do ópio* da qual Molière caçoava, mas isso não fornece uma explicação das propriedades do ópio.

Perguntei-me se a interpretação atualmente aceita da mecânica ondulatória era, em verdade, definitiva e, por isso, com alguns jovens pesquisadores, Jean-Pierre Vigier em particular, tive a ousadia de me contrapor a mestres ilustres. Propus as bases de uma possível reconciliação entre a teoria dos quanta e a teoria da relatividade geral, tentando integrar a teoria da dupla solução no quadro da relatividade geral.

No texto que você me pediu mostrarei como, após a tese de um jovem americano, David Bohm, que, em 1927, retomou minhas concepções e as completou, Jean-Pierre Vigier assinalou a analogia entre minha representação das ondas de singularidade e as tentativas, feitas por Einstein, para representar as partículas materiais como singularidades do campo gravitacional.

Você sabe que a *interpretação puramente proba-*

bilística, apesar de sua elegância formal e rigor aparente, choca-se com objeções perturbadoras vindas de Einstein e Schrodinger, que são absolutamente contrários a ela.

Agradeci ao inventor da mecânica ondulatória por sua hospitalidade e cortesia, esperando que as noções deterministas cristalizadas em um dogma contraditório fossem somente fragmentárias e que uma nova extrapolação do pensamento pudesse poderá resolvê-lo.

A revista *United States Lines Paris Review,* foi lançada em junho de 1953. Dez mil exemplares foram distribuídos em nossos transatlânticos, a toda a imprensa e em todas as universidades francesas, européias e americanas.

Recebi cumprimentos de toda parte, mas principalmente de Berkeley, Yale, Harvard, Princeton, MIT e de Dartmouth, que imediatamente me encomendou seiscentos exemplares!

Textos de I. A. Richards, Frank Lloyd Wright, Luigi Moretti, Louis de Broglie, Norbert Wiener, George A. Plimpton, Serge Lifar, Thomas B. Hess, Maurice Leroux, René de Solier e de dezenas de escritores, críticos de arte, coreógrafos, psiquiatras, cineastas, emolduraram o *texto-manifesto* de Lupasco em uma diagramação espetacular.

Apresentei Lupasco a todos os meus amigos, pintores, jornalistas, psiquiatras, filósofos: Axelos, Abellio, Pierre Boutang, Roumeguère, que escreveu, no ano seguinte, para a reedição completa, um *Essai d'épistémologie opératoire d'Aristote à Lupasco,* o reverendo Padre Bruno dos Estudos Carmelitas, Julien Alvard, crítico de arte que escreveu *L'Art moral* apoiada no pensamento de Lupasco, Salvador Dali, André Parinaud, que fez longas entrevistas em sua publicação *Arts*. Também a Henri Michaux, Jean-François Revel e Christian Bourgois, conselheiros na Julliard, que publicou seu best-seller *Les Trois Matières,* em 1960, e três ou quatro outras obras suas.

Toda a imprensa apossou-se de Lupasco, do *Figaro Littéraire* ao *France-Observateur* e ao *L'Express,* do mesmo modo como a imprensa alemã, a espanhola, a italiana. Apenas o jornal *Le Monde* permaneceu silencioso, Lupasco nunca se sentira atraído pelo marxismo.

No ano seguinte, em 1954, reeditando minha revista, tive a idéia de escrever a Einstein perguntando-lhe, em uma carta de seis páginas em alemão, se estava de acordo com a brusca mudança de atitude de Louis de Broglie.

Sugeri que ele me parecia responsável por esse estado de coisas porque, paralelamente à elaboração da Relatividade imbuída de causalidade estrita e da idéia do contínuo, ele havia dado, por assim dizer, o golpe de misericórdia no contínuo mais rigoroso da Física, o contínuo ondulatório da luz, ao lançar a *hipótese dos fótons!*

Lembrei-lhe que, desde 1940, seu texto *Fondements de la Physique théorique* e desde sua *Réponse aux critiques,* o tempo lhe havia dado razão por diversas vezes.

Parecia-me, no entanto, tão oportuno quanto importante solicitar sua posição atual pelo fato de o caráter estatístico da teoria dos quanta estar sendo questionado, uma vez mais, e, nesse momento, epistemólogos estarem construindo, a partir da experiência microfísica, uma lógica do contraditório em ruptura total com a lógica clássica.

Implorei-lhe, em nome de sua convicção sobre a Harmonia do Universo, que nos explicasse se seus trabalhos mais recentes confirmavam os de Louis de Broglie e nos permitiriam entrever a ordenação suprema da Natureza e o triunfo do espírito sobre o Caos.

Alguns dias mais tarde, em 6 de abril de 1954, ele agradeceu por minha longa carta e minha revista.

Como esperávamos, confirmou concordar inteiramente com o que o 'excelente' de Broglie havia dito. Empregou uma palavra um pouco ultrapassada para expressar o excelente: *Treffliche.*

Como sabemos, Einstein faleceu em 1955, deixando o mundo ansioso diante do problema dos quanta, que permanece um mistério insondável, pois o aparecimento dos *Quarks* de Gell-Mann ou a teoria do *Bootstrap* de Chew não nos afastariam da física de Einstein, tanto quanto esta estava afastada daquela do tempo de Newton?

Mas é bem além da natureza da lógica que subentende o indeterminismo que se manifestará a fabulosa criação da *lógica da energia*, esta lógica sendo anterior à matéria.

Como relatava Anne Jobert, "o sistema trialético de Lupasco não é apenas um meio para pensar o mundo, ele *explicita o aparecimento deste mundo*".

Durante cinquenta anos, Lupasco dirigiu sua investigação em todas as direções e usou todos os domínios do pensamento e da vida: a física, é claro, a matemática, a biologia, a medicina, a psicologia, a arte, os sonhos, a moral, a sociologia, até a metafísica e a religião.

Um novo Aristóteles, também é um novo Claude Bernard, um novo Durkheim, um novo Bergson.

Época curiosa em que um Boutang, um Lacan, um Foucault são vistos como filósofos, enquanto, ao lado do autor de *Trois Matières* encontram-se apenas professores.

Lupasco é o maior pensador do século XX e deixa bem atrás de si os Sartre, os Husserl, os Merleau-Ponty e outros sucessores da fenomenologia e do estruturalismo.

Pela extensão e diversidade de seus interesses e suas descobertas, Lupasco lembra Leibniz.

Sim, ele é o *Leibniz* de nosso tempo, que nos obriga a repensar todos os problemas à luz dos mecanismos da lógica.

Foi o único, após a crise do conhecimento, que vem desde Planck, a forjar ferramentas capazes, doravante, de analisar a complexidade do real, de determinados fenômenos psíquicos e também dos mistérios da vida, dos comportamentos coletivos, dos fenômenos religiosos e de tudo o que se refere à alma e à transcendência.

Como diria Gilbert Durand, "diante de todas essas máscaras especializadas da alienação do homem, ergue-se – como previram os poetas – o homem da Promessa, a figura do homem *profético*". Lupasco é este homem profético.

Ao morrer, em 7 de outubro de 1988, ele não alcançara a imensa glória que o espera. Seu público, no entanto, havia penetrado todos os meios mais avançados do saber e da sensibilidade no mundo, mesmo que seus inúmeros livros sejam mais conhecidos fora da França do que dentro de nossas fronteiras.

O silêncio da mídia, o silêncio dos universitários, o dos intelectuais e o dos responsáveis pelo Estado foi tão grande, por ocasião de seu desaparecimento, quanto aquele que acompanhou a morte de Louis de Broglie.

A França parece querer homenagear mais os jogadores de futebol ou os campeões de ciclismo.

É o que eu deplorava, ao escrever seu necrológio no *Le Figaro*, sob o título '*A dupla morte de Stéphane Lupasco*'.

Hoje, Senhor Presidente Basarab Nicolescu, com esta brilhantíssima assembléia de espíritos esclarecidos presentes, o senhor acaba de ressuscitar, com triunfo, um dos maiores gênios da História!

Muito obrigado.

LUPASCO E A VIDA

ALDE LUPASCO-MASSOT
Advogada no Tribunal de Paris

Os senhores Horia Badescu e Basarab Nicolescu, a quem cumprimento e agradeço por este colóquio, pediram-me que falasse de meu pai.

Escolhi o título *Lupasco e a vida*, para tentar descrever-lhes sua excepcional vitalidade (que podia ser explosiva quando fustigava os adversários de suas idéias filosóficas, com sua voz poderosa, em uma discussão acalorada).

Ele, o pensador obcecado pela metafísica e pela morte, era a própria Vida.

Não se trata de uma biografia, mas muito mais de um testemunho. Sobretudo procuro mostrar-lhes a que ponto sua vida marca, ao mesmo tempo, uma continuidade, em suas aspirações nas correntes intelectuais que frequentou e uma multiplicidade de mudanças – o que não é antinomia para o filósofo do contraditório!

Teve, como ele mesmo dizia, sucessões de *constelações* em toda a sua existência.

Natural de uma antiga família de nobres moldavos que deu à Romênia inúmeros sábios, escritores e músicos, ele nasceu com o século em 11 de agosto de 1900. Esta família terá uma influência marcante em sua formação intelectual, seu amor pela música e pela literatura.

Porém, muito cedo, seu interesse voltou-se, mais

especificamente, para a filosofia. Costumava dizer que lia Espinoza aos oito anos! Às vezes reprovava o 'demônio da filosofia' por tê-lo capturado e obcecado, em detrimento de mil coisas que poderia ter feito em sua vida. No entanto, escreveu um romance, contos e peças de teatro, infelizmente perdidas.

Não creio que seu pai, que foi advogado e deputado e que morreu jovem, tenha tido grande influência sobre ele. Mas sim sua mãe, pianista, aluna de César Franck, desempenhará um papel importante em sua juventude.

Efetivamente, foi ela que tomou a decisão de morar na França, em 1916, com os dois filhos. Depois de uma grande viagem através de toda a Europa Central resolveu se fixar em Paris onde, ela própria, muito cedo orfã, tinha sido educada.

Ele fez seus estudos secundários no *Lycée Buffon*, depois os universitários na Sorbonne, em filosofia, biologia, física e até cursou, por breve tempo, a Faculdade de direito.

Em 1926, publicou sua primeira obra: uma antologia de poesia intitulada *Dehors*, publicada pelas edições Stock.

Encontrou minha mãe, uma protestante compenetrada que seguia sua carreira nessa editora. Ela foi subjugada por aquele belo romeno, profundo, brilhante e que apreciava, de certo modo, as boas coisas de vida!

Nessa ocasião, ele levava uma vida feliz nos restaurantes e bares (então ganhou os 90 quilos que somente o deixaram durante a guerra!). Ele frequentava os surrealistas Benjamin Perret, Tzara, os pintores Picasso, Wols, etc.

Aquela que foi seu anjo da guarda durante sessenta anos conseguiu obrigá-lo a escrever e a fazer sua tese de habilitação – uma tese posterior à de doutoramento e que comprova um acúmulo de experiência significativa em determinado campo particular –, publicada, em 1935, por Vrin.

A partir dessa data, seu universo intelectual voltou-se, mais particularmente, aos meios universitários e ao mundo filosófico: Brunschvicg, Abel Rey, que presidiu o júri de sua tese (o que foi louvável porque não compartilhava de suas idéias), de Broglie, Bréhier, Bachelard e muitos outros.

Paralelamente, ele não abandonou suas ligações romenas, tendo mantido correspondência regular com Constantin Noica.

Igualmente, foi a época da grande amizade com Benjamin Fondane, "o homem mais inteligente que encontrei", dizia.

Ambos tinham o hábito de se encontrar com regularidade e chegaram a fazer a volta da Bretanha de bicicleta.

Uma pequena história ilustra muito bem a diferença de caráter entre esses dois grandes companheiros, unidos pelo pensamento e pela capacidade de reflexão permanente. Em 1942, costumavam mandar produtos da Bretanha, especialmente manteiga, para suas famílias, que sofriam pela escassez de alimentos em Paris. Um dia, meu pai levou sua encomenda ao funcionário do correio e exclamou alegremente: "Manteiga, outra vez!" Fondane suspirou e murmurou severamente à sua orelha: "Por que esse outra vez?" No dia seguinte, voltando com seu pacote de manteiga, o inspetor econômico os esperava...

Infelizmente, em 1944, por duas vezes, na delegacia de polícia de Paris, depois em Drancy, meu pai tentou, em vão, salvar o amigo, mas Fondane morreu em

Auschwitz-Birkenau como todos sabemos.

Foi, para meu pai, uma imensa dor perder um amigo com quem tinha tantas afinidades.

A partir de 1946, nomearam-no encarregado de pesquisas no CNRS, onde ficou dez anos. Essa atividade o sustentou, pois certamente não foram seus direitos autorais que asseguraram nossa subsistência!

Chegaram os anos 50. Diria, então, que foi, para meu pai, a chegada da arte abstrata, em grande parte graças à descoberta da pintura e do pensamento de Georges Mathieu. Este acabou de evocar, maravilhosamente, seu encontro e seu caminho comum até 1988.

Foi uma época rica em encontros de vários tipos, impossível enumerá-los todos! Eu me contentarei citando, entre os escritores, Paulhan, entre os biólogos, Jean Rostan, entre os professores universitários, Fessart, Lacassagne, entre os poetas, Michaux, Octavio Paz, os surrealistas como Ribemont-Dessaigne e, principalmente, Breton, que o admirou e depois o excomungou. Com efeito, por ter redigido um artigo sobre Georges Mathieu, Breton o acusou de ter-se vendido ao Papa e ao Vaticano!... Mas quem, um dia, não foi vilipendiado por Breton!

Não poderia enumerar a lista de todos os pintores abstratos que deram Lupasco como referência, pois são uma legião. Foi também muito ligado aos críticos, notadamente a Julien Alvard e Michel Tapié (podemos ver no Staedelisch Museum, em Amsterdã, uma tela magnífica de Karel Appel, intitulada 'Retrato de Michel Tapié e Stéphane Lupasco'; aliás, meu pai havia escrito um artigo sobre Appel na revista *XXe. siècle*).

Sem dúvida, preciso também lembrar a relação mantida com Dali, fervoroso partidário da filosofia lupasciana. Encontraram-se muitas vezes na França e também na Espanha, na casa de Dali e Gala, em Cadaques.

Talvez algumas pessoas ainda se lembrem da conversa transmitida, ao vivo, do hotel Meurice para a televisão, em fevereiro de 1978, durante a qual Dali e Lupasco trocaram impressões extremamente complexas sobre a lógica do contraditório. A gravação terminava focalizando Dali dizendo, com seu célebre sotaque catalão: "Todos vocês devem ler Lupasco".

Alguns anos antes, o grande amigo Ionesco fizera seu Nicolas dizer, em *Victimes du devoir*, "Vocês devem procurar ler *Logique et Contradiction*, o excelente livro de Stéphane Lupasco", enquanto brandia a obra em cena.

Os anos 60 colocam um novo marco na difusão das idéias de Lupasco. A publicação de *Trois Matières* pela Julliard é uma revelação para inúmeros críticos, entre os quais Claude Mauriac, que escreveu no *Figaro:* "Tenho a impressão de ter descoberto o *Discours de la méthode* de nossa época".

As obras publicadas em seguida pelas editoras Christian Bourgois, pelos editores Casterman, Desclée de Brower e, mais recentemente, por Jean-Paul Bertrand, nas Éditions du Rocher, abriram caminho para seu pensamento em direção a um público mais vasto e mais diversificado.

Porém, a obra ainda não atingiu o 'grande público', por requerer tanto conhecimentos filosóficos como científicos.

E no entanto, esse pensamento tão complexo vem de uma pessoa surpreendentemente simples, às vezes ingênua e, sobretudo, muito calorosa.

Sempre bondoso, amigo, ele nos aquecia com seu sorriso, seu humor, seu amor pelo gracejo. Cioran disse-me um dia: "Stéphane é o homem junto ao qual mais ri em minha vida".

É o caso de muitas pessoas que o conheceram e também o meu.

Sua voz poderosa nos envolvia: "Quando ele fala, os vidros tremem" escreveu Jean-François Revel.

Sua vitalidade, ele a manifestava com uma curiosidade e um amor desenfreado por tudo, pela música, pela natureza – meditava contemplando 'seus' carvalhos milenares; apaixonado por montanhas, foi um alpinista entusiasmado (contava, com deleite, que após ter atravessado, em último lugar, uma ponte de neve, esta havia desmoronado, tão pesado era. Inconsciente do perigo, somente tinha olhos para a beleza dos abismos, que se lhe afiguravam imensas catedrais).

A comida sempre ocupou o primeiro plano em seu amor pela vida. Um dia elaborou uma teoria segundo a qual o alimento poderia substituir o sono. Durante quarenta e oito horas fez a experiência, comendo exageradamente, até o momento em que foi encontrado dormindo no meio dos pratos. Precisou reconhecer sua derrota!

Outra de suas invenções para justificar seu apetite devastador foi decretar que comer fazia emagrecer, pois era inegavelmente um dispêndio calórico 'considerável'! Isso não o impediu de ter, toda a vida, cerca de trinta quilos a mais!

Seu caráter de *bon vivant* exprimia-se, ainda, em outros domínios. Grande apreciador de bebidas, grande apreciador de mulheres, da Mulher, era igualmente um fumante inveterado: é impossível lembrá-lo sem ver sua bela cabeça greco-latina, seu perfil de medalhão, os cabelos jogados para trás, o cachimbo na boca, os olhos pensativos, falando entre nuvens de fumaça.

Repleto de amor pela vida, manifestava um entusiasmo transbordante por tudo o que dizia respeito ao futuro, jamais enxergando obstáculos aos mais impossíveis projetos.

Foi enorme minha angústia quando, aos 85 anos, quase não conseguindo mais andar, respondeu afirmativamente a um convite para um colóquio em Santiago do Chile!

Esse homem, cheio de energia e vitalidade, era também de uma inocência desarmante. Não procurava, nem mesmo compreendia, as honrarias ou as questões monetárias.

Indiscutivelmente, esse frescor de sentimento, essa ausência de cálculo afastaram-no dos círculos da mídia e das instituições.

Era, em definitivo, um homem livre. E, posso acrescentar, um homem feliz, para quem apenas contavam as Idéias, o Conhecimento e a Afetividade.

No dia seguinte à morte de meu pai, Georges Mathieu escreveu um admirável artigo no *Le Figaro*: 'A dupla morte de Lupasco', no qual fustigava o silêncio que cercou tanto sua morte como sua obra.

Assim, hoje, com este colóquio, com a recente criação de uma Fundação Lupasco na Romênia, assistimos ao lançamento do que poderíamos denominar 'a ressurreição de Lupasco'.

STÉPHANE LUPASCO E A REVISTA *LETTRE OUVERTE* EM 1960

MICHEL CAMUS
Escritor, filósofo, editor
Redator-chefe da Revista Mémoire du XXIe. siècle

Escolhi limitar-me a um testemunho sobre o homem. Um testemunho forçosamente incompleto, uma vez que repousa sobre as lembranças remontando à concepção, na primavera de 1960, da revista *Lettre Ouverte*: este título foi-me inspirado pelo conceito de 'obra aberta', de Umberto Eco, de quem publicaríamos um artigo sobre os *Novissimi,* em 1961. Na ocasião, eu escrevia sob o pseudônimo de Michel Fougères. O poeta Raymond Girard (atualmente romancista), praticamente transformado em co-fundador da revista, a meu lado, havia-me apresentado o crítico de arte Julien Alvard. Este me aconselhara e entrar em contato com Guy Dupré, famoso autor de um primeiro romance: *Les fiancées sont froides.* Fui à Gallimard convencer Louis-René des Forêts a juntar-se a nós. A primeira reunião do grupo de redação deu-se sem a presença de Stéphane Lupasco, que nos foi apresentado por Julien Alvard durante a elaboração da edição de número 1. Esta foi, finalmente, lançada em dezembro de 1960, sendo o nome de Stéphane Lupasco incluído no grupo de redação. Publicamos, nesse primeiro número, um texto de sua autoria com alguns trechos incompreensíveis para nós: *L'axiome du choix, le principe de Pauli et le phénomène vital.*

Havíamos ficado fascinados com a personalidade de Stéphane Lupasco, sua abertura espiritual, a audácia de seu pensamento *trialógico*, seu interesse apaixonado pela arte, sua generosidade intelectual para com jovens incompetentes, como éramos em relação a seus conhecimentos científicos. À exceção de suas obras de 1935, editadas pela Vrin, comprei, na ocasião, seus livros disponíveis. *Logique et Contradiction* foi uma revelação e uma festa para meu espírito. Lupasco me havia oferecido *Les Trois Matières,* que a Julliard acabara de lançar e resumia o conjunto de suas pesquisas. Guardei o artigo de Claude Mauriac que saudava "o livro mais fantástico, o mais apaixonante, talvez o mais importante que tenhamos lido em anos". Claude Mauriac sentia "a impressão de descobrir o *Discours de la méthode* de nossa época". A presença de Stéphane Lupasco criou uma divisão em nosso pequeno grupo: de um lado, Julien Alvard, Raymond Girard e eu absorvíamos como esponjas as estonteantes propostas de nosso amigo Stéphane e, de outro, os literatos puros e rígidos: Albert-Marie Schmidt, Guy Dupré e Louis-René des Forêts. Quando descobriu Stéphane Lupasco na revista, Louis-René des Forêts pediu demissão. Não podia admitir a presença de um filósofo das ciências tão inacessível em uma revista poética e literária. Para justificá-lo, precisamos dizer que ele não conhecia Lupasco e, portanto, não pudera descobrir que o epistemólogo era também um visionário e, no fundo, um poeta. Nessa ocasião ainda não ocorria o espírito transdisciplinar. Sempre senti e ainda sinto enorme reconhecimento por Stéphane Lupasco, que foi meu iniciador, abrindo-me para um nível de realidade, o do universo quântico, cuja fabulosa riqueza não podia imaginar. Basarab Nicolescu leu meu *Journal de Voyage au Mexique,* em abril de 1995, no qual, relendo *L'Homme et ses Trois Éthiques,* cito repetidas vezes Stéphane Lupasco, declarando, especialmente, o seguinte, a seu respeito: "um pesquisador habitado por um entusiasmo contagiante; reconciliou-me com a cultura científica pela qual, desde Hiroshima, sentia enorme repulsa". Digo a mim mesmo, hoje, que não poderia passar em revista tudo o que ele me proporcionou. Voltemos ao começo dos anos sessenta. Foi Lupasco quem me fez, novamente, questionar a herança aristotélica dos princípios diretores da lógica: princípio de *identidade,* princípio de *não-contradição* e princípio do *terceiro excluído.*

O terceiro incluído que, dizia, "não pode ser feito senão de contraditórios que se inibem reciprocamente"[1] era um dado muito mais essencial, a meu ver, que a visão não-aristotélica de Alfred Korzybski. Sentia, sem poder demonstrá-lo, que "nem sim-nem não, suspenso entre o sim e o não, era no fundo um sim-e-não ao mesmo tempo".[2] Com sua descoberta do estado T, Stéphane Lupasco nos abria para uma nova lógica geral do antagonismo contraditório. Seus conhecimentos nos deixavam para trás. Alimentávamos-nos das migalhas de seu banquete. Falando dos processos do conhecimento como funções da matéria viva e da energia, ele os ligava, ao mesmo tempo, aos processos do desconhecimento.[3] Sua visão tendia, sempre, no sentido abrangente, mas nem por isso deixava de ser receptiva. Suas afirmações sempre se abriam a questionamentos. Ele assistia à maioria de nossas reuniões na rue Pascal, no

---

[1] *L'Énergie et la Matière vivante,* Paris, Julliard, 1962, p. 55.
[2] *Ibid,* p. 55.
[3] *Ibid,* p. 329.

apartamento de Raymond Girard, o secretário de redação da revista, mas só nos deu um segundo texto, *Cybernétique et Système vital*, no número 4 do verão de 1962, pouco tempo antes do lançamento de *L'Énergie et la Matière vivante* pela Julliard. Às vezes encerrávamos a noite bebendo alguma coisa no Mabillon, em Saint-Germain-des-Prés, onde Stéphane, tomado por alegria interior e a segurança espiritual de um *sacerdote* (no sentido etimológico de quem desempenha uma ação sagrada), falava-nos da pintura de Benrath ou da incomunicabilidade da afetividade que, segundo ele, não está ligada "a nada mais do que a ela mesma".[4] Sua visão ontológica do dado afetivo "não relacional"[5] era, sem dúvida, a coisa que eu menos entendia nele, tão mergulhado estava, na época, no *Ideen 1* e nas *Méditations cartésiennes* de Husserl. Preciso confessar que, após seis anos de prática da obra de René Daumal, estava bem mais aberto ao enigma do centro da gravidade da consciência do que ao enigma do núcleo de afetividade. Quando Stéphane proferiu uma conferência na *Maison des Lettres* da Sorbonne, fiz um aparte do alto do anfiteatro, perguntando por que sua obra nunca fazia referência à essência transcendental da consciência e que lugar ocupava, em sua visão, a fenomenologia transcendental da consciência de Edmund Husserl. Não se tratava de uma crítica, foi uma questão, à qual ele respondeu explicando que não tivera tempo de abordar a obra de Husserl. Estava próximo dela sem sabê-lo, fazendo valer a necessidade de tomar consciência dos estados de consciência que são as formas e as cores.[6] À

---

[4] *Ibid*, p. 321.
[5] *Ibid*, p. 325.
[6] *Ibid*, p. 290.

saída, agradeceu minha intervenção. Mas nosso amigo, Benrath (sobre cujas pinturas Stéphane Lupasco escreveu textos admiráveis) acreditou ver, em minha intervenção, uma provocação não amigável e não me perdoou. Para marcar com ênfase este breve testemunho, direi que guardei de Stéphane Lupasco a lembrança de um ser genial, de um espírito generoso, de uma juventude de espírito e de uma humildade que lhe permitia nos tratar de igual para igual, colocando-se em nosso nível, pois éramos incapazes de nos elevar ao seu. Em poucas palavras, guardo dele a imagem de um 'eterno adolescente' no sentido etimológico da palavra: *adolescere* = crescer. As potencialidades do sentido de sua obra, aliás, nunca deixaram de se atualizar e crescer. Basta ver, a propósito do estado T, a contribuição de Stéphane Lupasco; e a novidade de seu prolongamento por Basarab Nicolescu, no capítulo de seu *Manifesto,* 'Um bastão sempre tem duas extremidades'. Basarab Nicolescu observa que "Lupasco teve razão cedo demais". Todos os visionários, todos os profetas sempre tiveram razão cedo demais, mas sem esse 'cedo demais' não seriam nem profetas, nem visionários. Stéphane Lupasco permanece como um ponto de referência luminoso nas trevas de nosso tempo.

EDGAR MORIN CONVERSA COM BASARAB NICOLESCU

EDGAR MORIN
Diretor Emérito de Pesquisas no CNRS e presidente da Agência Européia pela Cultura

Basarab Nicolescu: Há quase trinta anos cheguei da Romênia e, logo em seguida, encontrei quatro personalidades do exílio romeno, entre as quais Lupasco. Assim ouvi seu nome pela primeira vez.

Não sei se já contei, mas foi Lupasco quem me levou a descobrir sua obra. Percebi que havia, entre vocês, uma verdadeira afinidade de pensamento.

Soube também que Stéphane colaborou em sua revista *Arguments,* da qual você era diretor. Tratava-se de *Systémologie et Cosmogonie,* artigo publicado no número 24 da *Arguments,* em 1961, dedicado ao problema cosmológico. Encontramos, no mesmo número, estudos de Kostas Axelos, Werner Heisenberg, Martin Heidegger e Roger Munier, o mesmo que se tornou, depois, o tradutor do grande poeta argentino Roberto Juarroz. Você poderia lembrar a interação entre vocês, por ocasião dessa colaboração de Lupasco com a revista?

Edgar Morin: Trata-se, antes de mais nada, da influência de Lupasco sobre mim. Não lembro com exatidão a cronologia, mas a partir do momento em que li um de seus livros, fiquei impressionado com sua concepção fundamental da contradição, o princípio do antagonismo e a relação entre o atual e o virtual. No fundo devo dizer que, sob outro nome, foi a idéia que retomei com o que denomino a dialógica, porque esta comporta uma relação ao mesmo tempo complementar, antagônica e, eventualmente, concorrente. Acredito que seja um pouco o princípio de Lupasco, diferente da dialética de Hegel e é por isso que o denominei dialógica, mais próxima da visão de Heráclito do que da visão dialética e hegeliana-marxista, que sempre comportam uma ultrapassagem. Em outras palavras, o interessante é que não havia essa ultrapassagem hegeliana, mas havia a tensão dos opostos que, no entanto, era criativa, fundamental e necessária.

Devo dizer que, pessoalmente, sem dúvida por que sempre entretive o sentimento expresso, tanto por Pascal como por Niels Bohr, de que o contrário de uma verdade profunda não é um erro, mas uma verdade contrária, eu não podia me impedir de associar termos contraditórios. Foi isso o que logo me atraiu, tanto para Heráclito quanto para Pascal.

Assim, encontrar essa expressão marcante em Lupasco, tratada no domínio físico, onde justamente tal visão não era conhecida, é completamente diferente do ponto de vista de Niels Bohr, segundo o qual não podemos resolver a contradição entre a onda e o corpúsculo e é preciso admiti-la, de preferência a procurar algo diferente, a uma ultrapassagem. Em outras palavras, Bohr chega a uma constatação brilhante, enquanto Lupasco elabora um princípio. Isso me impressionou; talvez não tenha havido interação, mas Lupasco me influenciou.

B.N.: Você se lembra do primeiro encontro com

Lupasco? De qualquer modo, foi antes de 1961.

E.M.: Acho que foi antes, pois exprimi-lhe, por escrito, minha admiração e meu interesse. Por isso me interessei por sua colaboração na *Arguments*.

Encontrei-o várias ocasiões. A primeira, não consigo localizar em minha lembrança. Provavelmente foi em 1956, ou um pouco antes, porque Lupasco citou meu nome por volta de 1956. Tenho certeza de que nos encontramos antes, porque conheci Lupasco por meio de seus escritos, mas ele não me conheceu pelos meus, que então eram de natureza diferente. Havia publicado *Le Cinéma ou l'Homme imaginaire* e *L'Homme et la Mort*. Portanto, Lupasco não me conheceu por meus escritos, fui eu que, conhecendo seus escritos, quis conhecê-lo.

B.N.: A data é importante porque, em 1951, Lupasco publicou *Le Principe d'antagonisme et la Logique de l'énergie* onde, pela primeira vez, introduziu explicitamente o terceiro incluído. Assim, a data é interessante.

E.M.: Devo tê-lo lido no começo dos anos cinquenta.

B.N.: Encontrei nos arquivos de Lupasco uma carta que você lhe mandou da Bretanha, em 6 de julho de 1965. Nela você escreveu: "... espero vê-lo, curioso e paciente com o que me dirá para completar minha introdução". Deduzo, portanto, que as relações entre vocês continuaram a se estreitar após a colaboração em *Arguments*.

E.M.: Sem dúvida, essas cartas o comprovam. Mas, volto à minha introdução! Que introdução?

B.N.: Não sei.

E.M.: Você poderia repetir o final?

B.N.: Sim: "... espero vê-lo, curioso e paciente com o que me dirá para completar minha introdução".

6 de julho de 1965.

E.M.: É curioso, porque publiquei, nessa ocasião, uma introdução a *Une politique de l'homme*. Para completar 'minha introdução', desenvolvia um estudo na Bretanha. Isso continua um pouco misterioso, mas será que lhe enviei um texto para que ele lesse, para que ele me desse sua opinião? Deu um branco em minha memória.

B.N.: Encontrei, sempre nos arquivos de Lupasco, documentos que parecem demonstrar que as relações entre vocês passaram por um certo esfriamento. E penso que Marc Beigbeder tinha conhecimento desse fato. Em 20 de setembro de 1971, em uma carta timbrada do CECMAS (Centro de Estudos das Comunicações de Massa), equipe de pesquisa associada ao CNRS, você lhe escreveu sobre o número de *Communications* no qual Lupasco colaborara com um artigo intitulado *La Logique de l'événement...*

E.M.: Fui eu quem lhe pediu. É um número sobre o evento que organizei na *Communications*.

B.N.: Acho que esse número saiu em 1973. Você termina a carta escrevendo: "Peço-lhe que me responda ao CECMAS, escrevendo sobre a carta *Communications*, para M. Burgelin..."

E.M.: Que era o secretário de redação.

B.N.: "Fui obrigado, tendo trabalhado todo o verão, a me retirar com urgência, por ordem médica." Acho que foi uma forma diplomática. Na mesma carta, você lhe propõe um certo número de supressões em seu artigo.

De qualquer maneira, em 19 de fevereiro de 1972, Lupasco lhe escreveu uma carta um tanto amarga, mas percebe-se, muito bem, toda a apreciação que ele sentia por sua obra. Tomo a liberdade de citar uma longa passagem dessa carta, que me parece importante no contexto de nossa conversa.

"Querido Edgar Morin,

Acabo de ler seus dois apaixonantes textos, do começo e do fim deste número de *Communications,* que me parecem, mesmo lendo por alto, profundamente interessantes. Meu prazer foi ainda maior, pois não me parece que seja tão grande a diferença entre o arado penetrante, com o qual você trabalha esse rico e vasto campo de informações, e o aparelho de minha lógica geral do contraditório.

Assim, não esconderei a surpresa que senti diante do constrangimento que você parece ter sentido ao inserir meu artigo... nesse número da revista dedicado ao acontecimento. Você fala de um mal-entendido. Houve um, realmente. Você bem sabia, ao me convidar, você que leu mais de um de meus livros e até publicou, na revista *Arguments,* em 1961, meu artigo intitulado "Systémologie et Cosmogonie", o que deveria esperar.

Incluir-me, assim, entre os racionalistas e mesmo os racionalistas metafísicos (que me detestam, mesmo sendo microfísicos, marginalizados que são da lógica clássica da não-contradição e da identidade), é nisso que reside o mal-entendido."

E no fim da carta Lupasco escreve:

"Você se debate, com extraordinária e heróica sutileza, entre um abissal paralelismo leibniziano, sem harmonia preestabelecida da necessidade e da contingência indeterminada, improvável e no entanto construtiva, e a lógica do contraditório que os engloba e une. Mas acho que, ao final das contas, nossos pontos de vista se aproximam. Também gostaria, muito, de continuar essa importantíssima controvérsia e revê-lo em breve.

A seu dispor, com toda amizade,
Stéphane Lupasco."

Você poderia dizer, sob seu ponto de vista, a qual mal-entendido Lupasco se refere?

E.M.: Precisaria encontrar as observações que fiz sobre o artigo. Porque, no fundo, se houve um mal-entendido, segundo compreendi, está associado a algumas observações críticas que fiz sobre determinados pontos de seu artigo. Suponho.

B.N.: Não havia uma contradição fundamental entre ambos, nessa ocasião?

E.M.: Não. Num dado momento, a crítica que eu fazia de Lupasco (e aqui a palavra 'crítica' não é apropriada, porque não é uma crítica de idéias), de algum modo, era por sua obra ser extremamente repetitiva. É claro que ele variava o campo de aplicação, mas sempre encontrávamos a mesma máquina trabalhando. Mas não acho que lhe tenha formulado essa crítica, porque me parece que falei de racionalismo. Então, talvez seja o seguinte: li seis, sete livros de Lupasco e depois senti uma espécie de saturação. Tenho a impressão de que a máquina era colocada em movimento, direcionada, e isso já não me sensibilizava tanto. A fecundidade da descoberta de seu pensamento havia me atingido uma vez e não se manifestava para mim, com ou sem razão, por uma nova fecundidade. Foi o que sentia. Talvez nesse artigo, algumas formulações me tenham parecido racionalizadoras, não sei!

B.N.: Em sua carta, Lupasco escreveu: "sem dúvida é a palavra determinismo que deve aborrecê-lo, em relação ao artigo que escrevi. Mas, de início, uma lógica não é uma metafísica. Por outro lado, o que fiz, ao longo de todos os meus trabalhos, foi somente extrair a lógica do antagonismo e da complementaridade contraditória..."

E.M.: Há dois tipos de problemas: um quanto à palavra determinismo e outro quanto à palavra metafísica. 'Determinismo' é muito possível, porque no fundo, para mim, a idéia de dedicar esse número da revista ao valor dos fatos era, de algum modo, fazer brotar um recalcado, saber quem era o recalcado, não apenas das ciências físicas, mas das ciências humanas, da história. Ainda estávamos na época em que a história, sob a influência da Escola dos Anais, era uma espécie de história de determinismos econômico-sociais, na qual considerávamos fatos tais como guerras, batalhas e reinados como a espuma da história. Mas meu objetivo, nesse número, era o de fazer uma demonstração, aos homens das ciências humanas e sociais, do momento em que o fato é reabilitado nas ciências físicas, ou seja, que somos um universo que começa com um acontecimento, um começo. A partir do momento em que há infinitos acontecimentos cósmicos, em que o aparecimento da vida é um fato, em que a própria termodinâmica prigoginiana mostra que há bifurcações, em que o acontecimento é reabilitado nas ciências físicas, em que o contingente ou o aleatório são reabilitados nas ciências físicas, por que o determinismo nas ciências sociais e humanas? Sabemos, lendo Shakespeare, que a história é como um conto narrado por um cretino cheio de ódio. Era minha perspectiva filosófica. É possível que, ao ver aparecer um excesso de determinismo, eu tenha reagido. Por exemplo, Pierre Thuillier ficou aborrecido comigo. Quando fazia aqueles números em que me envolvia demais, tanto na *Communications* como na *Arguments*, representava um pouco o papel de Jean Paulhan na *Nouvelle Revue Française*: pegava os artigos e fazia observações aos autores. Não apenas para dar minha opinião, mas para que sua obra se concluísse, para que desenvolvessem seu pensamento, evitassem excessos de repetições. Portanto, eu desempenhava um papel de controlador e, nesse número de que falamos, investi muito nesse papel.

Pois, retornando ao caso de Thuillier, fiz algumas observações sobre seu artigo a respeito do determinismo. Talvez, segundo seu ponto de vista, ele negasse a importância do acontecimento, pois reagiu: "Se for assim, retiro meu artigo". E ele se aborreceu. Lupasco não retirou o artigo, pois foi publicado.

B.N.: O artigo de Lupasco, publicado no número 18 de *Communications,* obteve grande sucesso. Tanto que Olivier lhe pediu autorização para traduzi-lo para as edições italianas Bompiani, para a revista mexicana *Diálogos,* para a editora brasileira Vozes. Trechos do número foram traduzidos em vários países do mundo.

Convém lembrar de passagem que observei que no cabeçalho da carta de Burgelin havia, em 1973, o timbre do CECMAS, ao passo que, em 1974, de repente aparece um outro, CETSAS (Centro de Estudos Transdisciplinaires – Sociologia, Antropologia, Semiologia), fato importante na história da transdisciplinaridade.

Mas passemos a uma questão colocada por muitos leitores de suas respectivas obras: o que realmente distingue sua *dialógica* da *filosofia do terceiro incluído* de Lupasco?

E.M.: O que a distingue fundamentalmente? Não vejo distinção fundamental. Há palavras que são empregadas diferentemente, portanto, que dão uma orientação diferente. Então, se penso, por exemplo, na questão do terceiro incluído, eu, ao contrário de Lupasco e de você, não falo de *lógica do terceiro incluído.* Talvez seja quanto à palavra 'lógica' que haja distinção.

Penso que, em todos os problemas profundos e importantes, qualquer que seja o domínio, os axiomas aristotélicos, a lógica clássica, não funcionam. Somos obrigados a manter formulações contraditórias nas quais o terceiro está incluído. A formulação que desenvolvi, em meu livro sobre as idéias, é que essa lógica aristotélica é válida segmentariamente, nos segmentos do discurso, é válida em retrospectiva, para verificar a cadeia do discurso, mas não é válida como um todo. Vou dar-lhe um exemplo, que uso com frequência: a fórmula de Heráclito "viver de morte, morrer de vida". É uma fórmula absolutamente paradoxal, pois as duas noções se repelem totalmente e, no entanto, podemos integrá-las a partir do momento em que explicamos que as células reconstituem as proteínas, que o organismo cria novas células depois da morte das células: nos ecossistemas a cadeia é feita através da morte.

É uma expressão justa e absolutamente paradoxal, porque podemos dizer, como Bichat, que a vida é o conjunto daquilo que resiste à morte, mas acrescentando: inclusive a morte. Porém, essa idéia paradoxal e que a lógica clássica não pode compreender, posso formulá-la segmento por segmento usando a chamada lógica clássica.

Chego a dizer, sempre no nível lógico, porque não pode haver, de meu ponto de vista, uma lógica de terceiro incluído. A lógica clássica é prescritiva ou proibitiva: ela proíbe que se faça esta ou aquela operação. Ao passo que não há lógica prescritiva do terceiro incluído. Não se pode dizer, em nenhuma circunstância, que esta folha de papel também seja um pijama. A banalidade, a trivialidade, o pensamento fragmentado, obedecem à lógica aristotélica. O terceiro incluído impõe-se quando aparece um certo tipo de problema sério.

E é por isso que eu reconheço a necessidade de introduzir este terceiro, de ultrapassar esta sujeição da lógica que impede qualquer contradição, mas, ao contrário de você e de Lupasco, eu não digo que uma lógica ou que uma filosofia, possa se definir através do terceiro incluído.

B.N.: E, no entanto, você era bastante atraído pelo teorema de Gödel. Porque aí está o ponto essencial: essa estrutura organizadora da lógica do terceiro incluído é de tipo gödeliana. Ela nunca se fecha.

E.M.: É claro. Mas Gödel chega a um princípio de incerteza. Isto é, ele diz que o sistema não pode dar conta de si próprio, com seus próprios recursos. Não se sabe se ele é consistente e não se sabe se ele comporta uma contradição. Primeiro ponto: a incerteza.

Segundo ponto: pode-se, no entanto, conceber um metassistema mais rico, capaz de compreender o sistema e que, evidentemente, ele mesmo se abra para o infinito. Mas então, nesse momento, não vejo a expressão de uma lógica específica do terceiro incluído.

B.N.: Exceto se introduzirmos a noção de níveis de realidade que, efetivamente, estava ausente, na época, na filosofia de Lupasco.

E.M.: Essa idéia de abertura, que vemos emergir em Gödel, concordo inteiramente com ela. Mas é claro, você pode dizer que a realidade microfísica, com suas qualidades, suas características, vida própria, ontologia própria, está incluída em nossa realidade mesofísica. Há aí, com efeito, uma contradição. Porém, tudo considerado, essa contradição não é, necessariamente, trazida por uma lógica presente *a priori*. Ela surgiu a partir do conhecimento da microfísica.

B.N.: Acredito que você esteja abordando, de fato, um problema importante, um mal-entendido ligado à obra de Lupasco, mal-entendido que se manifesta também em um livro inédito recente, *L'Être et la Connaissance*, de um poeta desaparecido muito jovem, Benjamin Fondane, exterminado em 1944 na câmara de gás de Auschwitz-Birkenau. Fondane não via o aspecto ontológico da obra de Lupasco.

Por causa desse mal-entendido prefiro falar de *filosofia do terceiro incluído* e não apenas da lógica do terceiro incluído, pois essa lógica tem um componente ontológico fundamental. Senão, eu estaria plenamente de acordo com você.

É interessante considerar, no contexto de nossa conversa, sua obra maior, *La Méthode*. Catorze anos separam o primeiro volume, *La Nature de la nature*, editado em 1977, do último, *Les Idées – leur habitat, leur vie, leurs moeurs, leur organisation*, editado em 1991. Lupasco tem um lugar destacado na bibliografia do primeiro volume, em seguida desaparece estranhamente na do segundo e do terceiro volumes para, finalmente, reaparecer na do último, onde você escreve, principalmente, na página 201, "A dialógica é justamente o terceiro incluído..." Nesse intervalo de tempo, você também o citou na *Science avec conscience*, editado em 1982.

Por que esconder-lhe minha alegria ao constatar que você dedica, novamente, a Lupasco e a sua filosofia do terceiro incluído, um lugar importante no pensamento significativo deste fim de século? Será que, com a passagem do tempo, seus pontos de vista se aproximaram, conforme a previsão feita por Lupasco na carta que lhe enviou em 19 de fevereiro de 1972?

E.M.: Em primeiro lugar pareceu-me necessário, no primeiro volume, que é essencialmente uma reflexão sobre o mundo físico, citar Lupasco, principalmente aquele Lupasco que eu havia lido mais com maior intensidade. O segundo volume foi feito, sobretudo, a partir das referências e da literatura de biologia que havia estudado. Talvez essa obra não estivesse presente em minha lembrança, porque era o primeiro Lupasco que lá estava. Não se trata de um afastamento, em minha opinião, mas sim de um esquecimento. É um esquecimento entre outros que me ocorreram. Por exemplo, estão ausentes da bibliografia muitos autores, lidos antes de começar a viagem de *La Méthode*, ou seja, antes dos anos 69-70; embora esses autores me tenham marcado de maneira importante, sobre eles não havia feito anotações. Fizeram-me observar a ausência de Piaget. E por que você não fala de fulano? Não fiz uma bibliografia à maneira universitária. Fiz uma extensa bibliografia, citando a página e todas as referências bibliográficas, mas não pretendi esgotar minha bibliografia. Exploro um território e a partir do momento em que faço leituras redundantes, onde nada mais aprendo sobre o problema estudado, deixo de lado e não prossigo minha bibliografia. Portanto, minha bibliografia não é coerente. A meu ver, não acho que me tenha afastado de Lupasco no segundo e no terceiro volumes. Mas, por outro lado, uma vez que abordei a lógica no quarto, não podia deixar de reconsiderar e não dizer *'a dialógica é o terceiro incluído'*. Não podia deixar de fazê-lo.

B.N.: Vamos encerrar com uma questão considerada atual. Sem tomar nossos desejos por realidades, creio que podemos afirmar que, após uma longa segunda morte, feita de silêncio constrangedor, a obra de Lupasco conhece, atualmente, uma verdadeira ressurreição. O colóquio organizado na Academia das Inscrições e Belas Artes, em março de 1998, é um testemunho dessa avaliação crítica, longe de qualquer elogio exacerbado à obra de Stéphane Lupasco. Fato também importante, os jovens filósofos e cientistas redescobrem Lupasco, fenômeno que pude constatar, com certo assombro, graças aos fóruns de discussões na Internet.

Mas, minha dúvida é a seguinte: Lupasco foi redescoberto por aqueles que, nas pegadas do caso Sokal, viam o irracional em toda parte e, sobretudo, no domínio da interpretação da ciência moderna. Assim, Lupasco foi estranhamente empurrado para o meio da cena, como um precursor do irracional desentocado na obra de Francisco Varela, Henri Atlan, Ilya Prigogine ou René Thom. Quando poderemos dispor de um estudo douto e universitário sobre 'Edgar Morin e o Irracional'? É como se uma certa casta do pensamento confortável fosse terrivelmente incomodada pela ressurreição do sujeito. O que você pensa sobre esse súbito alarde em torno do irracional?

E.M.: Antes de responder-lhe, quero dizer que, enquanto Lupasco viveu, foi extremamente marginalizado. Aos físicos, parecia muito bizarro; aos filósofos, parecia muito bizarro. Ele ocupa um pouco nossa posição, ou seja, não pode ser classificado. Porque, no fundo, era um pensador e, infelizmente, os pensadores saem fora dos padrões. Lupasco é uma espécie de ímã que atrai espíritos vindos de diferentes lugares: os poetas, os escritores, os cientistas, os filósofos que, em seu íntimo, sentem-se muito infelizes no paradigma reinante, no modo de pensamento banal, no pensamento disjuntivo, no pensamento redutor, no pensamento que recusa qualquer contradição. Portanto, todos aqueles que são infelizes ficam subitamente felizes e encontram um eco profundo de si mesmos em Lupasco. Por outro lado, Lupasco teve a oportunidade de ter seguidores fiéis e, até mesmo, alguns sectários – você fazia menção a Beigbeder.

Provoquei uma vez a fúria de Beigbeder. Esqueci o porquê. Mas ele era muito corajoso com seu boletim fotocopiado *La Bouteille à la mer*. Lupasco teve seus seguidores e, depois, o renascimento sempre necessita um acontecimento. Ou seja, o movimento não pode deslanchar a não ser que, em um dado momento, haja quatro ou cinco seguidores que comecem a propagar a mensagem.

Penso que, nesse renascimento, você desempenhou um papel importante junto com alguns outros e, é claro, há um clima onde, de novo, o tipo de espírito infeliz com o sistema clássico se reconhece.

Muito importante, o físico clássico, ou típico, estava persuadido de ser o dono da razão e de que tudo o que estivesse fora desse contexto era irracional. A palavra irracional significa tudo o que está fora de minha capacidade de compreender. Lembro-me muito bem da União Racionalista e também daquela revista comunista chamada *La Pensée, revue du rationalisme moderne*. Para eles, era irracional tudo o que contradissesse seu marxismo limitado e este, por sua vez, era, sem que eles o soubessem, completamente irracional, isto é, sem nenhuma ligação entre a construção intelectual e o mundo empírico. O racionalizador necessita do inimigo irracional. Muitos o encontraram na astrologia, como se o mundo moderno estivesse ameaçado pelos astrólogos ou pelo renascimento das seitas. Sentiam a necessidade de manter a idéia de que eram os grandes sacerdotes da razão e que a razão estava ameaçada.

Em época bem mais recente, eles percebem que, cada vez mais, as concepções científicas não correspondem, em absoluto, a seu padrão, são totalmente ininteligíveis em seu mundo de racionalização demasiado fechado e inclinam-se a dizer: é irracional. Não vemos em que a auto-organização possa ser irracional. Em que Espinoza pode ser bruscamente irracional, em relação aos deístas, porque ele diz que o mundo criou a si mesmo? Há uma espécie de delírio racionalizador que desconhece estar na desrazão mais total.

A meu ver, é a Contra-Reforma. Uma casta que se encontra ameaçada em sua apropriação da cientificidade. O científico, cuja imagem mais pura era o físico, começou a se ver contestado, de início, no interior de seu campo, a partir da bomba atômica. Descobriu-se que, por trás de Einstein, também havia o doutor Folamour (Dr. Strangelove). O respeito devido aos cientistas começa a desmoronar. Além disso, alguns físicos clássicos querem ignorar toda a microfísica moderna que, justamente para eles, deveria ser irracional. Não apreciaram, de modo algum, o fato de que, nas concepções da biologia, de forma certamente exagerada, tenham-se enfatizado as mutações casuais nas teorias da evolução. Sentiram-se invadidos pelo acaso. Tinham uma concepção determinista do mundo. O acaso seria uma ilusão originada por nossa ignorância. Agora lhes dizem: a indeterminação, o acaso existem. Nesse momento, sentem necessidade de uma cidadela na qual precisam reafirmar seu prestígio. Assim, houve várias manifestações. Houve o *Manifesto de Heidelberg*. Houve a ofensiva de Sokal, Bricmont e Weinberg. Mas sentimos que esse mundo se defende como dentro de uma fortaleza para manter a grande sacerdotisa. Eles são muito fortes, porque têm a instituição a seu favor. Eles têm a instituição, o conservantismo e os sistemas escolar e universitário que reproduzem essa situação; as pessoas que não pensam assim encontram-se também dentro da instituição, mas não detêm os postos-chave. Assistiremos a um fervilhar de denúncias do irracional. Mas creio que justamente isso nos permite, cada vez mais, reverter a proposição e mostrar que a irracionalidade está do lado deles.

B.N.: Obrigado por ter concordado com este encontro com o qual eu sonhava, confesso-o, há mais de dez anos. Que demonstração melhor do terceiro incluído do que esta conversa? Stéphane está aqui presente, como um terceiro incluído, benévolo e generoso. Ele espera de você, talvez, a palavra final.

E.M.: Já que ele está presente entre nós, gostaria que soubesse que o admirei, que o respeitei e, se o melindrei um pouco – aliás, ele não me levou a sério – foi por razões que estavam ligadas a meu papel de diretor de revista tal como o concebo, talvez diretor um pouco minucioso, com uma pitada de mal-entendido ou incompreensão, mas, enfim, ele está em meu panteão.

B.N.: Obrigado, Edgar!

A ANTROPOLOGIA E AS ESTRUTURAS DO COMPLEXO

GILBERT DURAND
Doutor em filosofia, Professor Emérito da Universidade de Grenoble II, Fundador do Centro de Pesquisa sobre o Imaginário

Nestes tempos de confusão, isto é, de amálgamas, é preciso, de início, especificar o meio de expressão – a linguagem – que utilizamos. Tanto mais porque operamos, há mais de seis décadas, em um campo do saber que sofreu variações e aumentou de complexidade[1], sobretudo em relação ao conhecimento do homem, a antropologia. Como manter a virtude da precisão, que fundamenta todo o conhecimento, no estudo de 'objetos alados'[2], não respondendo mais aos critérios de 'clareza e distinção' e, até mesmo, querendo agradar o 'obscuro e o confuso'[3], sem sacrificar a alguma 'verborragia' reservada, para se preservar, a uma disciplina cada vez mais especializada?

Como preservar, ao conhecimento, 'o comum'[4], que permite, sozinho, a comunicação e, sobretudo, aquela

---

[1] E. Morin, *La Méthode*, 4 vol., Paris, Seuil, 1977-1991; *La Complexité humaine*, Paris, Flammarion, 1994; J.-J. Wunenberger, *La Raison contradictoire – Sciences et philosophie modernes; la pensée du complexe*, Paris, Albin Michel, 1990.

[2] B. d'Espagnat, *À la recherche du Réel*, Paris, Gauthier Villars, 1983.

[3] R. Bastide, "Conclusion d'un débat récent: la pensée obscure et confuse", *Monde non chrétien*, n. 75-76, 1965.

[4] M. Mafessoli, *La Connaissance ordinaire*, Paris, Méridiens, 1988.

comunicação primeira, a denominação do objeto que ele isola e discerne? Somos forçados, em primeiro lugar, a afastar as prisões léxicas sem passarelas e sem metáforas: já havíamos reivindicado o direito da rendeira de ser ouvida (nos momentos culturais em que existiam rendeiras!) e, reciprocamente, o do ferreiro (nos momentos culturais em que existiam ferreiros).[5] E trata-se de um jogo fácil demais, que alguns sábios americanos jogam ao ridicularizar certos 'pensadores' franceses e ao proibir-lhes qualquer utilização de léxicos científicos especializados, sob o pretexto de que tiveram a imprudência – e muitas vezes a incultura! – sacrílega de utilizar termos sem conhecer seu significado original. Ora, o Larousse (pequeno ou grande!) está ao alcance de qualquer francófilo e, em qualquer sociedade, há, realmente, um 'conhecimento comum' (M. Maffesoli), que circula em seus dicionários. Acrescentemos ainda – e, cada vez mais, já que nossos sábios perderam seu latim e, sobretudo, seu grego! – que as ciências mais austeramente puristas empregam, mais ou menos em sentido metafórico, seu 'jargão', no sentido mais vulgar: 'Catástrofes' entre os matemáticos, 'supercordas' entre os físicos, esportivo 'salto' quântico, banal 'relatividade' de Einstein, 'big bang' dos astrofísicos, etc. Sempre, contra a preciosidade dos Diaifoirus, os sábios assim falaram: como prova eis o famoso "a-tomo" (inseparável) que, de Demócrito a Niels Bohr foi visto e tantas vezes dissecado!

Tomadas essas precauções, o problema permanece intacto, se bem que melhor discernível: como assegurar a pertinência de estruturas – neste caso 'cognitivas' –

---

[5] G. Durand, "La Dentellière et le Forgeron", *Le Monde* 23/07/84, republicado em *Le Monde, Dossiers et Documents*, novembro de 1984.

taxionômicas bem definidas, enquanto constatamos que sua aplicação nunca é pura (o Ideal *typus* de M. Weber[6]). Era essa a dificuldade com que me deparava nos anos 60, quando acabava de elaborar um catálogo 'lineano' das '*estruturas antropológicas do imaginário*'.[7] Dificuldade que meu colaborador e colega Yves Durand também sentiu, quando elaborou a instrumentação e a aplicação de seu Teste projetivo (AT9)[8] de exploração do imaginário. Nosso problema resumia-se nos seguintes termos: como, nesse *sensorium* antropológico que havíamos escolhido, o imaginário – o índice 'melhor distribuído', como teria dito um Descartes não cartesiano, da especificidade do *Sapiens* – poderia articular estruturas nos regimes irredutíveis uns aos outros (o 'diurno' oposto ao 'noturno', noções que eu emprestava de meu professor Guy Michaud[9] e que eu confirmava através dos estudos de psiquiatria de Françoise Minkowska encontrados em Gaston Bachelard)? Foi então que descobrimos o pensamento de Stéphane Lupasco.[10]

Esse físico tinha o raro mérito de também ser filósofo competente, esse filósofo tinha o mais raro mérito ainda de ser físico. Aí estava uma dupla garantia para a pertinência de sua linguagem! Ele contribuiu para nosso pensamento já timidamente 'sistêmico', com a noção

---

[6] M. Weber, *Essai sur la théorie de la Science*, Paris, Plon, 1965.
[7] G. Durand, *Les Structures anthropologiques de l'Imaginaire*, Bordas, Paris, 1983 (1ª edição: Paris, PUF, 1960)
[8] Y. Durand, *L'Exploration de l'imaginaire, introduction à la modélisation des univers mythiques*, Paris, Espace Bleu, 1988.
[9] G. Michaud, *Introduction à une science de la littérature*, Istambul, Puhlan, 1950; F. Minkowska, *De Van Gogh et Seurat aux dessins d'enfants*, Museu pedagógico, Paris, 1949.
[10] S. Lupasco, *Logique et Contradiction*, PUF, 1947; *Le Principe d'antagonisme et la logique de l'Énergie*, Monaco, Éditions du Rocher, 1987, prefácio de Basarab Nicolescu (1ª edição: Paris, Hermann, 1951).

capital de *nível* (pleno da noção de 'profundidade'), ou seja: em um 'objeto', ou melhor um 'campo', dada a estrutura A de um nível X poderia 'esconder um outro' não-A em um nível Y. Na verdade, Freud[11], já em seu primeiro tópico, estabelecia a existência de dois 'níveis' na psiquê, Nietzsche[12] havia magistralmente colocado em evidência dois níveis – Apolo e Dionísio – na constituição do pensamento helênico, mas esses pais fundadores da antropologia moderna não haviam sistematizado e teorizado epistemologicamente sua descoberta. Ora, descobrimos os dois livros do sábio romeno editados em 1947 e em 1951: *Logique et Contradiction* (PUF, 1947) e *Le Principe d'antagonisme et la Logique de l'énergie* (Hermann, 1951) que sistematizavam, com precisão, os conceitos que havíamos, empiricamente, colocado em evidência em toda base (individual ou coletiva) de uma produção antropológica. Os quatro conceitos de Lupasco, presentes em todo funcionamento cognitivo, eram a *potencialização* e a *atualização,* que permitiam qualificar, em um dado antropológico, ao menos dois 'níveis', o *atual* disfarçando, por assim dizer, o *potencial.* Os dois outros conceitos, *homogeneização* e *heterogeneização,* indicavam uma taxionomia muito próxima daquela que acabávamos de descobrir, mas que colocava sua divisão em um ponto que, de início, não percebíamos corretamente. Ou seja, desde a reedição de nosso livro, em 1963[13], colocamos como anexo e tentamos coordenar nossa própria conceitualização (taxionomia como diurna/noturna) com as noções de homogeneização e de heterogeneização do sábio romeno.

---

[11] S. Freud, "Le Moi et le Ça", in *Trois essais de psychanalyse, Payot, 1967.*
[12] F. Nietzsche, *Die Geburt der Tragedie*, Leipzig, 1872.
[13] G. Durand, Les Structures anthropologiques de l'Imaginaire, op. cit.

Pensávamos, então, um pouco rápido demais, que as estruturas que denominávamos *místicas e esquizomorfas* eram homologáveis às duas qualificações de Lupasco. Entretanto, assinalávamos já, desde aquele Anexo de 1963, as semelhanças constrangedoras das estruturas polares, que havíamos descrito com uma idêntica homogeneização, mas que apareciam aqui (esquizomórficas) por 'excesso', de pura 'assimilação'[14], enquanto a outra (a mística) por 'falta', 'adaptadora' pura (J. Piaget) aderindo ao ambiente... com o máximo de viscosidade. No entanto, tanto em um como no outro caso revelava-se, na verdade, uma homogeneização, reduzindo, tanto *uma como outra*, à potencialização qualquer tentativa de introduzir uma alteridade na identidade de uma ação; de um lado excluindo (terceiro excluído) com um autismo conquistador, polêmico e agressivo toda existência ou simples dignidade do negativo, de outro enfraquecendo toda alteridade com uma eufemização *adaptadora* pura, fagocitando toda tentativa de diferença.

Foi então que encontrei Lupasco, recomendado por Henry Corbin, e o distraí com o problema colocado por sua própria conceitualização. Deve ter sido em 1965, pois está presente em minha intervenção de 1967 no *Tagung* (Encontro) de Eranos, que justamente nos deu o que pensar sobre o problema das polaridades (*Polarität des Lebens*) e onde eu propus uma apresentação de 30 páginas sobre 'as estruturas polarizantes da consciência psíquica e da cultura', muito devedora ao sistema bipolar de Lupasco e premonitória, por seu próprio subtítulo – "Acesso a uma metodologia das Ciências do homem" –, do caráter realmente fundador, para a antro-

---

[14] J. Piaget, *Introduction à l'épistemologie génétique*, 3 vol., Paris, PUF, 1950.

pologia, das descobertas do sábio romeno. É bem significativo que, nesse memorável *Tagung*, meus eminentes colegas, prevenidos pelo próprio título de nossa reunião, todos aplicavam 'Lupasco' sem o saber! Assinalarei, entre as dez conferências de meus colegas, (editadas em 1968 no nº XXXVI do *Jahrbuch* por Rhein Verlag)[15] apenas as mais convergentes – 'confluentes' diria mais tarde! – com meu propósito. Em primeiro lugar, a comunicação substancial de meu amigo Eliade sobre "Mythes de combat et de repos", onde, através de sábias análises dos aborígenes da Austrália, dos Índios caribenhos (Calinas), dos Kogi, dos Algonquinos, dos Ogibway, dos Iroqueses, dos Pueblos, dos Maidu, dos Indonésios, na Índia como no Tibete, na China, Eliade mostra muito bem que emergem duas taxionomias possíveis desses *pensamentos selvagens* que oscilam de um dualismo radical (que chamamos 'esquizomórfico') a uma *coïncidentia oppositorium,* onde as polaridades coexistem graças a um 'terceiro dado' em uma transcendência, procedimentos que descobrimos, entre nós, com vocábulos variando de 'sintéticos', 'disseminatórios' ou simplesmente 'dramáticos' e que Lupasco definiu muito bem como *heterogeneidades,* cujos plurais recusam o exclusivo. Em seguida precisamos assinalar a comunicação ontológica e teologicamente fundadora de meu mestre Henry Corbin – "Face de Deus e Face do Homem" – convocando o Islã chiita a reconhecer que 'a Face indestrutível' é, em substância, uma 'interface' entre a contemplação totalmente humana e o olhar – 'o que me olha' – de Deus, enquanto o amigo James Hill-

---

[15] Collectif, *Polarität des Lebens*, Eranos Jahrbuch XXXVI, Rhein Verlag, Zurique, 1968; artigos de G. Durand, M. Eliade, H. Corbin, J. Hillman, T. Izutsu, A. Portman, H. Wilhelm.

man meditava, em um longo artigo de 60 páginas, sobre a solidariedade antagônica, tanto no plano íntimo da psicologia como no plano das temporalidades históricas, dois pólos que são *Senex* e *Puer*... Finalmente, o sábio Izutsu, unindo, além dos mundos espirituais, o funcionamento íntimo do Islã chiita (Izutsu é oficialmente islamólogo...) também dedicava 60 páginas a "*The Absolute and the perfect Man in Taoïsm*", mostrando como o Taoísmo, que irriga a sensibilidade pensante de aproximadamente dois bilhões de homens, deve sua riqueza e sua fecundidade, ele também, à 'interface' de uma representação, da qual em uma outra magistral comunicação de Helmut Wilhelm (filho de Richard Wilhelm) explica através do fundamental e imemorável *Book of Changes*... Esse rápido esboço do encontro de *Eranos* em 1967 – às vésperas dos tumultos universitários de 1968... –, além de deixar entrever a insubstituível riqueza dessa Universidade de verão que foi, durante cinquenta anos, a confraternização espiritual dessa *reunião* às margens do lago Maggiore, mostra o quanto a mensagem de Lupasco – na qual o próprio mestre me havia 'confirmado' alguns meses antes – estava 'no ar', pois era capaz de agrupar pensamentos tão diversos vindos das culturas ameríndias, do Islã, do Taoísmo, da psicologia das profundezas do I Ching... Mas, para mim, a 'confirmação' de Lupasco, por sua vez ratificada por essa Academia de sábios, única no mundo, deveria fecundar todo o desenvolvimento ulterior de meu pensamento. Também especificar, nitidamente, as articulações e as estruturas de todo pensamento que pretendesse coincidir com a Complexidade do Mundo e do Homem.

Inicialmente, duas lições, uma epistemológica, outra ética, desprendiam-se da teoria de Lupasco. A epistemologia beneficiava-se, em definitivo, da noção de 'nível' que indicava a diferença entre *potencialidade* e *atualidade*. Era um reforço do conceito de tópico inventado por Freud e que meu mestre e amigo Roger Bastide iria, em 1974[16], confirmar, de forma surpreendente, – estudando a obra de André Gide e seu meio –, enfocando as relações e a estrutura social. Ele revelava que uma denominação mítica demasiado manifesta – uma *atualização* para Lupasco – ocultava, banalmente, 'latências' – potencialidades! – muito mais eficazes. A epistemologia do complexo baseava-se, portanto, sobre uma dualidade pressentida pelos 'dois amores' de Gaston Bachelard, até mesmo uma 'sistêmica' (o trabalho de Bertalanffy[17] é de 1973) onde os *opostos* poderiam coexistir em um mesmo pensamento (individual ou coletivo) pelos 'desnivelamentos' entre imagem e conceito, entre existência concreta e sonho, entre instintos biopsíquicos e sociedade ambiente, etc...

Lição epistemológica 'fundadora'! Mas ela vinha acompanhada por uma constatação ética graças à descoberta de 'regimes' de pensamento, homogeneizantes e heterogeneizantes, onde toda homogeneização – por excesso 'esquizomórfico' ou por falta 'mística', diríamos! – surgia como *patológica*. É o que permite colocar em evidência o Teste de Yves Durand, verdadeiro diagnóstico que mostra que, em *nossas* sociedades ocidentais, é uma consciência homogeneizante que facilita as patologias... Essa constatação 'clínica' foi confirmada, ao mesmo tempo, pela teoria dos 'dois hemisférios' cerebrais de R. Sperry[18] e pela crise de nossas pedagogias, *esqui-*

---

[16] R. Bastide, *Anatomie d'André Gide*, Paris, PUF, 1974.

[17] L. von Bertalanffy, *Théorie générale des systèmes*, Paris, Dunod, 1973.

[18] R. Sperry, ver H. Trocmé-Fabre, *J'apprends donc je suis*, Paris, Les Éditions d'Organisation, 1987; B. Edward, *Apprendre à dessiner grâce au cerveau droit*, Paris, Mondaja, 1983.

zomorfas até a esquizofrenia, só fazendo funcionar o hemisfério esquerdo e que denunciava, então claramente, o Professor Bruno Duborgel[19]. Pedagogia patogênica atualizada por nossas instituições e que, em uma revolta fundamental, abria-se subitamente 'proibindo a proibição', sobre procedimentos cognitivos, culturas exógenas ou mesmo exóticas: descoberta do Tao para uns, da Alquimia para outros, da cosmologia de Jacob Boehme[20], etc. No horizonte dessa revolução cultural (no sentido profundo do termo e não no sentido limitador que lhe deram, infelizmente, na China o 'bando dos quatro' e, na Europa, as agitações analfabetas de Maio de 68!) profunda, poderíamos até mesmo entrever uma política sistêmica, que já não seria vítima da hemiplegia de um pensamento isolado – consultar o livro de meu saudoso companheiro Joseph Fontanet[21], *Le Social et le Vivant.* Político que, tirando as conclusões de suas premissas sistêmicas, abria – ou melhor 'abriria' – para um sistema que constatava a legitimidade dos plurais ideológicos e da praxis onde – como já vira Montesquieu! – "um poder bloqueava os outros poderes" – e, ao mesmo tempo, sobre o poder supremo fundamental que é a Justiça pesando em sua balança emblemática e para todo (ou seja, cada um) cidadão comprometido na sinarquia das 'ordens' sociais, o benefício ou o déficit de seus méritos em relação à Cidade coletiva.

Mas, além desses dois preciosos resultados práti-

---

19. B. Duborgel, *Imaginaire et Pédagogie – De l'iconoclasme scolaire à la culture des songes*, Paris, Le sourire qui mord, 1983.

20. B. Nicolescu, *L'Homme et le Sens de l'Univers – Essai sur Jakob Boehme*, Paris, Le Félin-Philippe Lebaud, 1995 (1ª edição: Le Félin, 1988); F. Bonardel, *Philosophie de l'alchimie – Grand Oeuvre et modernité*, Paris, PUF, 1993, F. Capra, *Le Tao de la physique*, Paris, Tchou, 1979.

21. J. Fontanet, *Le Social et le Vivant*, Paris, Plon, 1977.

cos, tanto no plano da normalidade antropológica individual como na coletiva, a conceitualização de Lupasco permitindo uma teoria do complexo, de uma *objetividade* complexa onde todo objeto de exame admite, ao mesmo tempo, níveis diferentes até 'a oposição' de potencialização e de atualização e, ao mesmo tempo, permite a medida dos graus destes últimos quanto às forças centrípetas (homogeneização) e centrífugas (heterogeneização) que eles implicam. Esta teoria do complexo permite à antropologia discernir em seu objeto de estudo, individual ou coletivo (psíquico ou cultural!), um *tópico* visto por Freud e por Bastide, especificado por Hillman (o *puer* e o *senex*) como por Spengler[22] (as 'Estações' do futuro socio-cultural) ou principalmente pelo clínico geral Sorokin[23] (os 'três regimes' da sensibilidade psicossocial: *sensate/idealistic/ideationnal*). É graças a essa 'chave' que pude, a partir de 1981[24], formular, de início de forma esboçada, um tópico antropológico e chegar ao conceito tão heurístico (ao menos para as civilizações chamadas 'ocidentais') de '*bacia semântica*'[25] admitindo, ao mesmo tempo, as permanências de cada civilização ('longas durações' braudelianas) e os ritmos das mudanças socioculturais. Resumindo, para simplificar, o mínimo de traços de um 'objeto' tão complexo: no universo de uma civilização, aparecem, em relevo, algumas 'bacias semânticas', que reaparecem mais ou menos a cada 150 ou 180 anos, igualmen-

---

[22] O. Spengler, *Le Déclin de l'Occident*, 2 vol., 1916-1920, Paris, Gallimard, 1948.
[23] P. Sorokin, *Social and Cultural Dynamics*, Boston, Porter Sargent, 1957.
[24] G. Durand, "Le renouveau de l'Enchantement – Topos du mythique et sociologie", in *Cadmos* nº 17/18, Centre Europeu da Cultura, Genebra, 1982.
[25] G. Durand, *idem*.

te como a mesma água de um riacho escava, aos poucos, a bacia do rio ('constantes' colocadas em evidência nas espécies animais ou vegetais, por bio-embriologistas como H. Waddington e R. Sheldrake[26]), constantes culturais que, portanto, 'desaparecem' momentaneamente e se desdobram em uma temporalidade específica, compassada por seis fases bem distribuídas (que batizamos metaforicamente: cascateamento, divisão das águas, confluências, 'nome do rio', disposição das margens, meandros e deltas...). A vida de tal sistema integra-se, por completo, nas noções lupascianas de potencialização/atualização. Podemos, até, entrever prematuramente que todo procedimento de potencialização exige uma heterogeneização mínima enquanto toda atualização tende à homogeneização fixadora.

Em todo esse cortejo das ciências antropológicas dos últimos cinquenta anos, é notável ver confirmar-se, portanto conformar-se, as claras hipóteses filosóficas do sábio romeno. E, em um mundo dos saberes, onde o peso das pedagogias oficiais assinala uma homogeneização mortal, talvez seja preciso que os novos ares venham de outro lugar e não da atmosfera confinada de nossas Sorbonnes. No decorrer de nossa história francesa dos Saberes, foi um fenômeno constante ver que a Escola era substituída, cada vez que a homogeneização *escolástica* ficava muito asfixiante, pelo *Collège de France*, pelo EPHE, pelo *Conservatoire des Arts et Métiers*, pelo CNRS, pelos IUT, etc. E permitam me citar aquela bela possibilidade: nossos *Centres de Recherche sur l'Imaginaire* que fortificam, com seus conhecimentos tão heterogêne-

[26] P. Sheldrake, *La Nouvelle Science de la vie*, Mônaco, Le Rocher, 1985; C. H. Waddington, *Towards a Theoretical Biology*, Edimburgo, University Press, 1969.

os, dezenas de universidades francesas e cerca de cinquenta universidades pelo mundo! E como fomos 'gazeteiros', meus queridos amigos pioneiros e fundadores de trinta anos atrás, Léon Cellier, Paul Deschamps, Cl. G. Dubois! A renovação frutífera dos conhecimentos nunca se fez através de 'reformas' da Escola. O sangue novo circula, principalmente, nas 'escolas clandestinas'! Stéphane Lupasco, físico de formação, teve a cruel oportunidade, romeno de origem, de permanecer à margem das Escolas da França. Foi essa nobre marginalidade que deu tanta força, liberdade e audácia à sua teorização. Em resumo, Descartes era um soldado provisório e não um intelectual de carreira, Pasteur era químico e não médico... Felizes aqueles que sabem cultivar os marginais de nossas escolas: eles são as terras férteis de descoberta dos conhecimentos do futuro!

A CONTRIBUIÇÃO DA PERSPECTIVA SISTÊMICA DE STÉPHANE LUPASCO À TEORIA DAS ESTRUTURAS DO IMAGINÁRIO E SUA EXPERIMENTAÇÃO

YVES DURAND
Professor Emérito da Universidade de Sabóia

Meu objetivo é lembrar como ocorreu, em 1962, – há 36 anos! – o encontro entre os trabalhos de Stéphane Lupasco – dedicados à concepção de *três ordens de sistematização energética* – e os de Gilbert Durand, descrevendo o imaginário segundo *três orientações estruturais*.

Mais precisamente, gostaria de mostrar, a partir de alguns documentos, de que modo noções estabelecidas por Stéphane Lupasco – quero falar (em particular) de sua concepção de um *dinamismo heterogeneizante* e de um *dinamismo homogeneizante*, assim como do *princípio de antagonismo* – puderam ser usadas no quadro da visão antropológica do imaginário, de acordo com a perspectiva estabelecida por G. Durand.

Em 1960, G. Durand apresentou sua tese mostrando que o imaginário pode ser concebido segundo três dimensões estruturais denominadas: *esquizomorfa (ou heróica), mística e sintética.*

Não posso, nesta breve exposição, entrar em detalhes da teoria.[1] Por outro lado, duas ilustrações – originárias de minhas próprias pesquisas – podem nos ajudar a entender em que consiste o *imaginário heróico e o imaginário místico.*[2]

Essas ilustrações também – e sobretudo – nos permitem mostrar como sua análise se beneficia de uma aplicação de conceitos tomados por empréstimo de Lupasco.

Antes, devo explicar a origem das ilustrações. Digamos, em poucas palavras, que elas provêm de uma pesquisa, realizada entre 1961 e 1963, destinada a estudar a validade da teoria das estruturas do imaginário estabelecida por G. Durand.

Com essa intenção, elaborei um modelo experimental – apresentado na forma de um teste – que consistia em mandar fazer um desenho e uma narrativa a partir de 9 palavras-estímulo destinadas a simular, simbolicamente, a teoria do imaginário de G. Durand. Em seguida, essa técnica foi denominada Teste Arquetípico dos 9 elementos – ou AT.9.[3]

Na prática, o teste consiste em pedir às pessoas escolhidas que façam um desenho e, em seguida, redijam um texto, partindo das 9 palavras seguintes: *uma queda, uma espada, um refúgio, um monstro devorador, algo cíclico (que gire, se reproduza ou avance), um personagem, água, um animal, fogo.*

---

[1] Cf. G. Durand, *Les Structures anthropologiques de l'imaginaire*, 12ª edição, Paris, Dunod, 1997. Tradução existente em romeno. Cf. reedição, Univers Enciclopedic, 1997.

[2] Cf. Anexo I.

[3] Cf. Y. Durand, *L'Exploration de l'imaginaire*, Paris, L'Espace bleu, 1988.

1. Antagonismo de atualização/potencialização e classificação dos documentos-AT.9

Entre os documentos que obtive com esse método, alguns não continham nenhuma ambigüidade. É o caso das duas ilustrações (A e B) reproduzidas no Apêndice I.

A primeira ilustração (desenho A) representa uma produção de *tipo heróico*. Podemos observar, em particular, que todos os elementos figurados mostram o simbolismo heróico articulado em torno da personagem e do monstro devorador colocados frente a frente.

A segunda ilustração (desenho B) mostra um universo mítico de *tipo místico*. Aqui, os diversos elementos representados inscrevem-se em uma atmosfera de vida tranquila, de acordo com o imaginário místico, tal como é definido por G. Durand em sua teoria.[4]

Para os documentos semelhantes aos anteriores, não se nota nenhum problema de classificação. Com efeito: *ou* esses documentos se encaixam no padrão heróico, *ou* revelam a categoria mística.

Entretanto, algumas produções não podem ser alinhadas, sem reserva, em uma ou outra das categorias míticas precedentes, pois encerram, ao mesmo tempo, uma emergência de imaginário heróico e de imaginário místico (cf. Apêndice II, ilustrações C e D).

Quando encontrei esse problema – fazendo a classificação de meus documentos –, fiquei perplexo. Com efeito, percebia esses fatos em desacordo com a teoria de G. Durand.

---

[4] Ao adjetivo místico, G. Durand dá "seu sentido mais corrente no qual se juntam uma vontade de união e um gosto pela intimidade secreta". Cf. *op. cit.*, p. 276.

Nesta, de fato, as estruturas heróicas e místicas são descritas em separado e parecem exclusivas uma da outra, especialmente porque a terceira estrutura – qualificada de 'sintética' – não pressupõe, de modo algum, as duas primeiras.

Então – estávamos em 1962 –, absolutamente por acaso, tive conhecimento dos trabalhos de S. Lupasco. Tendo comprado a revista *Arguments* (dirigida por E. Morin), por causa de um artigo de filosofia que atraíra minha atenção no sumário, encontrei um texto de S. Lupasco intitulado *Systémologie et Cosmologie.*

Esse texto foi-me *uma revelação.* Ele me levou a procurar *Les Trois Matières* e, em seguida, a maior parte das outras obras de S. Lupasco.

A perspectiva desenvolvida por S. Lupasco a propósito da existência dos fenômenos energéticos – a saber, para existir, *todo dinamismo implica um dinamismo antagônico, de modo que a atualização de um potencializa o outro* – pareceu-me, efetivamente, apropriada para ser aplicada aos processos do imaginário.

O incomparável interesse dessa perspectiva era que não apenas as produções do imaginário (constituindo minha documentação) que continham, *ao mesmo tempo,* um simbolismo heróico e místico não constituíam mais um problema – um problema que anteriormente eu incorporava a uma incompatibilidade de ordem 'lógica' –, mas elas encerravam, a partir de então, fatos que deixavam entrever uma extensão *sistêmica* do enfoque *estrutural* desenvolvido por G. Durand em sua teoria.

Esse novo enfoque significava que, em vez de efetuar uma análise *monopolar* – isto é, procurar definir a característica *seja* heróica, seja mística – de um universo mítico dado, era preferível, a partir de então, proceder a uma leitura *bipolar* (heróico-mística).

Desde então, a classificação dos documentos obtidos no quadro de minha exploração do imaginário pôde ser conduzida de forma coerente e isso conforme o enfoque sistêmico desenvolvido por S. Lupasco, em particular pela elaboração de dois postulados: *o princípio de antagonismo e a lógica dinâmica do contraditório.*

2. Elementos de classificação das produções da série heróico-mística

Examinemos, rapidamente, como se apresenta a classificação revista a partir dos postulados de antagonismo atualização/potencialização, segundo a perspectiva de S. Lupasco.

Duas regras são definidas: 1. Regra de designação temática; 2. Regra de atualização/potencialização das polaridades.

Na prática, a designação temática está ligada à ação atribuível ao personagem. Quanto à atualização/ potencialização das polaridades, ela marca, de alguma maneira, o 'peso' de uma polaridade em relação à outra e contribui para definir categorias intermediárias de classificação.

Em linhas gerais, podemos dizer que uma dada produção, destacando a série heróico-místico, caracteriza-se:

– ou por sua polaridade heróica atualizada e, simultaneamente, por sua polaridade mística potencializada;

– ou por sua polaridade mística atualizada e, simultaneamente, por sua polaridade heróica potencializada.

Exemplos:

– *Produção B* (cf. Apêndice I). Trata-se de um tema que pode ser qualificado como 'místico' segundo a terminologia de G. Durand, pois está centrado sobre uma ação de vida aprazível em torno da personagem.

De acordo com o novo enfoque diríamos, que essa produção caracteriza-se por uma *atualização* da polaridade mística e por uma *potencialização* da polaridade heróica.

Esta potencialização heróica pode ser lida através das *representações simbólicas do monstro devorador e da espada*. No desenho da ilustração B, elas aparecem figuradas alegoricamente sobre a inscrição indicadora.

Observaremos que o monstro e a espada constituem elementos úteis para um combate. Por outro lado, eles não se revestem de um papel funcional em um contexto de vida aprazível. Talvez esse combate tenha tido lugar, no passado, para o autor de uma produção de tipo mística. De qualquer forma, ele não é atual.

É por isso que os elementos úteis a esse combate estão *fora de função*, transformados em *símbolos decorativos ou alegóricos*, para integrá-los potencialmente a um conjunto atualizado em torno da polaridade mística do imaginário.

É interessante analisar os procedimentos de tratamento do monstro e da espada no quadro das produções místicas: são, efetivamente, indicadores dos diversos aspectos do processo de potencialização da polaridade heróica no interior da polaridade mística.

Observamos que isso, muitas vezes, coloca problemas às pessoas que fazem esse teste. Assim:

– algumas pessoas *não representam o monstro e/ou a espada;*

– outras representam esses elementos de acordo com uma *função, se não discordante, pelo menos pouco congruente* em relação ao tema central místico;

– outras, finalmente, adotam uma *solução lúdica,* representando, por exemplo, crianças brincando com espadas, em companhia de um ator ou de um brinquedo 'monstruoso' (pelo tamanho, por exemplo), mas não perigoso.

Todas essas particularidade – *testemunhando uma elaboração mais ou menos trabalhosa do processo de potencialização heróica* – permitiram estabelecer métodos de classificação precisa das produções qualificadas como místicas.

Assim, a produção B (cf. Apêndice I) entra na categoria 'místico-integrada', categoria que integra a potencialização heróica com a maior leveza retórica.

De forma similar – mas inversamente –, é possível analisar as particularidades da potencialização da polaridade mística no interior da polaridade heróica atualizada.

Por exemplo, a ilustração A (cf. Apêndice I) mostra a atualização mítica de tipo heróico-integrada. Nesse contexto, a potencialização da polaridade mística é observada através da *redundância do cenário mítico.*

Essa redundância – observável, em certos casos, de forma ainda mais acentuada que na ilustração A – traduz uma *intenção decorativa* (quase estética). Essa atenção levada ao quadro exprime a potencialização da polaridade mística dentro do imaginário heróico.

Ao contrário, em outras produções, o grafismo está ficando cada vez mais raro, bem como o número de representações. Os únicos elementos figurados são, então, aqueles *diretamente úteis ao combate,* ou seja o personagem, o monstro, a espada e igualmente o fogo.

Aliás, – e ainda em outras produções – a atualização da polaridade heróica vai (de alguma forma) diminuir de intensidade e liberar a potencialização mística que tenderá, então, a se atualizar de forma funcional.

É o que se passa no quadro da ilustração C (cf. Apêndice II). Essa produção qualificada '*como heróica-descontraída*' nos mostra, na verdade, como pode variar o processo de antagonismo subjacente. Nesse exemplo, um degrau a mais – no sentido da potencialização heróica – e estaríamos diante de uma produção qualificável como mística (por ter, se assim podermos dizer, 'oscilado' para a outra polaridade).

Finalmente, pude estabelecer uma classificação diversificada de meus documentos sobre o imaginário. Assim, distingui duas séries de atualização: uma heróica e a outra mística, cada uma incluindo *quatro categorias que se estendem entre uma orientação hiperpolarizadora (monopolar) e uma tendência a um equilíbrio bipolar.*

Essa demonstração seria incompleta se eu deixasse passar em silêncio a existência de fatos suscetíveis de ser, de algum modo, 'previsíveis' a partir de uma argumentação apoiada nos postulados estabelecidos por S. Lupasco.

Efetivamente, na base dos dados precedentes, podemos elaborar o seguinte raciocínio: já que foi demonstrado que as polaridades heróicas e místicas do imaginário coexistem como duas forças de coesão do imaginário (articuladas segundo um princípio de antagonismo), não existiriam universos míticos caracterizados por um estado intermediário – *não estou me referindo ao 'estado T'!* – no qual assistiríamos a uma dupla atualização heróico-mística equilibrada?

É claro que sim, tais produções existem realmente! A figura D (cf. Apêndice II) é uma ilustração. A elaboração dessa produção precisou – observemos – do *desdobramento do personagem.* Esse procedimento permitiu a realização da *dupla atualização* das polaridades heróica e mística do imaginário e, ao mesmo tempo, suas potencializações respectivas (através do sonho).

As produções desse tipo constituem o objeto de uma categoria determinada – distinta das precedentes –, denominada, de maneira genérica: '*duplos-universos existenciais*'.

Finalmente, essa classificação, em seu conjunto, nunca foi questionada em mais de trinta anos de aplicação. Creio poder dizer que, *sem a contribuição de S. Lupasco, ela não poderia ter sido estabelecida com tanta coerência e interesse heurístico.*

3. Processo de homogeneização/heterogeneização e teoria do imaginário

Entretanto, a aplicação dos postulados estabelecidos por S. Lupasco na pesquisa sobre o imaginário, não se limitou, unicamente, à elaboração de um procedimento de classificação dos documentos obtidos a partir do Teste Arquetípico dos 9 elementos, ainda que represente uma contribuição considerável.

A partir do momento em que pensei nessa utilização do enfoque, elaborada por Lupasco, para pôr ordem em meus documentos – que implicavam (colocando-a em prática) a teoria do imaginário de G. Durand –, é claro, comuniquei-lhe o fato. *Além disso*, elaborei a hipótese de uma *possível similaridade* entre:

– de um, lado *a polaridade heróica* (qualificada de esquizomórfica por G. Durand) e o *dinamismo heterogeneizante* definido por S. Lupasco;

– e, por outro lado, a *polaridade mística*, segundo G. Durand e o *dinamismo homogeneizante*, postulado por S. Lupasco.

Lembro-me que *G. Durand ficou entusiasmado* com as perspectivas assim abertas. Aliás, guardei minha correspondência com ele a esse respeito[5]. Esse interesse pelas concepções desenvolvidas por S. Lupasco levou G. Durand a considerar, desde a segunda edição das *Structures anthropologiques de l'imaginaire* (1963), uma possível substituição de sua terminologia (ambígua por causa dos termos esquizomorfo e místico) pela de S. Lupasco.

No entanto, ele percebeu que os termos homogeneização e heterogeneização não contribuíam para clarificar sua concepção. Aliás, ele encontrou S. Lupasco por esse motivo e explicou essa dificuldade terminológica no Apêndice I da segunda edição das *Structures,* intitulado: *De l'utilisation en archétypologie de la terminologie de S. Lupasco*[6].

Entretanto, além desse problema de terminologia, a perspectiva sistêmica inerente ao enfoque desenvolvido por S. Lupasco levou G. Durand a especificar seu enfoque estrutural e, finalmente, a explicitar de maneira mais nitidamente sistêmica do que o fizera em seus primeiros trabalhos.

Concluindo, espero ter mostrado como os postulados estabelecidos por S. Lupasco *contribuíram para influenciar o processo de trabalhos sobre o imaginário, os quais se tornaram clássicos.*

Resumindo, diria que a concepção estrutural do imaginário inaugurada por G. Durand encontrou uma nova dimensão com o enfoque sistêmico desenvolvido por S. Lupasco.

---

[5] Um trecho desta correspondência está reproduzido no Apêndice III do presente artigo.

[6] Um trecho deste texto está reproduzido no Apêndice IV.

Por seu lado, S. Lupasco interessou-se, igualmente, pela noção de estrutura. Desenvolveu de modo magistral sua concepção em um pequeno livro editado em 1967 e intitulado *Qu'est-ce qu'une structure?*

Possuo, é claro, essa obra. Mas seu valor para mim é afetivo, pois me foi dada pelo próprio Lupasco, com uma dedicatória. É um motivo a mais para me sentir feliz, hoje, por ter podido dar minha contribuição ao reconhecimento de sua obra.

Apêndice I

Ilustração A – Tipo: HERÓICO integrado

FAÇA UM DESENHO COM:
Uma queda, uma espada, um refúgio, um monstro devorador, algo cíclico (que gire, se reproduza ou avance), um personagem, água, um animal (pássaro, peixe, réptil ou mamífero), fogo.

EXPLIQUE SEU DESENHO
O dragão abatido por São Maurício.
Quando São Maurício voltava de viagem, em seu caminho encontrou-se, frente a frente, com um dragão. Imediatamente, São Maurício desceu do cavalo e matou o dragão ameaçador; aves de rapina já faziam círculos no céu, prontas para se lançar sobre o cadáver do dragão.

Ilustração B – Tipo: MÍSTICO integrado

FAÇA UM DESENHO COM:
Uma queda, uma espada, um refúgio, um monstro devorador, algo cíclico (que gire, se reproduza ou avance), um personagem, água, um animal (pássaro, peixe, réptil ou mamífero), fogo.

EXPLIQUE SEU DESENHO
Ao lado de uma estrada nacional há um grande painel convidando os motoristas a parar no refúgio do dragão. No painel vê-se o logotipo (emblema) do abrigo: um monstro vomitando fogo, traspassado por uma espada, segundo uma antiga lenda.
O refúgio é um antigo moinho situado perto de uma queda d'água. A velha roda com paletas ainda existe. A queda d'água continua em um riacho muito piscoso, às margens do qual vemos um pescador tirando de dentro d'água um magnífico peixe. Todo o quadro é iluminado pelo sol se pondo.

Apêndice II

Ilustração C – Tipo: HERÓICO descontraído

FAÇA UM DESENHO COM:
Uma queda, uma espada, um refúgio, um monstro devorador, algo cíclico (que gire, se reproduza ou avance), um personagem, água, um animal (pássaro, peixe, réptil ou mamífero), fogo.

EXPLIQUE SEU DESENHO
Um homem encontra-se em uma gruta com uma espada em seu colo. Ele se aquece perto do fogo. Uma grande avalanche cai das montanhas rochosas e corre abaixo da gruta.
Um animal pré-histórico devora uma corça atrás das pedras.

Ilustração D – Tipo: UNIVERSO DUPLO (heróico-místico)

FAÇA UM DESENHO COM:
Uma queda, uma espada, um refúgio, um monstro devorador, algo cíclico (que gire, se reproduza ou avance), um personagem, água, um animal (pássaro, peixe, réptil ou mamífero), fogo.

EXPLIQUE SEU DESENHO
Trata-se de um personagem que decidiu passar suas férias como Robinson Crusoé em uma ilha deserta.
1) Você tem o quadro: ele se encontra no meio de uma floresta selvagem, o que implica que ele viva de acordo com os meios do lugar e cercado pela vida selvagem. Seu abrigo é construído com galhos e folhas, ele faz seu fogo ao ar livre e até tem um depósito de água que usa com a ajuda de uma espécie de esteira rolante colocada verticalmente e munida de cascas de coco vazias!

2) A cena se passa durante a noite e nosso personagem está sonhando, como mostra a bola no desenho. E ele está (no sonho) no meio de um combate com um monstro imaginário, uma criatura horrível que ele combate corajosamente, armado apenas de uma espada!
Em suma, acho que ele acordará um pouco antes de ser devorado.

Apêndice III

Conceitos de homogeneização e de heterogeneização: trechos de uma correspondência com G. Durand.

Yves DURAND
Chefe do Centro de Psicologia Aplicada
SNCF (Société Nationale des Chemins de Fer Français)
Lyon

Lyon, 28/01/63 ao
Sr. Gilbert DURAND
Diretor do Instituto Superior de Letras
CHAMBERY

Prezado Senhor,

Respondendo a seu telefonema, eis algumas reflexões sobre a terminologia de LUPASCO. [...]

Pergunto-me – após suas últimas observações – se o próprio observador, só querendo ver, exclusivamente, o aspecto atualizado, não negligenciaria, por vontade própria, o aspecto antagonista, declarando que ele desapareceria sob a Estrutura atualizada ou que está potencializado. Finalmente, nossas explicações se atualizariam e se potencializariam a seu bel prazer... Acredito que é o que se passa quando, 'vista do interior', podemos dizer da heterogeneização que ela é homogeneizante e da homogeneização que ela parece heterogeneizante. [...]

Sua possibilidade de existência simultânea e de atualização, ou de potencialização, segundo 'a ótica' adotada, faz-me pensar que Homogeneização e Heterogeneização estejam, na verdade, sempre igualmente presentes, mas sob formas diferentes. Em outras palavras, quando digo, por exemplo, que um desenho é místico, a potencialização implícita da Estrutura heróica corresponderia, na realidade, à atualização dessa mesma estrutura atrás de um aspecto que escaparia à nossa percepção atual. [...]

Homogeneização e Heterogeneização constituem, a meu ver, termos demasiado formais (esquizomorfos!) para serem validamente sinônimos de Místico e Heróico, estes, no fundo, relacionando-se essencialmente ao tema. Para LUPASCO, parece não existir problema de terminologia: a infinitude das dialéticas não altera seus conceitos. Em sua ótica, ao contrário, a infinitude das dialéticas as contamina... Quanto a mim, criei o termo 'força de coesão', facilmente qualificável de místico ou de heróico. [...]

Apêndice IV

Conceitos de homogeneização e de heterogeneização: trechos de um texto de G. Durand anexado à segunda edição de *Structures anthropologiques de l'imaginaire.*

DA UTILIZAÇÃO EM ARQUETIPOLOGIA DA TERMINOLOGIA DE S. LUPASCO

Havíamos sugerido, em nossa introdução, a possibilidade eventual de substituir a terminologia que utilizávamos por aquela usada por S. Lupasco e subsituar 'esquizomorfo' por 'heterogeneização' e 'místico' por 'homogeneização'.

Entretanto, é preciso esclarecer que esses dois termos podem ser concebidos segundo dois pontos de vista diametralmente opostos, dependendo da colocação objetiva ou subjetiva em relação ao fenômeno mental examinado. Pois as *estruturas esquizomorfas* surgem como *heterogeneizantes* ao observador que estuda objetivamente o universo antitético da consciência de um sujeito esquizomorfo que imagina. Porém, o próprio sujeito esquizomorfo, pelo comportamento de recusa e de franca ruptura sistemática que o faz rejeitar tudo o que não se integre logicamente no campo imaginário, deve possuir, ao contrário, um sentimento de *homogeneidade* (autismo, rigidez, rigorismo) onde os princípios de exclusão e de identidade se esbocem em uma espécie de lógica reflexiva e espontânea. [...]

Precisaríamos, pois, considerar uma lógica – ou pelo menos uma pré-lógica! – não mais com duas categorias: homogeneização e *heterogeneização*, mas com três: *homogeneidade assimiladora*, *heterogeneidade* ou *equilíbrio antagonista*, enfim, *homogeneidade adaptadora*. Essa pré-lógica estaria, então, muito próxima do tradicional Sistema chinês do Tao, do Yin e do Yang.

É muito interessante que tenha sido a essa lógica de primeira instância, polarizada por três princípios irredutíveis, que Stéphane Lupasco, Roger Bastide e eu próprio, assim como Yves Durand[1], tenhamos chegado por

---

[1] Cf. Yves Durand, op. cit., S. Lupasco, *Les Trois Matières*, Juilliard, 1960. Roger Bastide, *Le Principe de coupure et le comportement afro-brésilien* (Anais do XXXIº Congr. Intern. de Americanistas, São Paulo, 1955).

caminhos muito diferentes e aproximadamente na mesma ocasião. Em seu pequeno livro de 1960, *Les Trois Matières*, Lupasco faz a reflexão epistemológica do físico desembocar em três sistemas – eles mesmos, *sistemas de sistemas,* pois um sistema é definido pelo antagonismo de sistemas primários –, os dois mais extremos sendo regidos pela atualização, um do Princípio de homogeneidade, o outro do Princípio da heterogeneidade, enquanto o terceiro sistema resulta do antagonismo desses dois princípios contraditórios, equilibrados por uma respectiva potencialização.

Alguns anos antes, por um caminho completamente diferente, Roger Bastide destacava, no pensamento e no comportamento afro-brasileiro, princípios irredutíveis: '*Le Principe de Coupure*' (Princípio de Ruptura), muito próximo daquilo que denominamos esquizomorfia, ou ruptura sistemática; '*Principe de Correspondance*' (Princípio de Correspondência ou de Analogia).

Estes princípios, em Bastide, em Lupasco, como para mim mesmo, subentendem, sempre, um sistema de pensamento ou de energia, mas tentamos mostrar neste livro que o semantismo das imagens é sintomático do privilégio de um princípio diretor e do estado de atualização ou de potencialização das polaridades dialéticas enfocadas.

O "UNIVERSO PSÍQUICO" E O PENSAMENTO COMPLEXO

GEORGES LERBET

Professor Emérito da Universidade François-Rabelais, de Tours, ex-diretor do Laboratório das Ciências da Educação e da Formação

Abordar a questão da aproximação da concepção do universo do psiquismo, de Stéphane Lupasco, às conquistas do pensamento complexo no domínio cognitivo dos anos recentes é, sem sombra de dúvida, uma das formas de prestar uma homenagem ao pai das três matérias. Realmente, é uma das maneiras de mostrar qual foi sua contribuição como precursor, enquanto criador de um modelo. Criador esse a quem tive ocasião de me referir[1] para tentar estabelecer pontes entre seu trabalho de lógico e o de Piaget, quando havia empreendido estudar o desenvolvimento como um sistema sob tensões entre processos tendendo a reduzir a firmeza do sistema considerado e outros tendendo a aumentá-la.

Em seguida, outros trabalhos levaram-me a aprofundar essa via sistêmica e cognitiva. Eles mantiveram, como pano de fundo, pelo menos implicitamente, o pensamento de Lupasco. Hoje, chegou a hora de evidenciar sua contribuição à construção do novo edifício cognitivo.

---

[1] Georges Lerbet, *L'Insolite développement. Vers une science de l'entre-deux*, Paris, Éd. Universitaires, L'Harmattan, 1988.

Para prosseguir nessa direção, começarei lembrando, de modo breve, alguns pontos importantes do pensamento de Lupasco, a fim de garantir uma visão de conjunto. Em seguida, examinarei, sucintamente, o modo como ele concebeu o universo psíquico. Será, então, o momento de me interrogar a respeito de sua concepção da afetividade, concepção que me ajudará a abrir passagem para a visão complexa dos sistemas bio-cognitivos que possibilitam o questionamento do pensamento complexo e da racionalidade aberta, os quais aparecem como suportes formalizadores e metodológicos.

As três matérias

É inútil se deter muito tempo nesse ponto, exceto para lembrar que Lupasco teve a idéia genial de considerar que a matéria-energia, qualquer que seja, presumivelmente encontra-se entre dois pólos exclusivos. Um corresponderia à sua potencialização completa e o outro à sua atualização também completa.

Não insistirei no fato de que a matéria-energia macrofísica tende a atualizar a homogeneização da energia até que ela se degrade para um equilíbrio calórico, onde a entropia do sistema é máxima. Quanto à heterogeneização crescente atual, ela corresponde a uma evolução de sentido contrário e aplica-se ao que Lupasco reconheceu como sendo a matéria-energia biológica.

Resta a terceira matéria-energia. Ela caracteriza aquela onde as duas outras matérias-energias estão tensas. Essa tensão máxima traduz um estado onde uma e outra, semi-potenciais e semi-atuais, encontram seu equilíbrio.

Seria este o caso tanto da matéria micro-física como da matéria neuro-psíquica.

A matéria-energia psíquica

Para descrever, sumariamente, a modelização que Lupasco elaborou do universo psíquico, convém situá-la no domínio de estudo dos sistemas e na da corrente das ciências psico-fisiológicas, tais como as entendemos classicamente. Essas ciências costumam distinguir o sistema eferente marcado pela reação externa do organismo e o sistema aferente que recebe os estímulos do ambiente. Lupasco retomou essa distinção, atribuindo, essencialmente, as ações ao primeiro e a percepção ao segundo.

Nessa perspectiva, o sistema neuro-psíquico é um sistema sob tensões (cujo estado apresentado é chamado 'T'). Ele produz e controla as finalizações potenciais dos dois outros, cujas causalidades emergem em sua atualização.

É assim que, no sistema aferente, um objeto atualiza dados sensoriais heterogêneos, ignorando o sujeito. Em troca, este toma consciência quando o identifica, interiorizando-o e tornando-o significativo e potencial como tal em seu espírito.

Quando o sistema de ação está em questão, o sujeito, que age por escolha, opera reduzindo (potencializando) a multiplicidade dos parâmetros (as heterogeneizações) que se opõem a sua escolha. Agindo desta forma, ele identifica seu projeto interiormente e fica pronto para atualizá-lo.

Padronizando, dessa forma, as estruturas de base do universo psíquico, Stéphane Lupasco elaborou um estatuto de semi-consciência e semi-inconsciência onde, segundo uma terceira 'ortodialética', se tensionam e se concentram os antagonismos e as contradições desses dois sistemas. Assim, ele procedeu a uma verdadeira revisão das idéias clássicas da psicanálise, pois não deixou lugar a um tópico bem prático para permitir uma concepção representável do mental do homem e de suas pulsões. Efetivamente, nesse novo enfoque, o conhecimento, esta "sistematização mais ou menos complexa das consciências em perpétua evolução"[2], e a consciência, essa "lucidez íntima da subjetivação", têm um novo estatuto. Elas constituem, de alguma forma, um sistema 'meta' em relação aos dois sistemas que foram apresentados antes, pois são conectadas, recursivamente, com elas próprias (conhecimento do conhecimento e consciência da consciência) e com seu complementar, sua ausência, segundo uma estrutura dialética, ou seja, respectivamente, o desconhecimento e a inconsciência.

Nessa terceira matéria, psíquica, Lupasco viu a mais forte concentração de energia, análoga e não idêntica, àquela encontrada na matéria nuclear. É o universo do espírito que medita, que imagina, mas que também é vivo e se movimenta em sua busca do conhecimento do mundo que o cerca e no qual ele se banha e do qual procede. Em outras palavras, esse universo psíquico é padronizado de forma a prestar conta dos processos físicos e biológicos os mais orgânicos, dos quais o corpo é o suporte, mas também dos processos cognitivos que geram esse corpo e esse psiquismo, no tempo e no espaço, sempre procedendo, recursivamente, segundo uma longa cadeia de sistemas de sistemas, cadeia, ao mesmo tempo, evolutiva e construtiva.

Quando procuramos analisar essa bela montagem, imediatamente chama a atenção sua coerência racional

---

[2] Stéphane Lupasco, com a colaboração de Solange de Mailly-Nesle e Basarab Nicolescu, *L'Homme et ses Trois Éthiques*, Paris, Le Rocher, 1986, p. 30.

e sua organização lógica. Coerência racional, pois atuam os processos homogeneizante e heterogeneizante que se opõem, antagônica e contraditoriamente, sem, no entanto, chegar a se expulsar de maneira completa a ponto de a atualidade de um impor a potencialidade do outro. Assim, impera, sempre, um estado de tensões, que Lupasco soube formalizar no quadro de uma lógica do terceiro incluído, que implica o desvio conceitual e operatório dos pontos de vista identificados opostos e exclusivos.

No entanto, quando tudo isso é verificado e se apresenta de forma satisfatória ao espírito, parece faltar ao conjunto algo indispensável para que a vida mental e sensitiva aí circule, algo que escapa aos parâmetros clássicos próprios às categorias do pensamento. Esse algo, Lupasco reconheceu-o no conceito da afetividade, indispensável para que a coerência se acompanhe *de* e se realize-se *na* coesão própria do vivo-conhecedor.

A afetividade

Relendo as numerosas páginas que Lupasco dedicou ao conceito da afetividade, desde a terceira parte de sua tese até o que escreveu em *L'Univers psychique*, a idéia que se impõe ao espírito é, no minímo, dúbia.

– Primeiramente, ela se relaciona à metodologia mantida para discorrer e apreender a esse respeito. Para fazê-lo, observamos que, com essa intenção, Lupasco recorreu, explicitamente, à fenomenologia, até então mais negligenciada.

– Em segundo lugar, notamos que, com ele, a afetividade assemelha-se ao que se destaca na ontologia do sujeito, em outras palavras, àquilo que tenta escapar a toda manobra sábia, que seria obrigada a dobrar-se diante das regras científicas marcadas, em um dado momento, por uma forma de reducionismo e aquele, não importa qual, esforço feito para evitar esse último. Efetivamente, todo enfoque coerente implica um enquadramento com bordas lisas, cuja particularidade consiste em reduzir os objetos, as teorias, os modelos ou os paradigmas a referenciais reconhecidos e, pelo menos, corroborativos, por falta de serem semelhantes.

Para ilustrar isso, pensamos precisamente no reducionismo psico-sociológico, característico de certas leituras marxistas do homem na sociedade. Pensamos, igualmente, no reducionismo psico-biológico que faz descrever o homem e seu espírito através de um jogo complexo de estritas conexões de neurônios. Pensamos, ainda, no reducionismo psico-lógico, cujo conceito de sujeito epistêmico, parece-nos, constitui um exemplo decisivo em Piaget.

Resumindo, apanhado nesse jogo de estritas reduções e pouco importando o nível epistemológico escolhido e os domínios científicos reunidos, o pesquisador tem obrigação de admitir uma perda considerável de informação sobre seu objeto e, com a mesma disposição, entrever a afetividade em uma teoria geral das faculdades, tal como podemos encontrá-la nos modelos psicométricos onde procuramos 'medi-la', da mesma maneira, por exemplo, que a inteligência ou a motricidade.

Tudo isso sob a reserva da possibilidade de reconhecer uma inevitável subjetivação e de interrogar-se sobre a pertinência da definição que Piaget, em seu tempo, dava à afetividade, quando fazia dela o energético da inteligência.

Diante desses reducionismos ou dessas concepções energéticas da afetividade, não se decidir por esses enfoques e pontos de vista seria, então, apenas querer adicionar a qualquer trabalho desse tipo o preenchimento da lacuna que eles transmitem, mergulhando o universo psíquico em um banho afetivo? Um banho que responderia a outras normas, sem que as emoções, os sentimentos fossem desprezados e levados, talvez de forma metafórica, a uma mecânica, fosse ela um analogon quântico?

É sobre essas bases muito gerais que parece dever se situar a compreensão de uma concepção sólida, localizada, original e muito pertinente da afetividade. Foi também uma concepção ultrapassada, como é próprio de todo trabalho científico. Assim, para apreciar seu alcance, convém colocá-la no contexto contemporâneo do pensamento complexo.

O pensamento complexo e a emergência do biocognitivo

Há duas décadas está claro, em particular depois dos trabalhos de Ernst von Foerster, Douglas Hofstadter, Edgar Morin, mas principalmente Francisco Varela e Jean-Pierre Dupuy, que o pensamento complexo firmou-se. Entre suas contribuições teóricas mais evidentes, para sermos breves, consideraremos o papel atribuído aos processos recursivos e à desordem das hierarquias nos sistemas hipercomplexos.

Esses processos têm um valor heurístico de primeiro lugar no domínio biológico e nas novas relações que se iniciam entre ele e a cognição. É nessa perspectiva que se faz necessária a leitura dos trabalhos de Varela e, especialmente, daqueles que tratam da autonomia do ser vivo. Em uma obra de primeira grandeza[3], Varela soube mostrar como era pertinente relacionar os trabalhos de Gîdel e aqueles que se voltam para a célula quanto à auto-referência que ambos contêm. A dificuldade que as linguagens formais têm para falar de si mesmas aparece quando, por exemplo, os teoremas matemáticos que se referem aos números aritméticos são relacionados aos próprios números. Dois domínios (lógico e aritmético) ficam, assim, embaralhados a ponto de tornar irresolvível um enunciado circular que lhes diz respeito.[4]

O grande interesse do trabalho de Varela consistiu em mostrar o isomorfismo do quadro conceitual de Gödel, teorizando a irresolução com o enquadramento do funcionamento da célula e que são, tanto em um como em outro caso, auto-referenciais.

Quanto ao caso da célula, o metadomínio próprio à produção das moléculas constitutivas da dinâmica celular está entremeado com o domínio da membrana que define suas fronteiras. Se bem que se constitua uma circularidade funcional sobre a qual se sucedem 'uma membrana é formada → metabólitos são produzidos → uma membrana é formada... etc.', circularidade que explica sucessões transfinitas que Varela definiu como sendo uma 'barreira operacional', ou seja, um sistema autônomo, cuja "organização é caracterizada por processos:

a) Dependendo, recursivamente, uns dos outros para a geração e realização dos próprios processos, e

b) constituindo o sistema como uma unidade reconhecível no espaço (o domínio) onde os processos

---

[3] Francisco Varela, *Principles of Biological Autonomy*, New York, Elsvier/North Holland, 1979.

[4] Por exemplo, o enunciado "não sou um teorema" mostra que a riqueza do sistema formal é suficiente para conter os números, a aritmética e as expressões para demonstrar.

existem".[5]

Quando os processos biológicos caracterizam-se por seu embaralhamento ao mesmo tempo coesivo e produtor de autonomia, eles assumem, *de facto*, uma nova amplitude. Em particular, questionam sobre o estatuto do cognitivo que os acompanha na ordem do ser vivo. Em suma, que a vida seja correlata com a autonomia do sujeito vivo, qualquer que seja, seria de se perguntar se continua realmente indicado colocar bio- e cognição como sendo processos sucessivos no desenvolvimento, ou se eles deveriam ser compreendidos de maneira conjunta, tanto uns como outros traduzindo somente duas faces diferentes de um mesmo díptico.

Para ser um pouco mais completo, é preciso notar que essas pesquisas determinantes somente foram possíveis porque Varela soube tirar proveito dos trabalhos matemáticos de Spencer-Brown[6] e prolongá-los como cálculo auto-referencial.

Assim, o que Spencer-Brown trouxe de fundamental e o que Varela prolongou? Uma ferramenta teórica que limita os cálculos aos operadores de presença-ausência, segundo um formalismo muito rudimentar, para significar um estado marcado (a presença ou a ausência de uma barra com esquadro) mas tão rica que permite, com dois axiomas, levar um raciocínio bem longe.

Assim, a aritmética elementar de George Spencer-Brown apóia-se sobre a distinção e o rastreamento de um limite no espaço, graças a um indicador geral de marcação, o *token (sinal)*, que significa tanto dentro-fora quanto superfície-profundidade e hierarquia-equi-

---

[5] Francisco Varela, p. 86 da edição francesa.

[6] George Spencer-Brown, *Laws of Form*, New York, E. P. Dutton, 1979 (1ª ed., Alen e Unwin, Londres, 1971).

valência. Ele constitui uma referência externa de um estado em relação a uma base.

Como dissemos há pouco, essa aritmética está baseada em dois axiomas:

– a 'condensação', que é um axioma que confirma o caráter poderoso do estado marcado. Isso dá, aos dois termos, uma relação que traduz tanto uma afirmação quanto o correlato de um em relação ao outro;

– o 'cancelamento', que significa a operação de arranhar, cruzar, eliminar (latim *cancello*) para (re) encontrar um vazio ('empty'). Essa ação de arranhar parece significar que se trata tanto de negar como de compensar, ou seja, anular uma variação. Como, por exemplo, marcar indicaria alguma coisa e marcar duas vezes equivaleria a voltar sobre seus passos sem deixar rastros!

O grande mérito de Varela foi estender esse cálculo para designar aquilo que pode acontecer no interior do sistema autônomo. Para dar sentido à autonomia que escapa a partir da visibilidade da marcação, Varela elaborou a hipótese de que o terceiro não se exclui quando uma forma muda de aparência. Reconhecido ou não, o valor próprio do operador permanece, podendo somente estar ausente aos olhos do observador, mas continuar a existir apesar da ação efetuada. Para percebermos seu alcance, a metáfora da garrafa de Klein explica, simbolicamente, um espaço autônomo que escapa, em parte, à visão externa que dele se pode ter. Daí, a idéia que Varela teve de se perguntar o que seria a forma reentrante quando esta fosse aplicada a si mesma. Para fazê-lo, Varela propôs um esquema de forma, que estende a aritmética primária, sem mudar fundamentalmente a natureza dos cálculos com, desta vez, quatro axiomas: dominância, ordem, constância, número.

Assim, Varela juntou o biológico ao cognitivo.

Em outro trabalho[7], mostramos que a psicogênese de Piaget respondia somente a uma visão sucessiva do biológico e do cognitivo, pois, por exemplo, as primeiras estruturas reflexas procedem construtivamente das estruturas biológicas. Insistimos, então, sobre o fato de que o avanço de Varela, juntando essas estruturas, acabou por mudar o estatuto geral. Assim, a cognição torna-se um sistema tão geral, que engloba o sujeito enquanto tal, além das instâncias cognitivas que aí podemos reconhecer (atividade sensório-motora, figurativa, operatória...), pois ela reduz o alcance do conceito de inteligência como dos de impulso ou de afetividade, em proveito de um novo enfoque do sujeito vivo que conhece, age e, conjuntamente, sente.

Esse novo enfoque assume posição sobre uma dupla funcionalidade, igualmente cognitiva, que é, ao mesmo tempo, auto-referencial e hetero-referencial. Ela é auto-referencial naquilo em que concebe o sujeito dependendo recursivamente de si mesmo, na sequência do que acabamos de apresentar dos trabalhos de Varela, e ela é hetero-referencial porque o concebe como interdependente com o ambiente. Segundo um jogo de interações complexas, o sujeito impõe sua influência a esse último (assimilação) e sofre sua influência (acomodação), o conjunto tendendo a criar um estado de equilíbrio progressivo de adaptação.

[7] Georges Lerbet, *Stratégies intelligentes et dynamique du complexe bio-cognitif: interprétations post-piagétiennes*, "Rev. Intern. de Systémique", IX, 2, 1995, p. 123-131.

Cibernética de segunda ordem e auto-referência

Stéphane Lupasco sentiu, na verdade, a importância heurística da cibernética.[8] Ele a reconhecia como sendo uma 'ciência empírica', cujos *feed-back* implicavam o reconhecimento dos processos de ações e de retroações, sabendo que todo "sistema físico ou biológico" poderia ser, de acordo com ele, "levado a um sistema cibernético". Entretanto, por falta de suficiente aprofundamento dessa ciência empírica, ele aí evocava o que se assemelha, em sua globalidade, ao que se reconhece, atualmente, na primeira cibernética.

Nessa primeira cibernética wieneriana, a grande vantagem é dada à direção de um sistema a partir do que lhe é externo, pois postulamos que seu controle repousa sobre o controle de suas entradas, a partir de suas saídas, ou seja repousa sobre uma hetero-referenciação, tanto assimiladora quanto acomodadora. Por outro lado, a cibernética de segunda ordem, ou segunda cibernética, também leva em conta o que o sistema vivo e conhecedor pode exercer de controle sobre si mesmo, confiando no que lhe é próprio.

Nesse modo de operar, é evidente que a conjectura de Heinz von Foerster desempenhou um papel considerável, não apenas no domínio metodológico, pois levou a admitir que, quanto mais autônomo for um sistema, menos seu comportamento será previsível. Em outras palavras, essa conjectura postula que a caixa preta, que é o sistema, não saberia adquirir uma transparência completa graças ao simples afinamento dos controles exerci-

---

[8] Stéphane Lupasco, Cf., por exemplo, *Les Trois Matières*, Paris, Julliard, 1960, p. 66; *L'Énergie et la Matière vivante*, Mônaco, Éditions du Rocher, 1987, p. 123, etc.

dos pelo ambiente ou pelo próprio sistema, não levando em consideração que o jogo de suas saídas praticadas sobre suas entradas, fossem integradas cognitivamente.

O lugar destinado para a auto-referência supõe, portanto, doravante, que seria desejável que outros processos operacionalmente fechados e autodependentes também desempenhassem um papel. Um papel, no entanto, ambíguo, como pode deixar entrever a irresolubilidade que o acompanha, para o observador é verdade, mas também para o próprio sujeito. Com efeito, foi na sequência dos trabalhos de Dupuy, que mostrou quanto uma função auto-referencial é, de algum modo, inesgotável e geradora de um ponto fixo cego, que somos levados a reconhecer a abertura de todo sistema bio-cognitivo sobre si mesmo e a postular que sua realização, necessariamente, seja acompanhada pela incompletude. Uma incompletude indispensável a seu possível 'espaço' de desenvolvimento, mas também a sua possível, e às vezes fatal, deterioração.

Em suma, o reconhecimento dessa incompletude inata e da irresolubilidade bio-cognitiva sobre a qual repousa, faz pensar naquela possível apreensão subjetiva de uma vacuidade consubstancial da existência, sobre a qual repousariam, ao mesmo tempo, a experiência do sentido – que motiva e conclui a vida e o pensamento – e o diferencial entre o vivido e o não-vivido, o sabido e o não-sabido, diferencial intrínseco, sem o qual não poderia haver a dinâmica do vivo se esta se limitasse a relações com o meio.

Efetivamente, levar em consideração a auto-referência significa que, em si mesma, esta função escapa de todo parâmetro externo como o são, em particular, os parâmetros espaço-temporais. Ela significa, portanto, duração, em um espírito bergsoniano, continuidade, a-temporalidade e não mais rupturas. Ela é, assim, construtora de audácia poética singular. Em suma, ela constitui uma das componentes maiores do *self*, aquela singularidade que associa, em inglês, com tanta pertinência, 'auto' e 'si'.

Auto-referência e racionalidade aberta

Assim vista, a auto-referência é criadora de uma cognição, que não é desprovida de racionalidade, mesmo se essa racionalidade for antes fluida do que cortante. Para abordar mais de perto esse aspecto da cognição, parece-me que ela se apóia mais sobre um simbólico do que sobre uma semiótica. Parece-me também ser portadora dos componentes daqueles grandes mitos dos quais cada um faz viver em si mesmo uma forma congruente com suas aspirações e suas experiências, segundo um jogo de correspondências, jogo que confere ao mito sua originalidade percebida e seu valor hermenêutico singular.

Entretanto, a auto-referência não é, por isso, isoladora, solipsista. Exceto em casos muito patológicos, ela apenas funciona interagindo com seu complementar simétrico, que é a hetero-referência, que liga o indivíduo ao ambiente, que permite ao *self* se diferenciar do *não-self* desempenhando um papel na construção de uma sensibilidade pessoal na qual os dois participam.

De modo que compreender como se constrói o sujeito bio-cognitivo no paradigma da complexidade nos leva a eleger as interações entre as duas formas maiores de referências constitutivas da razão, como o são as diversas formas de se relacionar.

De tudo isso, destacam-se, pelo menos, dois aspectos principais:

– O primeiro relaciona-se com o estatuto da autonomia, da qual estaríamos errados se pensássemos que ela se reduz ao componente auto-referencial da vida, mas que parece, antes, situar-se no domínio complexo onde interagem as auto e as hetero-referenciações.

– O segundo leva à concepção de uma razão 'aberta'. Essa razão lembra, muito, os processos interativos constitutivos daquilo que Morin denominou a dialógica. Trata-se, de um lado, daqueles, muito clássicos, exacerbados na lógica binária tautológica, devedora da axiomática aristotélica. Por outro lado, trata-se daqueles em que a ênfase é colocada sobre as diferentes formas de relações de colocações em correspondência e que são reconhecidos como próprios aos raciocínios analógicos.

É na interação desses processos que vive e se desenvolve essa razão aberta e, sobretudo, muito comum. Aqui, por exemplo, o axioma do terceiro incluído encontra direito reconhecido, não porque seria provisoriamente tolerado, mas sim porque reconhecemos, nele, sua inerência cognitiva em certas condições. Condições de 'dimensão' micro, por exemplo, condições de 'dimensão' do hiper-complexo como é, em particular, o caso nas ciências humanas, em geral, e nas ciências biocognitivas em particular, quando elas escapam ao reducionismo positivista.

Assim, é no cerne da complexidade que tentamos fazer emergir a concepção de uma autonomia que escapa a uma metodologia, a qual teria por objetivo sua apreensão direta. Uma autonomia que nós podemos pelo menos presumir, recorrendo a práticas de explicitação dialógica, ou seja, fazendo trabalhar aquela razão aberta, que era questionada mais acima e para a qual escolhi esse qualificativo, aproximando o que Piaget dizia da razão, isto é, que ela é a axiomática da inteligência, daquilo que Gödel havia demonstrado, ou seja, que toda axiomática é necessariamente aberta.

Retorno à afetividade na obra de Stéphane Lupasco: intuições atuais

Quase finalizando esta comunicação, uma volta à obra de Stéphane Lupasco se impõe, para lançar um novo vislumbre sobre a afetividade e sobre as intuições do autor diante do que parecem revelar os trabalhos atuais, aos quais acabamos de fazer uma rápida alusão.

Sem refazer uma varredura sistemática dos escritos de Lupasco sobre a afetividade, alguns pontos parecem, no entanto, suficientemente reveladores dessas intuições, para que neles nos fixemos.

O primeiro ponto parece estar contido naquela frase emprestade de *L'Univers psychique*[9]: "Imprevisível no meio das causalidades antagônicas, contraditórias e dialéticas que esclareci, a afetividade, entretanto, as banha, aí aparecendo e desaparecendo, determinante em nome de uma espécie de cibernética sinalizadora translógica de um poder singular, sem o qual os comportamentos dos homens, quaisquer que sejam (...), parecem despojados de sentido, ainda que a afetividade, enquanto tal, não tenha nenhum em si mesma."

Quem aqui não reconheceu, com facilidade, aquele tipo de cibernética qualificada, hoje, como de segunda ordem por ter vindo depois da primeira, herdada de

---

[9] Stéphane Lupasco, *L'Univers psychique*, Paris, Denoël/Gonthier, 1979, p. 221.

Wiener? Nessa perspectiva, a afetividade traz, realmente, em si, aquela capacidade de oscilação já encontrada nas fugas de Bach e indicadora da autonomia, como já o havia mostrado Varela. Ela vem carregada também de um grande poder heurístico, bem superior, em seu domínio disciplinar, àquilo que podemos esperar dos modelos positivistas, que expulsam tudo o que poderia ser portador de contraditório.

Desde então, a afetividade, admitindo agora a autonomia, não tem, realmente, nenhum sentido? Não, se esse sentido for concebido como podendo ser mostrado graças a uma metodologia que estaria diretamente relacionada ao objeto e como seria o caso com o que se relaciona aos métodos experimentais ou clínicos. Nesse caso, o pesquisador tenta se colocar nas mesmas disposições que as de seu objeto/sujeito vivo e conhecedor, por vontade de um, do outro ou dos dois.

Por outro lado, será diferente se a afetividade e a autonomia forem reconhecidas como singulares e inefáveis. Sabemos, então, que elas não são portadoras de um sentido idêntico e integrativo, mas somente de suposições, mais ou menos compartilháveis, para significar outra coisa além do que é mais diretamente referível.

A partir de então, começa a surgir uma resposta afirmativa à pergunta colocada acima. Seria a de um sentido vazio, oco, indispensável para que se coloque aquilo que fecunda a ação e o pensamento, para que a sensibilidade do *self* levada à do *não-self* possa emergir com uma verdadeira riqueza imunológica, cognitiva e coesa de um si e de um não-si em suas relações com o mundo.

É, mais ou menos, o que Lupasco deixou entrever na sequência da passagem já citada: "Sem dor, sem prazer, sem sofrimento e sem alegria, em não importa qual de seus atos, o destino do homem lhe parece vazio, em sua saúde como em suas doenças, em suas operações as mais abstratas como nas mais concretas, despojada de sentido, ainda que essas dores e esses prazeres, esses sofrimentos e alegrias não encerrem, em si mesmos, nenhum sentido. Tudo pára com sua ontologia, que basta a si-própria. Nenhum sentido é mais possível. Como se tudo desaparecesse nessa eternidade absoluta. Que preenche e esvazia toda carcaça oca."

Em lugar desses últimos verbos, talvez escrevêssemos, atualmente, que 'ressoa' e que 'relaxa', de acordo com um ritmo de funcionamento dando uma coesão significativa ao desenvolvimento vital como, na verdade, há pouco tempo mostrou Varela.[10] Em todo caso, presença mas também ausência, uma e outra necessárias, dessa 'vacuidade ontológica' que revela a afetividade e que assinala a autonomia.

Em definitivo, como a autonomia nas ciências biocognitivas contemporâneas, a afetividade parece, de fato, constituir o adequado das interações veladas que são portadoras de sentido *epistêmico* e de sentido *vital*[11] herdados dos processos hetero e auto-referenciais, mas que, em si mesmos, não os produzem. De alguma forma, a afetividade, como a autonomia, catalisa e encoraja esses processos na coesão/coerência ontológica de cada indivíduo. Mas, conjuntamente, ela lhes impõe a presença desses limites.

---

[10] Francisco Varela, 1996, *Approche de l'intentionnalité: de l'individu aux groupes sociaux*, in "L'organisation apprenante", Université de Provence, 1996, p. 33-44.

[11] Fazemos aqui alusão à distinção feita por Jean Piaget após a crítica à sua obra, *Sagesse et illusion de la philosophie*, crítica apresentada na segunda edição (Paris, PUF, 1968). Cf. também, posteriormente, Paul Ricoeur, *Sémanthique de l'action*, CNRS, 1979.

Limites que Lupasco considerava dramáticos quando aproximava, exemplarmente, os conteúdos afetivos de prazer e de dor para exprimir seu 'auge dramático', na arte, por exemplo, através 'da inefável beatitude' da qual esses conteúdos são portadores.

Como se uma não andasse sem a outra. Como se sonhar em expulsar a dor que incomoda, não expulsasse também o que extasia. Com essa impossível eliminação dos limites, impossibilidade que dá, ao dramático, um caráter transfinito – e que preferimos reconhecer e denominar, com Michel Maffesoli, o 'trágico'.

Como seu impasse não tem epílogo 'perfeito', também reconhecemos, na obra de Lupasco, a de um homem cuja sensibilidade faz de si um precursor no domínio das pesquisas sobre a cognição, que se inscrevem em uma perspectiva muito contemporânea.

Assim, no humanismo integral de Stéphane Lupasco, não há lugar para outra coisa além de um universo psíquico do estado T, estado que não resolve nada perfeitamente, mesmo em sua situação de 'orgasmo'[12], seja ele místico ou ideológico. Porque, mesmo nas situações mais extremas ou extremistas, podemos somente exacerbar a complexa saída para esse trágico desde que emerja a ambição de aceder ao princípio de realidade.

---

[12] Stéphane Lupasco, *L'Homme et ses Trois Éthiques*, *op. cit.*, p. 139.

O TERCEIRO INCLUÍDO. DA FÍSICA QUÂNTICA À ONTOLOGIA

BASARAB NICOLESCU
Físico teórico no CNRS, Presidente do CIRET

Introdução

A filosofia de Lupasco coloca-se sob o duplo signo da descontinuidade com o pensamento filosófico constituído e da continuidade – oculta, porque inerente à própria estrutura do pensamento humano – com a tradição. Ela tem, como fonte dupla, a lógica dedutiva, forçosamente associativa e a intuição – uma intuição poética e, portanto, não associativa, estruturada pela física quântica.

Podemos destacar três etapas importantes na obra de Lupasco.

Sua tese de doutorado, *Du devenir logique et de l'affectivité*[1], publicada em 1935, é uma meditação profunda sobre o caráter contraditório do espaço e do tempo, revelado pela teoria da relatividade limitadora de

---

[1] Stéphane Lupasco, *Du devenir logique et de l'affectivité*, vol I – "Le dualisme antagoniste et les exigences historiques de l'esprit", vol. II – "Essai d'une nouvelle théorie de la connaissance", Paris, Vrin, 1935; 2ª edição: 1973 (tese de doutoramento); *La Physique macroscopique et sa Portée philosophique*, Paris, Vrin, 1935 (tese complementar).

Einstein. O princípio do dualismo antagônico encontra-se plenamente formulado. As noções de atualização e de potencialização já estão presentes, mesmo sendo especificadas apenas gradualmente, no nível da compreensão e também no da terminologia.

Se, em sua tese, Lupasco se interessa pela teoria de Einstein, o apogeu da física clássica, no *L'Experience microphysique et la Pensée humaine*, livro editado em 1940[2], ele assimila e generaliza o ensino da nova física – a física quântica – em uma verdadeira visão 'quântica' do mundo, ato de coragem intelectual e moral em um mundo profundamente dominado pelo realismo clássico. Nem mesmo os pais fundadores da mecânica quântica (à exceção, em certa medida, de Bohr, Pauli e Planck) ousaram dar esse passo.

Enfim, o último passo decisivo foi dado em 1951, com *Le Principe d'antagonisme et la Logique de l'énergie – Prolégomènes à une science de la contradiction*[3], que representa o ensaio de uma formalização axiomática da lógica do antagonismo. O *terceiro incluído*, viga mestra da filosofia lupasciana, está presente, pela primeira vez, na obra de Lupasco. É o terceiro incluído que permite a cristalização do pensamento de Lupasco, introduzindo rigor e precisão, sem os quais ele poderia ser percebido como um sonho imenso, fascinante, mas sem consistência. Esse rigor e essa precisão explicam a influência,

---

[2] Stéphane Lupasco, *L'Expérience microphysique et la Pensée humaine*, Paris, PUF, 1941 (uma edição preliminar foi publicada em 1940 em Bucareste, na Fundatia Regala pentru Literatura si Arta); 2ª edição: Mônaco, Éditions du Rocher, col. "L'esprit et la matière", 1989, prefácio de Basarab Nicolescu.

[3] Stéphane Lupasco, *Le Principe d'antagonisme et la Logique de l'énergie – Prolégomènes à une science de la contradiction*, col. "Actualités scientifiques et industrielles", nº 1133, Paris, 1951; 2ª edição: Mônaco, Éditions du Rocher, col. "L'esprit et la matière", 1987, prefácio de Basarab Nicolescu.

aberta ou velada, da obra de Lupasco na cultura francesa. Porém, foi também o terceiro incluído que desencadeou uma série de mal-entendidos sem fim e uma hostilidade que ia do silêncio embaraçoso à exclusão deliberada de Lupasco do mundo acadêmico e dos dicionários. Por todas essas razões, prefiro concentrar minha comunicação sobre o terceiro incluído, tendo ocasião de me exprimir, em outro lugar, sobre a obra de Lupasco em seu conjunto.[4]

1. O terceiro incluído e a não-contradição

A primeira frase do *Principe d'antagonisme et la Logique de l'énergie* bastava para afastar da leitura do livro de Lupasco todo filósofo ou todo lógico normalmente formado: "[...] o que aconteceria se rejeitássemos o absolutismo do princípio de não-contradição, se introduzíssemos a contradição, uma contradição irredutível, na estrutura, nas funções e nas próprias operações da lógica?"[5] Esta frase condensa, ainda hoje, o mal-entendido máximo a respeito da obra lupasciana: a lógica de Lupasco violaria o princípio de não-contradição. A filosofia de Lupasco seria, portanto, marcada com o selo da insignificância e classificada como uma curiosidade barroca no museu de extravagâncias intelectuais. Como veremos, na sequência, Lupasco não rejeita o princípio de contradição: ele apenas coloca em dúvida seu 'absolutismo'. Mas continuemos nossa viagem pelo interior

[4] Basarab Nicolescu, *Nous, la particule et le monde*, cap. "La genèse trialectique de la Réalité", Paris, Le Mail, 1985.
[5] Stéphane Lupasco, *Le Principe d'antagonisme et la Logique de l'énergie – Prolégomènes à une science de la contradiction*, *op. cit.*, p. 3.

do livro, que considero básico para a compreensão da obra lupasciana.

Lupasco agrava ainda mais seu caso, algumas páginas adiante, quando formula seu 'postulado fundamental de uma lógica dinâmica do contraditório': "A todo e qualquer fenômeno, ou elemento, ou acontecimento lógico e, portanto, ao julgamento que o pensa, à proposição que o exprime, ao signo que o simboliza – *e*, por exemplo, deve sempre estar associado, estrutural e funcionalmente, um anti-fenômeno ou anti-elemento ou anti-acontecimento lógico e, portanto, um julgamento, uma proposição, um signo contraditório – *não-e* [...]".[6] Lupasco especifica que *e* somente poderá ser potencializado pela atualização de *não-e*, mas não desaparecer. Igualmente, *não-e* poderá somente ser potencializado pela atualização de *e*, mas não desaparecer.

Podemos, muito bem, imaginar a perplexidade de muitos lógicos e filósofos diante de tal postulado: se a palavra 'proposição' está bem definida em lógica, qual poderia ser o significado de palavras como 'fenômeno', 'elemento' e 'acontecimento', pertencentes, preferencialmente, ao vocabulário da física e não ao da lógica? Sobretudo, como entender que um único e mesmo símbolo, *e*, possa significar as quatro palavras ao mesmo tempo? Estaria Lupasco cometendo um erro enorme de lógica desde o começo de seu livro? Ou fundaria uma nova lógica, aberta para a ontologia? Seria a lógica de Lupasco de fato, *ontológica*? Não é fácil responder a tais questões sem uma leitura atenta do *Principe d'antagonisme* e outros livros de Lupasco.

O famoso estado T ('T' do 'terceito incluído') apa-

---

[6] *Ibid*, p. 9.

rece, pela primeira vez, na página 10 do *Principe d'antagonisme*. Ele é definido como um estado "nem atual nem potencial".[7] A palavra 'estado' refere-se aos três princípios lupascianos – a atualização A, a potencialização P e o terceiro incluído T – subjacentes ao 'princípio de antagonismo'. No plano formal, *e* e *não-e* têm assim três índices: A, P e T, o que permite a Lupasco definir suas 'conjunções contradicionais' ou *quanta lógicos*[8], fazendo intervir seis termos lógicos indexados: a atualização de *e* está associada à potencialização de *não-e*, a atualização de *não-e* está associada à potencialização de *e* e o terceiro incluído de *e* é, ao mesmo tempo, o terceiro incluído de não-e. Esta última conjunção mostra a situação particular do terceiro incluído. Este terceiro é um *terceiro unificador*: ele une *e* e *não-e*. Veremos, mais adiante, o sentido profundo dessa unificação não fusional que é impossível de compreender sem apelar para a noção de 'níveis de Realidade'.[9]

Os três *quanta lógicos* lupascianos são diretamente inspirados pela física quântica.[10] Eles substituem as duas conjunções da lógica clássica, fazendo agir quatro termos lógicos indexados: "se *e* for *verdadeiro, não-e* deve ser *falso* e "se *e* for *falso, não-e* deve ser *verdadeiro*".

Compreendemos, assim, se nos esforçarmos para ler, atentamente, as onze primeiras páginas do *Principe d'antagonisme*, que Lupasco não rejeita o princípio da não-contradição: ele amplia seu domínio de validade, exatamente como a física quântica tem um domínio de validade maior que a física clássica. Mas persiste a questão crucial: como podemos conceber

---

[7] *Ibid*, p. 10
[8] *Ibid*, p. 11.

um terceiro unificador de *e* e de *não-e*? Ou, de acordo com as próprias palavras de Lupasco, como podemos pensar que toda 'não-atualização – não-potencialização' pode provocar uma 'não-atualização – não-potencialização contraditória'?[9] Aliás, qual poderia ser o sentido da expressão 'não-atualização – não-potencialização'?

Um capítulo extremamente interessante é *La contradictiom irréductible et la non-contradiction relative*[10]. Lupasco introduz a contradição e a não-contradição, elas próprias enquanto termos lógicos. Mas se esses dois termos forem indexados em função de A e P, o índice T estará ausente. Em outras palavras, *na ontologia lupasciana, não há terceiro incluído da contradição e da não-contradição.* Paradoxalmente, a contradição e a não-contradição submetem-se às normas da lógica clássica: a atualização da contradição implica a potencialização da não-contradição e a atualização da não-contradição implica a potencialização da contradição. Não há estado nem atual nem potencial da contradição e da não-contradição. O terceiro incluído intervém, entretanto, de forma capital: o quantum lógico fazendo o índice T intervir está associado à atualização da contradição, enquanto os outros dois quanta lógicos, fazendo os índices A e P intervir, estão associados à potencialização da contradição. Nesse sentido, a contradição é *irredutível*, pois sua atualização está associada à unificação de *e* e *não-e*. Consequentemente, a não-contradição só poderá ser *relativa*. Como veremos em seguida, o sentido dessas afirmações fica claro depois de termos introduzido os níveis de Realidade e sua in-

---

[9] *Ibid*, p. 12.
[10] *Ibid*, p. 14.

completude.[11]

2. A ontológica de Lupasco

O *Le Principe d'antagonisme* dissipa um outro mal-entendido: Lupasco não rejeita a lógica clássica, ele a engloba. A lógica clássica é, para Lupasco, "...uma *macrológica*, uma lógica utilitária em grande escala, que funciona, mais ou menos, na prática".[12] Ao contrário, "A lógica dinâmica do contraditório apresenta-se [...] como a *própria lógica da experiência*, ao mesmo tempo que como a *própria experiência da lógica*".[13]

Eis uma afirmação que parece um perfeito círculo vicioso para um lógico clássico, que separa completamente lógica e ontologia. Para Lupasco, a lógica é, na verdade, "a própria experiência da lógica": o sujeito de conhecimento está, ele próprio, implicado na lógica por ele formulada. 'A experiência' é *a experiência do sujeito*. O caráter circular da afirmação "lógica como própria experiência da lógica" decorre do caráter circular do sujeito: para definir o sujeito, seria preciso levar em consideração todos os fenômenos, elementos, acontecimentos, estados e proposições que dizem respeito a nosso mundo e, além disso, a afetividade. Tarefa evidentemente impossível: na ontológica de Lupasco, o sujeito nunca poderá ser definido. Tudo o que a lógica pode fazer é *experimentar* um quadro axiomático bem definido.

---

[11] Basarab Nicolescu, *O Manifesto da Transdisciplinaridade*, São Paulo, Editora Triom, 1999.
[12] Stéphane Lupasco, *Le Principe d'antagonisme et la Logique de l'énergie – Prolégomènes à une science de la contradiction*, op. cit., p. 20.
[13] *Ibid*, p. 21.

Isso traz consequências epistemológicas importantes. Se Lupasco concorda com Ferdinand Gonseth sobre a impossibilidade de um julgamento científico absoluto, ele se afasta de Gonseth no plano da compreensão dessa impossibilidade.[14] Para Lupasco, um julgamento científico está intrinsecamente ligado ao julgamento científico antagônico: essa contradição irredutível, ligada ao próprio sujeito, é o motor, na verdade, do avanço científico. O progresso científico, que aconteceria por uma aproximação contínua das leis absolutas e imutáveis é, para Lupasco, uma simples ilusão, firme, mas sem nenhum fundamento. As próprias leis devem submeter-se à contradição irredutível.

"A história da ciência aí está, aliás, para destruir, inflexivelmente, qualquer crença em uma verdade absoluta, em qualquer lei eterna".[15] Essa afirmação de Lupasco mereceria ser longamente refletida no momento atual, em que, na loucura do caso Sokal, vemos ressurgirem os demônios da 'verdade absoluta' e das 'leis eternas'.[16]

Para Lupasco, tudo pode ser transformado em *e* ou *não-e*. "Mais ainda, se notarmos agora que *e* ou *não-e* [...] não são elementos ou acontecimentos substanciais, suportes derradeiros, os termos, digamos, 'materiais' de uma relação, mas eles próprios, sempre relações".[17] As *supercordas*[18], tais como aparecem, atualmente, na mais ambiciosa teoria de unificação nas físicas quântica

---

[14] Ferdinan Gonseth, *À propos de deux ouvrages de M. Stéphane Lupasco*, Dialectica, vol. 1, nº 4, Zurique, 1947.

[15] Stéphane Lupasco, *Le Principe d'antagonisme et la Logique de l'énergie – Prolégomènes à une science de la contradiction*, op. cit., p. 21.

[16] Basarab Nicolescu, *Le Véritable Enjeu de l'affaire Sokal*, Transversales Sciences – Cultures, nº 47, Paris, setembro-outubro 1997.

[17] Stéphane Lupasco, *Le Principe d'antagonisme et la Logique de l'énergie – Prolégomènes à une science de la contradiction*, op. cit., p. 36.

e relativista e que supomos representarem as partículas e as anti-partículas, não seriam, ao invés de relações, elementos substanciais?

A lógica axiomática contém três orientações privilegiadas, três dialéticas determinadas pelos três princípios lupascianos A, P e T. O terceiro incluído está associado à *dialética quântica*, a da "contradição atualizada relativamente pelo *possível* ambivalente, pelo *equívoco*". Ela dá acesso à "lógica concreta que reina, frequentemente, nas profundezas da *alma*, a lógica mais particularmente *psíquica*".[19] A terminologia aqui é significativa. Efetivamente, para Lupasco deve haver *isomorfismo* (e não identidade) entre o mundo microfísico e o mundo psíquico. Lupasco nunca afirmou que a 'alma' se encontra no elétron, ou no próton, ou no múon, ou no píon, afirmação que seria, aliás, absurda, pois todas as centenas de partículas que conhecemos são igualmente fundamentais. O mundo quântico e o mundo psíquico são manifestações diferentes de um único e mesmo dinamismo tridialético. Seu isomorfismo é provocado pela presença contínua, irredutível, do estado T em toda manifestação. Ludovic de Gaigneron chegou a uma conclusão semelhante: "[...] resulta que o essencial do Sujeito, como o do Objeto, deve subsistir em uma esfera sintética, onde se conciliam a afirmação e a negação de um espetáculo, do qual a ciência apenas dissolve o *único aspecto negativo*. Sua meditação exaustiva do divisível chegou, com efeito, a um *nada* de objetividade [...] Mas por que a natureza deste 'nada de espaço' seria

---

[18] Basarab Nicolescu, *Relativité et physique quantique*, in "Dictionnaire de l'ignorance", Paris, Albin Michel, 1998.
[19] Stéphane Lupasco, *Le Principe d'antagonisme et la Logique de l'énergie – Prolégomènes à une science de la contradiction*, op. cit., p. 40.

incompatível com o 'nada de espaço' de onde brota a consciência humana?"[20]

A dialética quântica é, segundo as belíssimas palavras de Lupasco, a da "*dilatação da dúvida*".[21]

A noção de *três matérias* já está presente no *Le Principe d'antagonisme.* A dialética quântica dá "[...] origem a uma *terceira matéria,* a matéria que poderíamos designar com o nome de *matéria T,* que seria, talvez, como uma matéria-origem, como uma matéria-mãe, espécie de cadinho fenomenal quântico de onde brotariam as duas matérias divergentes, física e biológica [...] e para onde essas duas voltariam rítmica e dialeticamente, para se desenvolver de novo".[22]

Na filosofia de Lupasco, a estrutura ternária de sistematizações energéticas traduz-se pela estruturação de três tipos de matérias, ou melhor, pela existência de três orientações privilegiadas de uma única e mesma matéria. Em seu livro mais célebre, *Les Trois Matières,* publicado nove anos depois do *Le Principe d'antagonisme,* Lupasco declara: "[...] a matéria não parte do 'inanimado' [...] para elevar-se, pelo biológico, de complexidade em complexidade até o psíquico e mesmo além dele: seus três aspectos constituem [...] três orientações divergentes, das quais uma, do tipo microfísico [...] não é uma síntese dos dois, mas antes sua luta, seu conflito inibidor [...]".[23] A conclusão de que *toda manifestação, todo sistema comporta um triplo aspecto – macrofísico, biológico e quântico (microfísico ou psíquico)* –, é, na verdade, surpreendente e rico de múlti-

---

[20] Ludovic de Gaigneron, *L'Image ou le Drame de la nullité cosmique,* Paris, Le Cercle du Livre, 1956, p. 184-185.

[21] Stéphane Lupasco, *Le Principe d'antagonisme et la Logique de l'énergie – Prolégomènes à une science de la contradiction,* op. cit., p. 63.

[22] *Ibid.,* p. 63.

plas consequências.

A tridialética lupasciana é uma visão da unidade do mundo, de sua não-separabilidade:

"[...] não há elemento, acontecimento, qualquer ponto no mundo que seja independente, que não esteja em alguma relação de ligação ou de ruptura com um outro elemento ou acontecimento ou ponto, a partir do momento em que há mais de um elemento ou acontecimento ou ponto no mundo (somente através de nossa representação ou nosso intelecto) [...]" E Lupasco conclui: "Assim, tudo está ligado no mundo [...] se o mundo, é claro, for lógico [...]"[24]. Lupasco retorna à tradição esclarecendo, de maneira nova, o antigo princípio de interdependência do universo. Mas ele antecipa também, em uma década, o princípio do *bootstrap*, introduzido na física quântica por Geoffrey Chew[25, 26], segundo o qual cada partícula é o que é porque todas as outras partículas existem ao mesmo tempo. Em um certo sentido, toda partícula é feita de todas as outras partículas.

Assim, não é surpreendente que Lupasco compartilhe, com a teoria do *bootstrap,* a idéia de que não pode haver constituintes últimos da matéria. A lógica de antagonismo energético não tolera a existência experimental de um sistema formado por um único par de dinamismos antagônicos, sistema que seria, portanto, a pedra fundamental do universo. Para Lupasco, *todo sis-*

---

[23] Stephane Lupasco, *Les Trois Matières*, Paris, Julliard, 1960, p. 52; reeditado em livro de bolso em 1970 na coleção 10/18; 2ª edição: Strasbourg, Cohérence, 1982.

[24] Stéphane Lupasco, *Le Principe d'antagonisme et la logique de l'énergie – Prolégomènes à une science de la contradiction,* op. cit., p. 70.

[25] G. F. Chew, *Hadron Bootstrap: Triumph or Frustration?*, Physics Today, vol. 23, nº 10, 1970.

[26] Basarab Nicolescu, *Nous, la particule et le monde,* op. cit. cap. "La théorie du bootstrap topologique".

tema é um sistema de sistemas. Lupasco mostra, com pertinência, o fundamento metafísico da crença nos constituintes últimos da matéria, crença bastante tenaz, ainda hoje, entre os físicos quânticos: "[...] o elemento [...] será sempre, por sua vez, composto por elementos, *conterá,* sempre, estruturalmente, outros elementos, sem que possamos chegar nunca a um último elemento que significaria [...] a identidade perfeita e a não-contradição absoluta [...] e que reduziria, portanto, toda coisa a um único elemento, resumindo, ao UM metafísico [...]".[27] Na física das partículas, os quarks aparecem, na verdade, como constituintes últimos da matéria hadrônica. Mas os quarks têm uma propriedade paradoxal: o mecanismo teórico de confinamento permanente dos quarks nos revela que eles nunca podem sair da matéria, pois, para sair, precisariam de uma energia infinita. Além disso, no plano teórico, poderíamos esperar que os quarks tivessem, por sua vez, sub-constituintes. A busca pelos constituintes últimos da matéria parece não ter fim.

Não resta dúvida de que, para Lupasco, a ciência, pelo menos uma ciência digna deste nome, tenha necessariamente uma base ontológica. Caso contrário, ela se reduz a "um processo verbal dirigido ao contato da sucessão dos fatos".[28]

Assim, Lupasco responde, meio século antes, à crítica de Dominique Terré.[29] Aprender que Lupasco é um profeta do irracional é simplesmente risível. No fundo, toda a deriva da argumentação de Dominique Terré tem como fonte uma terrível confusão: acreditar que 'ciên-

---

[27] Stéphane Lupasco, *Le Principe d'antagonisme et la Logique de l'énergie – Prolégomènes à une science de la contradiction,* op. cit., p. 70.
[28] *Ibid.*, p. 82.
[29] Dominique Terré, *Les Dérives de l'argumentation scientifique,* Paris, PUF, 1998.

cia' quer dizer, exclusivamente, 'predizer', aí está uma visão ultrapassada e falsa. A ciência inclui a compreensão, base de uma determinada visão da natureza e da Realidade. Ela apela, cada vez mais, em sua tentativa de unificação, a seres virtuais, abstratos, o que dá a impressão de irracionalidade para aquele ou aquela que gostaria de reduzir tudo à informação dada pelos órgãos dos sentidos e pelos instrumentos de medição.

A ontológica lupasciana tem consequências muito importantes para nossa compreensão do espaço e do tempo. Dois musicólogos fizeram uma análise pertinente dessas consequências e peço ao leitor para se informar a respeito.[30, 31] Basta dizer que o terceiro incluído induz à *descontinuidade* do espaço e do tempo. Lupasco junta, assim, uma das conclusões iniciais máximas da mecânica quântica, mas que não teve efeitos na teoria posterior, já que os físicos contentaram-se, com raras exceções, a sobrepor o espaço-tempo contínuo da física clássica à mecânica quântica, procedimento, na verdade, trôpego, mas cômodo. Para Lupasco, "O tempo evolui por solavancos, por saltos, por avanços e recuos [...]".[32] Quanto ao espaço, ele também é descontínuo. O espaço-tempo quântico é aquele da terceira matéria, dos fenômenos quânticos, estéticos e psíquicos.[33]

Le Principe d'antagonisme é um livro profético e

---

[30] Costin Cazaban, *Temps musical/espace musical comme fonctions logiques*, em *L'esprit de la musique – Essais d'esthétique et de philosophie*, Paris, Klincksieck, 1992, sob a direção de Hugues Dufour, Jöel-Marie Fouquet e François Hurard.

[31] Mireille Vial-Henninger, *Essai de mythe-analyse du processus de création musicale*, Paris, Septentrion Presses Universitaires, 1996 (tese de doutorado).

[32] Stéphane Lupasco, *Le Principe d'antagonisme et la Logique de l'énergie – Prolégomènes à une science de la contradiction*, op. cit., p. 105.

inaugural: com ele, o terceiro incluído adquire seus plenos direitos na filosofia contemporânea. Como verdadeiro pesquisador, Lupasco considera, no entanto, que ele apenas constitui "os prolegômenos a uma ciência da contradição".[34] Assim, termina *Le Principe d'antagonisme et la Logique de l'énergie.*

3. O terceiro incluído e os níveis de Realidade

Falta-nos responder à questão central: *como podemos imaginar um terceiro unificador de* e *e* não-e?

Pouco depois de 1977, após um estágio longo e muito estimulante no Lawrence Berkeley Laboratory, comecei a perceber que o maior impacto cultural da revolução quântica havia sido certamente o questionamento do dogma filosófico contemporâneo da existência de um único nível de Realidade. Em uma série de artigos publicados na revista *3ᵉ Millénaire,* revista com a qual Lupasco também colaborava, formulei a noção de 'níveis de Realidade"[35], cuja formulação foi completada em 1985, em meu livro *Nous, la particule et le monde.*[36] Durante a preparação desse livro percebi, subitamente, que essa noção também dava uma explicação simples e clara da inclusão do terceiro. Com certa apreensão (como grande criador, como iria ele reagir a minha intromissão no território de sua filosofia?), tive uma conversa franca

---

[33] *Ibid.*, p. 116.

[34] *Ibid.*, p. 131.

[35] Basarab Nicolescu, *Quelques réflexions sur la pensée atomiste et la pensée systemique*, 3ᵉ Millenaire, nº 7, Paris, março/abril de 1983; no mesmo número desta revista, Stéphane Lupasco publicou *La Systémologie et la Structurologie.*

[36] Basarab Nicolescu, *Nous, la particule et le monde, op. cit.*

com Lupasco. Em lugar de resistência, ocorreu uma explosão de alegria e Lupasco encorajou-me, com sua famosa generosidade, a publicar, o mais rápido possível, minha descoberta.

Damos à palavra 'realidade' seu sentido ao mesmo tempo pragmático e ontológico.

Entendo por Realidade, inicialmente, o que *resiste* às nossas experiências, representações, descrições, imagens ou formalizações matemáticas. A física quântica nos fez descobrir que a abstração não é um simples intermediário entre nós e a Natureza, uma ferramenta para descrever a Realidade, mas uma das partes integrantes da Natureza. Na física quântica, o formalismo matemático é inseparável da experiência. Resiste, a seu modo, ao mesmo tempo por seu cuidado com a autoconsistência interna e sua necessidade de integrar os dados experimentais, sem destruir essa autoconsistência. A abstração faz parte integrante da Realidade.

Precisamos dar uma dimensão ontológica à noção de Realidade, na medida em que a Natureza participa do ser do mundo. A Natureza é uma imensa e inesgotável fonte do desconhecido, que justifica a própria existência da ciência. A Realidade não é somente uma construção social, o consenso de uma coletividade, um acordo intersubjetivo. Ela é, também, uma dimensão *transsubjetiva*, na medida em que um simples fato experimental pode arruinar a mais bela teoria científica.

Por *nível de Realidade* é preciso entender um conjunto de sistemas que não varia sob a ação de um número de leis gerais: por exemplo, as entidades quânticas submetidas às leis quânticas, as quais estão em ruptura radical com as leis do mundo macrofísico. Significa dizer que dois níveis de Realidade são *diferentes* quando, passando de um para o outro, ocorre uma ruptura das leis e ruptura dos conceitos fundamentais (como, por exemplo, a causalidade). Ninguém conseguiu encontrar um formalismo matemático que permitisse a passagem rigorosa de um mundo para o outro. Há, mesmo, fortes indicações matemáticas de que a passagem do mundo quântico ao mundo macrofísico nunca será possível. Mas nisso não há nada de catastrófico. A *descontinuidade* que se manifestou no mundo quântico também se manifesta na estrutura dos níveis de Realidade. Isso não impede a coexistência dos dois mundos. A prova disso é nossa própria existência. Nossos corpos têm, ao mesmo tempo, uma estrutura macrofísica e uma estrutura quântica.

Os níveis de Realidade são radicalmente diferentes dos níveis de organização, tais como foram definidos nos enfoques sistemáticos. Os níveis de organização não pressupõem uma ruptura dos conceitos fundamentais: vários níveis de organização pertencem a um único e mesmo nível de Realidade. Os níveis de organização correspondem a estruturações diferentes das mesmas leis fundamentais. Por exemplo, a economia marxista e a física clássica pertencem a um único e mesmo nível de Realidade.

O desenvolvimento da física quântica, assim como a coexistência entre o mundo quântico e o mundo macrofísico levaram, no plano da teoria e da experiência científica, ao aparecimento de *pares de contraditórios mutuamente exclusivos* (*A* e *não-A*): onda *e* corpúsculo, continuidade *e* descontinuidade, separabilidade *e* não-separabilidade, causalidade local *e* causalidade global, simetria *e* quebra de simetria, reversibilidade *e* irreversibilidade do tempo, etc.

O escândalo intelectual provocado pela mecânica quântica reside no fato de os pares de contraditórios que ela colocou em evidência serem, de fato, mutuamente contraditórios, quando analisados através da grade de leitura da lógica clássica. Essa lógica está baseada em três axiomas:

1. O axioma de identidade: A é A.
2. O axioma de não-contradição: A não é não-A.
3. O axioma do terceiro excluído: não existe um terceiro termo T (T de "terceiro incluído") que é, ao mesmo tempo, A e não-A.

Na hipótese da existência de um único nível de Realidade, o segundo e o terceiro axiomas são, evidentemente, equivalentes. Isto talvez explique porque, mesmo nos manuais de lógica, o axioma do terceiro excluído só é raramente mencionado enquanto axioma independente daqueles da identidade e da não-contradição.

Se aceitamos a lógica clássica, chegamos, imediatamente, à conclusão de que os pares de contraditórios, colocados em evidência pela física quântica, são mutuamente exclusivos, pois não podemos afirmar, ao mesmo tempo, a validade de uma coisa e seu contrário: *A e não-A*. A perplexidade provocada por essa situação é bem compreensível: podemos afirmar, se estivermos em nosso juízo perfeito, que a noite *é* o dia, o preto *é* o branco, o homem *é* a mulher, a vida *é* a morte?

Desde a constituição definitiva da mecânica quântica, nos anos trinta, os fundadores da nova ciência colocaram, com precisão, o problema de uma nova lógica, chamada 'quântica'. Em seguida aos trabalhos de Birkhoff e van Neumann, um florescimento de lógicas quânticas não tardou a se manifestar.[37] A ambição dessas novas lógicas era de resolver os paradoxos engendrados pela mecânica quântica e tentar, na medida do possível, chegar a uma poderosa predição, mais intensa do que aquela que houvera com a lógica clássica.

A maioria das lógicas quânticas modificaram o segundo axioma da lógica clássica – o axioma da não-contradição –, nele introduzindo a não-contradição com vários valores de verdade no lugar do par binário *(A, não-A)*. Essas lógicas multivalentes, cujo estatuto ainda é controverso quanto a seu poder de predição, não levaram em consideração uma outra possibilidade: a modificação do terceiro axioma – o axioma do terceiro excluído.

Foi mérito histórico de Lupasco ter mostrado que a *lógica do terceiro incluído*, é uma verdadeira lógica, formalizável e formalizada, multivalente (com três valores: A, não-A e T) e não contraditória. Lupasco teve razão demasiado cedo. A ausência da noção de 'níveis de Realidade', em sua filosofia, obscurecia seu conteúdo. Muitos acreditaram que a lógica de Lupasco violava o princípio de não-contradição – de onde o nome, um pouco infeliz, de 'lógica da contradição' – e que ela comportava o perigo de deslizes semânticos infindáveis. Além disso, o medo visceral de introduzir a noção de 'terceiro incluído', com suas ressonâncias mágicas, não fez senão aumentar a desconfiança em relação a tal lógica.

A compreensão do axioma do terceiro incluído – *há um terceiro termo T que é, ao mesmo tempo, A e não-A* – fica completamente clara quando a noção de 'níveis de Realidade' é introduzida.

Para obtermos uma imagem clara do sentido do

---

[37] T. A. Brody, *On Quantum Logic*, in *Foundation of Physics*, vol. 14, nº 5, 1984; ver também C. J. Isham, *Quantum Logic and the Histories Approach to Quantum Theory*, Imperial College preprint Imperial/TP/92-93/39.

terceiro incluído, representamos os três termos da nova lógica – A, não-A e T – e seus dinamismos associados por um triângulo do qual um dos vértices se situa em um nível de Realidade e os dois outros vértices em um outro nível de Realidade. Se permanecermos em um único nível de Realidade, toda manifestação aparecerá como uma luta entre dois elementos contraditórios (exemplo: onda A e corpúsculo não-A). O terceiro dinamismo, o do estado T, é exercido em um outro nível de Realidade, onde o que surge como desunido (onda ou corpúsculo) está, de fato, unido (quânton) e o que parece contraditório é percebido como não-contraditório.

É a projeção de T sobre um único e mesmo nível de Realidade que produz a aparência de pares antagônicos, mutuamente exclusivos (A e não-A). Um único e mesmo nível de Realidade não pode produzir senão oposições antagônicas. Ele é, por sua própria natureza, *autodestruidor*, se for completamente separado de todos os outros níveis de Realidade. Um terceiro termo, digamos T', que está localizado no mesmo nível de Realidade que os opostos A e não-A, não pode realizar sua conciliação.

Toda diferença entre uma tríade de terceiro incluído e uma tríade hegeliana fica clara, considerando o papel do *tempo*. Em uma tríade de terceiro incluído, os três termos coexistem no *mesmo* momento do tempo. Por outro lado, os três termos da tríade hegeliana *sucedem-se* no tempo. Isso porque a tríade hegeliana é incapaz de realizar a conciliação dos opostos, enquanto que a tríade de terceiro incluído é capaz de fazê-lo. Na lógica do terceiro incluído, os opostos são antes *contraditórios*: a tensão entre os contraditórios constrói uma unidade maior que os inclui.

Vemos, assim, os grandes perigos de mal-entendidos provocados pela confusão bastante comum entre o axioma de terceiro excluído e o axioma de não-contradição. A lógica do terceiro incluído é não-contraditória no sentido em que o axioma de não-contradição é estritamente respeitado, com a condição de que se alarguem as noções de 'verdadeiro' e 'falso', de tal forma que as regras de implicação lógica dizem respeito não mais a dois termos (A e não-A), mas a três termos (A, não-A e T), coexistindo no mesmo momento do tempo. É uma lógica formal, da mesma forma que qualquer outra lógica formal: suas regras traduzem-se por um formalismo matemático relativamente simples. É importante sublinhar que um lógico de profissão como Petru Ioan chega à mesma conclusão.[38]

A lógica do terceiro incluído não é, simplesmente, uma metáfora para um ornamento arbitrário da lógica clássica, permitindo algumas incursões aventurosas e passageiras no domínio da complexidade. A lógica do terceiro incluído é uma lógica da complexidade e até, talvez, *sua* lógica privilegiada, na medida em que permite atravessar, de forma coerente, os diferentes domínios do conhecimento.

A lógica do terceiro incluído não elimina a lógica do terceiro excluído: ela apenas limita seu domínio de validade. A lógica do terceiro excluído é, certamente, validada por situações relativamente simples como, por exemplo, a circulação de automóveis em uma estrada: ninguém sonha em introduzir, em uma estrada, um terceiro sentido em relação ao sentido permitido e ao sentido proibido. Por outro lado, a lógica do terceiro excluído é nociva nos casos complexos como, por exemplo,

---

[38] Petru Ioan, *Stéphane Lupasco et la propension vers le contradictoire dans la logique roumaine*, contribuição a este livro.

no domínio social ou político. Ela age, nesses casos, como uma verdadeira lógica de exlusão: o bem *ou* o mal, a direita *ou* a esquerda, as mulheres *ou* os homens, os ricos *ou* os pobres, os brancos *ou* os negros. Seria revelador fazer uma análise da xenofobia, do racismo, do anti-semitismo ou do nacionalismo à luz da lógica do terceiro excluído.

Uma análise pertinente da fecundidade do terceiro incluído e da noção de níveis de Realidade, no domínio da teologia, foi recentemente feita por Thierry Magnin.[39]

Esperamos, nos próximos anos, avanços importantes no estudo da consciência, graças à introdução dessas duas noções. A consciência não é o melhor laboratório para a inclusão do terceiro?

4. A estrutura gödeliana da Natureza e do conhecimento

A consideração simultânea do terceiro incluído e dos níveis de Realidade levou-me a formular um modelo transdisciplinar da Natureza e do conhecimento.[11]

Qual é a natureza da teoria que pode descrever a passagem de um nível de Realidade para outro? Há uma coerência, ou mesmo uma unidade, do conjunto dos níveis de Realidade? Qual é o papel do sujeito-observador na existência de uma eventual unidade de todos os níveis de Realidade? Há um nível de Realidade privilegiado em relação a todos os outros níveis? A unidade de conhecimento, se existir, é de natureza objetiva ou sub-

[39] Thierry Magnin, *Entre science et religion – Quête de sens dans le monde présent*, Mônaco, Éditions du Rocher, col. "Transdisciplinarité", 1998, prefácio de Basarab Nicolescu, posfácio de Henri Manteau-Bonamy.

jetiva? Qual é o papel da razão, na existência de uma eventual unidade do conhecimento? Qual é, no domínio da reflexão e da ação, o poder preditivo do novo modelo de Realidade? Resumindo, é possível a compreensão do mundo presente?

A Realidade comporta, segundo nosso padrão, um certo número de níveis. As considerações que se seguem não dependem do fato de que esse número seja finito ou infinito. Para clareza terminológica do exposto, vamos supor que este número seja infinito.

Dois níveis adjacentes estão ligados pela lógica do terceiro incluído, no sentido em que o estado T, presente em um certo nível, está ligado a um par de contraditórios (A, não-A) do nível imediatamente vizinho. O estado T faz a unificação dos contraditórios *A* e *não-A*, mas essa unificação se opera em um nível diferente daquele onde estão situados *A* e *não-A*. O axioma de não-contradição é respeitado nesse processo. Significaria este fato, por essa razão, que assim podemos obter uma teoria completa, que justificaria todos os resultados conhecidos e por acontecer? A resposta a essa pergunta tem apenas um único interesse teórico. Afinal, toda as ideologias ou todos os fanatismos, cuja ambição é mudar a face do mundo, estão baseados na crença da *completude* de sua visão. As ideologias ou os fanatismos em questão estão certos de possuir *a* verdade, toda a verdade.

Há, certamente, uma *coerência* entre os diferentes níveis de Realidade, pelo menos no mundo natural. De fato, uma enorme *autoconsistência* parece reger a evolução do universo, do infinitamente pequeno ao infinitamente grande, do infinitamente curto ao infinitamente longo.

A lógica do terceiro incluído é capaz de descrever

a coerência entre os níveis de Realidade pelo processo repetitivo, contendo as seguintes etapas: 1. um par de contraditórios (A, não-A), situado em certo nível de realidade, é unificado por um estado T situado em um nível de Realidade imediatamente vizinho; 2. por sua vez, esse estado T está ligado a um par de contraditórios (A', não-A'), situado em seu próprio nível; 3. o par de contraditórios (A', não-A') está, por sua vez, unificado por um estado T', situado em um nível diferente de Realidade, imediatamente vizinho daquele onde se encontra o ternário (A', não-A', T). O processo repetitivo continua infinitamente até o esgotamento de todos os níveis de Realidade, conhecidos ou concebíveis.

Em outros termos, a ação da lógica do terceiro incluído sobre os diferentes níveis de Realidade induz uma estrutura *aberta, gödeliana*, do conjunto dos níveis de Realidade.[40, 41]

Essa estrutura tem uma abrangência considerável sobre a teoria do conhecimento, pois ela implica a impossibilidade de uma teoria completa, fechada sobre si mesma.

Com efeito, o estado T realiza, em concordância com o axioma de não-contradição, a unificação do par dos contraditórios (A, não-A), mas ele está associado, ao mesmo tempo, a um outro par de contraditórios (A', não-A'). Isso significa que podemos construir, a partir de

---

[40] Basarab Nicolescu, *Levels of Complexity and Levels of Reality*, em "The Emergence of Complexity in Mathematics, Physics, Chemistry, and Biology", Proceedings of the Plenary Session of the Pontifical Academy of Sciences, 27-31 October 1992, Casina Pio IV, Vatican, Ed. Pontificia Academia Scientiarum, Vatican City, 1996 (distribuído pela Princeton University Press), editado por Bernard Pullman.

[41] Basarab Nicolescu, *Gödelian Aspects of Nature and Knowledge*, em "Systems – New Paradigms for the Human Sciences", Walter de Gruyter, Berlin-New York, 1998, editado por Gabriel Altmann and Walter A. Koch.

um certo número de pares mutuamente exclusivos, uma nova teoria, que elimina as contradições em um certo nível de Realidade, mas essa teoria é apenas temporária, pois conduzirá, inevitavelmente, sob a pressão conjunta da teoria e da experiência, à descoberta de novos pares de contraditórios, situados no novo nível de Realidade. Por sua vez, essa teoria será, portanto, substituída, à medida que novos níveis de Realidade forem descobertos, por teorias ainda mais unificadas. Esse processo continuará infinitamente, sem nunca poder chegar a uma teoria completamente unificada. O axioma de não-contradição sai cada vez mais reforçado desse processo. Nesse sentido, podemos falar de uma *evolução do conhecimento*, sem nunca poder chegar a uma não-contradição absoluta, supondo todos os níveis de Realidade: o conhecimento está *aberto* para sempre.

As considerações precedentes permitem responder, de forma rigorosa, à interessante pergunta formulada, recentemente, pelo lógico Petru Ioan[38]: *Porque limitar-se ao terceiro incluído? Porque não introduzir o 'quarto incluído', o 'quinto incluído'*, etc? À luz do esquema que acaba de ser descrito, o quarto incluído, por exemplo, deveria unificar A, não-A e T. Ora, é precisamente o termo T' que faz essa unificação! Seria o termo T', por causa disso, um 'quarto incluído'? De maneira nenhuma, pois ele é, por sua vez, o terceiro unificador de A' e não-A', estes dois últimos termos aparecendo no *mesmo* nível de Realidade de T. Em outras palavras, *a estrutura de quarto incluído* (A, não-A, T, T') *decompõe-se em duas estruturas de terceiro incluído*: (A, não-A, T) e (A', não-A', T'). Não há, portanto, necessidade de um 'quarto incluído', de um 'quinto incluído', etc. Nesse sentido, *o terceiro incluído é um terceiro infinito ou, mais precisamente, ele é infinitamente terceiro*. Este resultado deve ser associado ao célebre *teorema de Peirce*, demonstrado com a ajuda da teoria das representações gráficas de uma função: "... toda políada superior a uma tríade pode ser analisada em termos de tríades, mas uma tríade não pode ser geralmente analisada em termos de díades".[42] Não se trata de uma simples analogia. Nosso esquema, mostrado explicitamente no artigo "*Is Aristotle's Thinking Compatible with the Gödelian Structure of Nature and Scientific Knowlodge? Hylemorphism, Quantum Physics and Levels of Reality*"[43], pode ser deslocado, biunivocamente, sobre representações gráficas de uma função. Consequentemente, o teorema de Peirce deve ser respeitado.

A estrutura aberta do conjunto dos níveis de Realidade está em concordância com um dos resultados científicos mais importantes do século XX: o teorema de Gödel a respeito da aritmética.[44]

O teorema de Gödel nos diz que um sistema de axiomas suficientemente rico leva, de modo inevitável, a resultados tanto irresolúveis como contraditórios. Essa última assertiva é frequentemente esquecida nas obras de vulgarização desse teorema.

---

[42] Don D. Roberts, *The Existencial Graphs of Charles S. Peirce*, Mouton, Illinois, 1973, p. 115; ver também Pierre Thibaud, *La Logique de Charles Sanders Peirce – De l'algèbre aux graphes*, Aix-en-Provence, Éditions de l'Université de Provence, 1975.

[43] Basarab Nicolescu, *Is Aristotle's Thinking Compatible with the Gödelian Structure of Nature and Scientific Knowledge? Hylemorphism, Quantum Physics and Levels of Reality*, a ser publicado no Proceedings of the International Conference "Aristotle and Contemporary Science", Thessaloniki, Grécia, Setembro 1-4, 1997, Peter Lang Publishing, Nova York, editado por Demetra Sfendoni-Mentzou.

[44] Ernest Nagel e James R. Newman, *Gödel's Proof*, Nova York, New York University Press, 1958; para o leitor francês; *Le Théorème de Gödel*, textos de Ernest Nagel, James R. Newman, Kurt Gödel e Jean-Yves Girard, nº S 122, Paris, Seuil, col. "Points-Sciences", 1989, traduções do inglês e do alemão por Jean-Baptiste Scherrer.

O alcance do teorema de Gödel tem importância considerável para toda a teoria moderna do conhecimento. Inicialmente, ele não se limita apenas ao domínio da aritmética, mas também a toda a matemática, incluindo a aritmética. Ora, a matemática, que é o instrumento básico da física teórica, contém, indiscutivelmente, a aritmética. Isso significa que toda pesquisa de uma teoria física completa é ilusória. Se essa afirmação fosse válida para os domínios mais rigorosos do estudo dos sistemas naturais, como poderíamos sonhar com uma teoria completa em um domínio infinitamente mais complexo – o das ciências humanas?

De fato, a pesquisa de uma axiomática que conduza a uma teoria completa (sem resultados passíveis de resolução ou contraditórios) marca, ao mesmo tempo, o apogeu e o ponto detonante do declínio do pensamento clássico. O sonho axiomático desmoronou com o veredito do santo dos santos do pensamento clássico – o rigor matemático.

O teorema que Gödel demonstrou, em 1931, obteve, no entanto, um eco fraco fora de um círculo muito limitado de especialistas. Provavelmente isso explica o estranho silêncio de Lupasco sobre esse teorema e sobre seu significado epistemológico, entretanto tão lupasciano.

A estrutura gödeliana do conjunto dos níveis de Realidade, associada à lógica do terceiro incluído, supõe a impossibilidade de criar uma teoria completa para descrever a passagem de um nível para outro, e *a fortiori*, para descrever o conjunto dos níveis de Realidade.

A unidade de ligação de todos os níveis de Realidade, se existir, deve, necessariamente, ser uma *unidade aberta*.

Há, na verdade, uma coerência do conjunto dos níveis de Realidade, mas essa coerência é *orientada*:

uma flecha está associada a toda transmissão da informação de um nível para o outro. Consequentemente, a coerência, se estiver limitada aos níveis de Realidade isolados, pára no nível mais 'alto' e no nível mais 'baixo'. Para que a coerência continue além desses dois níveis limites, para que haja uma unidade aberta, precisamos considerar que o conjunto dos níveis de Realidade se prolonga para uma *zona de não-resistência* a nossas experiências, representações, descrições, imagens ou formalizações matemáticas. Essa zona de não-resistência corresponde, em nosso modelo de Realidade, ao 'véu' do que Bernard d'Espagnat denomina "o real velado"[45] e está, certamente, ligada à *afetividade* lupasciana.[46]

O nível mais 'alto' e o nível mais 'baixo' do conjunto dos níveis de Realidade unem-se através de uma zona de transparência absoluta. Mas sendo estes dois níveis diferentes, a transparência absoluta aparece como um véu, do ponto de vista de nossas experiências, representações, descrições, imagens ou formalizações matemáticas. De fato, a unidade aberta do mundo supõe que o que está em 'baixo' seja como o que está em 'cima'. O isomorfismo entre o 'alto' e o 'baixo' é restabelecido pela zona de não-resistência.

A não-resistência dessa zona de transparência absoluta é devida, simplesmente, às limitações de nosso corpo e de nossos órgãos dos sentidos, não importando os instrumentos de medida que prolongam esses ór-

---

[45] Bernard d'Espagnat, *À la recherche du réel*, Paris, Gauthier-Villars, 1981; *Le Réel voilé – Analyse des concepts quantiques*, Paris, Fayard, 1994.
[46] Stéphane Lupasco, *L'Homme et ses Trois Éthiques*, em colaboração com Solange de Mailly-Nesle e Basarab Nicolescu, Mônaco, Éditions du Rocher, col. "L'esprit et la matière", 1986.

gãos. A afirmação de um conhecimento humano infinito (que exclui toda zona de não-resistência), enquanto se afirma a limitação de nosso corpo e de nossos órgãos dos sentidos, parece-nos uma mistificação lingüística. A zona de não-resistência corresponde ao *sagrado*, ou seja, àquilo que não se submete a nenhuma racionalização. A proclamação da existência de um único nível de Realidade elimina o sagrado, ao preço da autodestruição desse mesmo nível.

O conjunto dos níveis de Realidade e sua zona complementar de não-resistência constitui o *Objeto* transdisciplinar.

Na visão transdisciplinar, a *pluralidade complexa e a unidade aberta são duas facetas de uma única e mesma Realidade.*

Um novo *Princípio de Relatividade* surge da coexistência entre a pluralidade complexa e a unidade aberta: *nenhum nível de Realidade constitui um lugar privilegiado de onde possamos compreender todos os outros níveis de Realidade.* Um nível de Realidade é o que é porque todos os outros níveis existem ao mesmo tempo. Esse Princípio de Relatividade é criador de uma nova visão sobre a religião, a política, a arte, a educação, a vida social. E quando nosso olhar sobre o mundo muda, o mundo muda. Na visão transdisciplinar, a Realidade não é apenas multidimensional – ela é também multirreferencial.

Os diferentes níveis de Realidade são acessíveis ao conhecimento humano graças à existência de diferentes *níveis de percepção*, que se encontram em correspondência biunívoca com os níveis de Realidade. Esses níveis de percepção permitem uma visão cada vez mais geral, unificante, englobadora da Realidade, sem nunca esgotá-la completamente.[43]

A coerência de níveis de percepção pressupõe,

como no caso dos níveis de Realidade, uma zona de *não-resistência* à percepção.

O conjunto dos níveis de percepção e sua zona complementar de não-resistência constituem o *Sujeito* transdisciplinar.

As duas zonas de não-resistência do Objeto e do Sujeito transdisciplinares devem ser *idênticas* para que o Sujeito transdisciplinar possa se comunicar com o Objeto transdisciplinar. *Ao fluxo de informação atravessando, de forma coerente, os diferentes níveis de Realidade, corresponde um fluxo de consciência atravessando, de forma coerente, os diferentes níveis de percepção.* Os dois fluxos estão em uma relação de *isomorfismo* graças à existência de uma única e mesma zona de não-resistência. O conhecimento não é nem externo nem interno: ele é, *ao mesmo tempo,* externo e interno. O estudo do Universo e o estudo do ser humano sustentam-se mutuamente. A zona de não-resistência desempenha o papel *do terceiro secretamente incluído,* que permite a unificação, em sua diferença, do Sujeito transdisciplinar e do Objeto transdisciplinar.

O papel do terceiro explícito ou secretamente incluído no novo modelo transdisciplinar de Realidade não é, afinal, tão surpreendente. As palavras *três* e *trans* têm a mesma raiz etimológica: o 'três' significa "a transgressão do dois, o que ultrapassa o dois". A transdisciplina-ridade é a transgressão da dualidade opondo os pares binários: sujeito/objeto, subjetividade/objetividade, matéria/consciência, natureza/divino, simplicidade/complexidade, reducionismo/holismo, diversidade/unidade. Essa dualidade é transgredida pela unidade aberta englobadora tanto do Universo quanto do ser humano.

Conclusão: o terceiro incluído lógico, o terceiro incluído ontológico e o terceiro secretamente incluído

O terceiro incluído lógico é útil no plano do alargamento da classe dos fenômenos passíveis de ser racionalmente compreendidos. Ele explica os paradoxos da mecânica quântica em sua totalidade, começando com o princípio de superposição. Arrisco-me a predizer que, na próxima década, o terceiro incluído fará sua entrada na vida de todos os dias através da criação dos calculadores quânticos[47], que vão marcar a unificação entre a revolução quântica e a revolução da informática. As consequências dessa unificação são incalculáveis.

Indo ainda mais longe, grandes descobertas na biologia da consciência são esperadas, se as barreiras mentais em relação à noção de níveis de Realidade vierem, gradualmente, a desaparecer. Isso poderá mostrar a fecundidade do terceiro incluído ontológico, implicando a consideração simultânea de vários níveis de Realidade. Múltiplas disciplinas, como por exemplo a arte, o direito ou a história das religiões, terão a oportunidade de uma completa renovação. E a ética e a educação vão poder, finalmente, se adequar aos desafios de nosso milênio que desabrocha.

Na unidade há, como se deve, três terceiros. O terceiro terceiro – o terceiro secretamente incluído – é a barreira contra toda derivação neocientista ou totalitária e contra toda tentação de uma ditadura pelo econômico, quaisquer que sejam os hábitos tranquilizadores que tais derivações ou ditaduras venham a usar para obter

---

[47] David Deutsch, *The Fabric of Reality*, Londres, Penguin Books, 1997.

êxito. O terceiro secretamente incluído é o guardião de nosso mistério irredutível, único fundamento possível da tolerância e da dignidade humana. Sem esse terceiro tudo se reduz a cinzas.

STÉPHANE LUPASCO E A PROPENSÃO AO CONTRADITÓRIO NA LÓGICA ROMENA

PETRU IOAN
Professor de lógica na Universidade de Iasi (Romênia),
Presidente da Fundação Internacional 'Stéphane Lupasco'
para a Ciência e a Cultura.

Em uma de suas múltiplas acepções, o sintagma de 'lógica clássica' é relacionado a um conjunto de limites que satisfazem o princípio da *identidade* e de suas *consequências* no pensamento, o princípio da *não-contradição* e o princípio da *exclusão do terceiro.*

Estabelecendo modificações em relação a um princípio ou a outro, concebe-se e poder-se-ia ainda conceber *uma lógica da diferença e da alteridade*, uma lógi-

---

[1] Annibale Pastore, La Ldp (logica del potenziamento) nelle sue relazione con la scienza e la filosofia, "Atti dell'VIII congr. naz. di Filos.", Roma, 1933; Sulla intuizione logica secondo la Ldp, "Arch. di Filos.", 1934; Il problema del transcendente nella scienza e la Ldp, "Arch. di Filos.", 1937; La logica del Potenziamento, coi Principi di Pietro Mosso, Rondinella, Nápoles, 1936. Cf., também, Giuseppe Russo, Annibale Pastore, *Instanze e limiti della logica del potenziamento/Annibale Pastore: Proposals and Limitations of the Logic of the Raising to Power*, Catania, Edizione Greco, 1982.

ca *da contradição* e uma lógica do *terceiro incluído*.

Da primeira modificação diante do 'programa' da lógica clássica resultam: a lógica do *potencial* e da *identidade típica* (preconizada por Annibal Pastore[1], contrastando com a lógica *reprodutiva* e *analiticamente discursiva*); a lógica da *heterogenidade e da diversidade* (proposta enquanto lógica *negativa* por Stéphane Lupasco, em relação à matéria viva e às ciências da vida); a lógica da *identidade e da diversidade* (contraposta à lógica *naturalista*, do pensamento pré-constituído, por Franco Spisani)[2]; etc.

Por meio da segunda modificação, chegamos à lógica da *contradição* (que François Paulhan[3] concebia no começo do século), à lógica relativamente recente da *paraconsistência*[4] e, evidentemente, à lógica *energética* de Stéphane Lupasco, que situa o dinamismo contraditório (respectivamente o dualismo antagônico, o antagonismo contraditório ou o dinamismo dualístico) na 'própria natureza e estrutura do lógico'[5], visando, assim, 'a contradição irredutível' e a 'coexistência contraditória' da afirmação e da negação, respectivamente da identidade e da diversidade, ou seja, um 'cál-

---

[2] Franco Spisani, *Foundations of Productive Logic* (a partir do nº 3 da *International Logic Review*); *Principles of Productive Logic* (a partir do nº 1 da *International Logic Review*); *Outlines of Productive Logic* (a partir do nº 6 da *International Logic Review*). Ver também Guy Poncelet, "Sur la logique productive", *International Logic Review*, 14, 1976, p. 137-141; Petru Ioan, *Conturul labil al unei logici a identitatii si diferentei*, *in* P. Ioan, *Logica si metalogica*, Iasi, Editura Junimea, 1983, p. 161-164.

[3] François Paulham, *La Logique de la contradiction*, Paris, Félix Alcan, 1911.

[4] Ayda I. Arruda, *A Survey of Paraconsistent Logic*, em A. I. Arruda, R. Chuaqui e N. C. A. da Costa (ed.), *Mathematical Logic in Latin America*, Amsterdã, North Holland, 1980, p. 1-41.

[5] Stéphane Lupasco, *Logique et Contradiction*, Paris, PUF, 1947, cap. II, apud: Stéphane Lupasco, *Logica dinamica a contradictoriului*, Bucareste, Editura Politica, 1982, p. 181.

culo contradicional'.[6]

Na terceira direção da atribuição "da tradição de pesquisa"[7] na lógica clássica, encontramos o projeto de Stéphane Lupasco de legitimação do pensamento de tipo antagônico por uma lógica considerada: (1) como *quântica*; (2) como *formal*, (3) como *formalizável*[8]; (4) como *polivalente*; (5) como *não-contraditória*. [8:44-45,47-48]

No espírito dos trabalhos de Stéphane Lupasco podemos afirmar que a nova lógica *ternária*: (6) não elimina, mas apenas restringe a ação da lógica clássica (binária[9], ou do terceiro excluído[8:48]); (7) ela não concebe o estado intermediário ("T") como uma síntese dos estados extremos[8:47], segundo o esquema hegeliano da sucessão dos momentos antitéticos do futuro[10], mas admite a coexistência dos três termos, associados por Lupasco a três tipos de matéria, a três tipos de sistemas e de sistematização da energia, a três tipos de universo e sempre o mesmo número de tipos de determinação, a três tipos de espaço-tempo, a três tipos de orto-dialéticas e a três tipos de orientação dos fenômenos, a três modalidades de articulação causal, a três tipos de finalidade,

---

[6] Stéphane Lupasco, *Les Trois Matières*, Paris, Julliard, 1960, cap. "Les dialectiques de l'énergie", apud: Stéphane Lupasco, *Logica dinamica a contradictoriului*, Bucareste, Editura Politica, 1982, p. 62

[7] L. Laudan, *From Theories to Research Traditions*, em A. Brody & R. E. Grandy (ed.), *Readings in the Philosophy of Science*, New Jersey, Prentice Hall, Englowood Clifs, 1989.

[8] Basarab Nicolescu, *O Manifesto da Transdisciplinaridade*, São Paulo, Editora Triom, 1999, p. 31-34.

[9] No sentido mais antigo (da dualidade da afirmação e da negação, ou do verdadeiro e do falso), mas também no sentido mais recente (da dualidade de *Animus* e *Anima*), na obra de Sigmund Freud; ver Étienne Got, *La Pensée binaire. Jalons pour une logique du Devenir*, Paris, 1973.

[10] Esquema reconfirmado, entre outros, por Jean Gorren, em sua dialética "analítica" (*Précis de dialectique*, 1936; *Théorie analytique de la dialectique*, "*épistémologie sociologique*", 7, 1969).

a três espécies de conjuntos e a três procedimentos estatísticos, a três tipos de adaptação comportamental, a três gêneros de normalidade e sempre o mesmo número de formas patológicas, a três tipos de morais, a três tipos de memorização, a três tipos de imagens e sempre o mesmo número de tipos de conceitualização, a três tipos de verdade, a três tipos de ciências, a três metodologias conceituais e técnicas, a três tipos de orto-deduções, a três tipos de 'silogismos contradicionais' e a três tipos de 'recorrências contradicionais'[11], etc.

Da lógica do dinamismo contraditório à lógica triôntica e trinoética do terceiro incluído

De acordo com os desenvolvimentos introduzidos por Basarab Nicolescu, a mesma lógica (*triôntica* e *trialética,* preconizada por Stéphane Lupasco), torna-se uma lógica do terceiro incluído, respectivamente: (8) uma lógica com uma base empírica na noção de 'nível de realidade'[12], que liga níveis adjacentes de realidade[12:31] e descreve[8:75,79] uma orientação coerente no conjunto desses mesmos níveis; (9) uma lógica que, na perspectiva dos 'níveis de realidade', contribui para a rede-

---

[11] Stéphane Lupasco, *Les Trois Matières, op. cit.*, cap. "Les dialectiques de l'énergie", apud: Stéphane Lupasco, *Logica dinamica a contradictoriului, op. cit.*, p. 37 sq.; *idem, L'Énergie et la Matière psychique* (cap. IV: "Les logiques normales et pathologiques"), Paris, Julliard, 1974, apud: Stéphane Lupasco, *Logica dinamica a contradictoriului, op. cit.*, p. 323 sq.

[12] Basarab Nicolescu, *Nous, la particule et le monde*, Paris, Le mail, 1985; *Science, Meaning and Evolution: The Cosmology of Jakob Boehme*, New York, Parabola Books, 1991, p. 200-201; "Niveaux de complexité et niveaux de réalité: vers une nouvelle définition de la nature", *em* Michel Casenave e Basarab Nicolescu (ed.), *L'Homme, la Science et la Nature. Regards transdisciplinaires*, Aix-en-Provence, Le Mail, 1994, p. 20-21, 37.

finição da natureza[12:20]; (10) uma lógica que está apta a desvendar, em relação aos diversos níveis de organização da realidade[8:35], a estrutura gödeliana da natureza e do conhecimento; uma lógica que se adapta aos diversos 'níveis de percepção'[8:36] e aos diversos 'níveis de representação'[8:149] da realidade, aos diversos 'níveis de conhecimento'[13], de compreensão[8:106] e de racionalização[12:34] do real ou aos diversos 'níveis de confusão'[8:165] e aos diversos 'níveis de ocultação' deste último; (11) uma lógica privilegiada da complexidade, estando a serviço das ciências exatas e das ciências humanas, da ciências duras e das ciências moles; uma lógica que consegue configurar, assim, a análise científica da complexidade[8:48]; uma lógica que, desvendando os graus de complexidade, contribui para a compreensão dos graus da realidade e da materialidade[8:93]; (12) uma lógica que representa um dos pilares da transdisciplinaridade[8:68] e que permite, assim, a reconciliação do sujeito transdisciplinar com o objeto transdisciplinar[8:82]; uma lógica que sustenta e controla, ao mesmo tempo, a linguagem transdisciplinar[8:176], assegurando, dessa forma, os 'níveis da ação'[8:180].

Uma integração dos estados "T" (legitimados por Stéphane Lupasco) na grade da relação do lógico (L) e do concreto (C)

Sobre a lógica dinâmica do contraditório (associada por Stéphane Lupasco ao sistema microscópico e ao sistema neuropsíquico), ou seja, sobre a lógica do ter-

---

[13] Já assinalados, por Jacques Maritain, em: *Distinguer pour unir ou Les degrés du savoir* (Paris, Desclée de Brouwer, 1982). Cf. [12], p. 34, 37.

ceiro incluído (associada, por Basarab Nicolescu, a todas as situações complexas, onde intervêm proposições incertas e pares de proposições contrárias, réplicas dialógicas, o pensamento organizacional, o analítico-sintético[14] e o sistêmico[15], poderíamos dizer muitas coisas diante da 'lógica não-aristotélica' da contradição[12:31], sustentada por Alfred Korzybski (1879-1950) em 1933, ou diante dos aprofundamentos do entendimento da época, devidos a Edgar Morin[14:37], a Jean-Jacques Wunenburger[16], a Gilbert Durand[17], a Antoine Faivre[18] e a outros.

Mesmo antes de Stéphane Lupasco lançar seu programa de lógica em favor de uma 'ciência da contradição[19]', na Romênia (seu país de origem), Lucien Blaga (1895-1961), apoiando-se no sentido metodológico do dogma cristão, asseguraria, através do *Eonul dogmatic/ L'Éone dogmatique* (de 1931), um universo de discurso a quatro outros tipos de 'estruturas antinômicas' (e 'antitéticas'!). Trata-se: (1) das antinomias (respectivamente, aporias) *eleáticas*, sob a forma de algumas contradições lógicas da esfera do concreto, ressuscitadas, na

---

[14] Edgar Morin, *La Méthode*, 4: *Les Idées*, Paris, Éditions du Seuil, 1991. Cf. [12], p. 23, 37.

[15] Erwin Laszlo, *The Systems View of the World*, New York, George Braziller Inc., 1972; Erich Jantsch, *The Self-Organizing Universe*, New York, Pergamon, Elmsford, 1980. Cf. [12], p. 23, 37.

[16] Jean-Jacques Wunenburger, *La Raison contradictoire*, Paris, Albin Michel, 1989. Cf. [12], p. 22, 37.

[17] Gilbert Durand, *L'Imagination symbolique*, Paris, Quadrige/PUF, 1984, Cf. [12], p. 22, 37.

[18] Antoine Faivre, *Accès de l'ésotérisme occidental*, Paris, Gallimard, 1986, Cf. [12], p. 22, 37.

[19] Stéphane Lupasco, *Le Principe d'antagonisme et la Logique de l'énergie - Prolégomènes à une science de la contradiction* (cap. "Le sujet et l'objet logiques et la logique du sujet et de l'objet"), Paris, Hermann & Co., 1951, apud: *Stéphane Lupasco, Logica dinamica a contradictoriului, op. cit.*, p. 139.

época moderna, por Johann Friedrich Herbart (1776-1841); (2) das antinomias (ou 'paradoxias') *intuicionistas,* propostas por Henri Bergson (1859-1941) e as *positivistas,* promovidas, tanto umas como as outras, sob a forma de contradições do concreto voltadas à degradação do lógico; (3) das antinomias *racionalistas*, que – descendendo da 'metafísica indiana' e da chinesa, do neoplatonismo, da filosofia européia de Nicolas Cusanus (1401-1464) e Giordano Bruno (1548-1600), até Friedrich Wilhelm Shelling (1775-1854) – sustentam um *modus vivendi* entre a lógica ("L") e o concreto ("C"); (4) das antinomias *dialéticas,* enfim, como paradoxias com solução no concreto.

Em relação a esses tipos de conflitos do intelecto consigo mesmo (próprios à metafísica profana ou 'enstática'), as antinomias *dogmáticas* ('extáticas' ou 'transfiguradas'), que assinala o filósofo romeno, "não apelam nem podem apelar para o concreto; elas são paradoxias no plano lógico e no plano concreto", sendo sua solução postulada no transcendente, ou seja, em uma zona 'inacessível e contrária à lógica'.[20]

Visto que os últimos termos estão na posição estudada por Lucian Blaga, o lógico (L) e o concreto (C), poderíamos ordenar os cinco tipos de antinomias no paradigma banal tetralógico das relações binárias e bivalentes: o *primeiro, mas não o segundo também* (+ L - C: o monismo de tipo eleático); *não o primeiro, mas o segundo* (L + C: o monismo intuicionista), *tanto o primeiro como o segundo* (+ L + C: o dualismo de tipo racionalista e, principalmente, o dualismo dialético); *nem o primeiro nem o segundo* (- L - C: o *ninismo*, manifes-

[20] Lucian Blaga, *Eonul dogmatic* (1931), em Lucian Blaga, *Opere*, vol. 8, *Teoria cunosterii*, Bucareste, Editura Minerva, 1983, p. 236.

tado pela dissociação de alguns conceitos que parecem solidificar-se), como podemos ver na figura 1.

Os estados "T" (de semi-atualização e semi-potencialização, ou seja de semi-homogeneização e semi-diversificação), formulado por Stéphane Lupasco e as manifestações do terceiro incluído, inscrevem-se, evidentemente, entre os conflitos dialéticos de tipo dualista.

RELAÇÒES ENTRE "L" E "C"	ATTITUDES METODOLÓGICAS	ESTRUTURAS ANTITÉTICAS REPRESESENTANDO FÓRMULAS METAFÍSICAS NOS LIMITES DO CONHECIMENTO
+ L - C	MONISMO	Antinomias Eleáticas
- L + C	MONISMO	Antinomias Intuicionistas e Empíricas
+ L + C	DUALISMO	Antinomias Racionalistas
		ANTINOMIAS DIALÉTICAS (SOBRETUDO, OS ESTADOS INTERMEDIÁRIOS "T", INTROZIDOS POR STÉPHANE LUPASCO)
- L - C	NINISMO	Antinomias Transfiguradas

Figura 1. Soluções encontradas por Lucian Blaga na confrontação do 'lógico' (L) com o 'concreto' (C) considerados como formas de concepção e fórmulas metafísicas, nos limites do conhecimento profano e do superior.

Uma integração dos estados "T" na grade de todas as soluções do problema dos termos antitéticos

No interior do mesmo jogo 'dos mundos possíveis', desta vez concebidos por termos polares (antagônicos e dinâmicos) quaisquer, Mircea Florian (1888-1960), outro filósofo romeno contemporâneo de Stéphane Lupasco, subordinará ao menos sete soluções ao problema da contradição. Trata-se: (1) do *monismo reducionista* considerado por Karl Gross (1861-1946) como 'uma solução radical'[21], (2) da *solução tripartida* da interpolação, na variante do meio dos extremos (aquela praticada por Platão, por Aristóteles e muitos outros); (3) da *solução tripartida* da variante finalista, do termo superior (variante tentada por Espinoza e consagrada por Hegel); (4) da *solução pluripartida,* do despotencionamento da contradição pela multiplicação dos termos intermediários, considerada como uma forma redutível à solução precedente; (5) da solução da coordenação isostênica e isotímica dos opostos (considerando que tenham o mesmo poder e o mesmo valor); (6) da solução da subordinação do pólo recessivo em relação ao pólo dominante, via pela qual Mircea Florian chegou a uma *filosofia da filosofia* e mesmo a *uma lógica da filosofia,* mas também a via da *contradição unilateral*[22], assumida em sua ontologia por Constantin Noica (1909-1987); (7) da solução da dissociação dos opostos ou da transfiguração ('*de uma certa maneira* a *e de uma outra maneira* b'), enquanto forma 'incubada' da solução da interpolação.

Predecessores romenos na linhagem da aporética e do antinomismo, Mircea Florian lembra Ion Heliade Rÿadulescu (1802-1872) com sua 'teoria do equilíbrio

---

[21] Karl Gross, *Aufbau der Systeme*, 1924, p. 315-316; *apud* Mircea Florian, *Recesivitatea ca structura a lumii*, vol. 1, Bucareste, Editura Eminescu, 1983, p. 99.

[22] Constantin Noïca, *Devenirea întru fiinta*, Bucareste, Editura Stiintifica si Enciclopedica, 1981, p. 76-118, 119, 120, 128, 377-378. Cf. também: Petru Ioan, *Logica si ontologie*, "Revista de Filosofie", tomo XXIX, 5, 1982, p. 513-517.

das antíteses', que lhe foi inspirada pelo francês Pierre Joseph Proudhon (1809-1865).

Nem Mircea Florian nem Lucian Blaga mencionam Marin Stefanescu,[23] que se doutorou em Letras, em Paris, em 1915, com sua tese sobre o dualismo do conhecimento enquanto dualismo lógico, radical e antidogmático.

Uma importante omissão no inventário que seguimos é justamente a posição de Stéphane Lupasco que, contornando o 'velho procedimento monista'[6:51] e 'a sombra de um terceiro termo hegeliano'[24], trabalha no espaço de reconciliação da conjunção ativa (*'tanto p como não-p'),* entre a semi-atualização e a semi-potencialização, entre a homogeneidade e a heterogeneidade, entre a identidade e a diversidade, ou entre o sujeito e o objeto.

---

[23] Martin Stefanescu, *Le Dualisme logique. Essai sur l'importance de sa réalité pour le problème de la connaissance*, Paris, Félix Alcan, 1915.

[24] Constantin Noïca, *Avant-propos* à: Stéphane Lupasco, *Logica dinamica a contradictoriului, op. cit.*, p. 11.

[25] Petru Ioan, *Modalitati de raportare a dialecticii la logica,* em Petre Dumitrescu (coord.), *Coordonate ale gîndirii filosofice si social – politice românesti contemporane*, Iasi, Editura Junimea, 1989, p. 84-137.

[26] Com o subtítulo *Deschideri si resemnificari în universul actual al formalismelor* (3ª seção: "Logica si realitate: probleme si pseudo-probleme în legatura cu logica dialectica/Logique et réalité: problèmes et pseudo-problèmes concernant la logique dialectique"), Bucarest, Editura Didactica si Pedagogica, 1995, p. 171-241.

RELAÇÕES ENTRE "A" E "B"	ATITUDES METODOLÓGICAS	SOLUÇÕES SUBORDINADAS ÀS ATITUDES METODOLÓGICAS FUNDAMENTAIS
+ A - B	MONISMO (HENISMO OU SINGULARISMO)	soluções 'radicais' na direção do reducionismo metodológico
- A + B		
- A - B	*NINISMO* (PLURALISMO)	a solução tripartida pela interpolação
		a solução tripartida de ultrapassagem dos pólos por um termo superior
		solução pluritripartida
+ A + B	DUALISMO	a solução da equalização dos opostos (como os estados intermediários "T" na lógica dinâmica de Stephane Lupasco)
		a solução da subordinação recessiva
		a solução da dissociação (ou da transfiguração das antinomias)

Figura 2. Confrontações dos termos polares, sistematizados e exemplificados na 'lógica recessiva' de Mircea Florian.

O discurso de Stéphane Lupasco sobre o método, na perspectiva das relações entre a lógica e a dialética

Produzindo na sistematização tetralógica dois termos meta-epistêmicos, seguimos[25], em um estudo de 1989, desenvolvido no volume *Orizonturi logice/Horizons logiques* (Horizontes lógicos)[26], de 1995, três modalidades de contestação da relação entre a lógica e a dialética e quatro modalidades para resolver positivamente a relação estudada.

Trata-se, no primeiro caso: (1) do programa de uma filosofia a-dialética e neutra em relação à lógica, desenvolvida em benefício do 'materialismo científico' de Mario Bunge[27]; (2) das concepções onde está exacerbada a neutralidade filosófica da lógica, ou daquelas em que a filosofia é reduzida à analise lógica da linguagem da ciência; (3) das atitudes anti-formalistas e de distância da dialética em relação à lógica.

Encontramos, no segundo caso: (4) a *dialética lógica*, enquanto "demonstração *ad hominem* contra a recusa hegeliana a qualquer matematização da exposição doutrinal da lógica [...] especulativa"[28]; (5) a *lógica da dialética*, enquanto tentativa de decifrar a lógica específica do procedimento dialético; (6) dos ideais de *lógica dialética*; (7) a *dialética da lógica*[29], enquanto contrapeso dos numerosos enfoques formulados à lógica formalizada em nome de sua pretensa aridez e de sua suposta falta heurística.

No ponto (6) da grade mencionada, encontramos a *lógica dinâmica do contraditório*, devida a Stéphane Lupasco e é sempre aqui que podemos incluir o projeto da *lógica hermenêutica* de Constantin Noica, um dos intérpretes devotados da filosofia 'triôntica' e 'hiperdialética', no país de origem do pensador ao qual hoje prestamos homenagem.

---

[27] Reidel Mario Bunge, *Scientific Materialism*, Dordrecht, Boston, Londres, D. P. C., 1981. Para *regulae philosophandi more geometrico et scientifico*, cf. também: Mario Bunge, *Treatise on Basic Philosophy*, vol. 3, Dordrecht, Boston, D. Reidel P. C., 1977, p. 8-9.

[28] Dominique Dubarle, *Dialectique hégélienne et formalisation*, em D. Dubarle e André Doz, *Logique et dialectique*, Paris, Larousse, 1972.

[29] Quem pode ser seguido na dimensão das correlatividades "horizontais" e na das recorrências "verticais". Cf.: Petru Ioan, *Orizonturi logice*, Bucarest, Editura Didactica si Pedagogica, 1995, p. 228-239.

RELAÇÕES ENTRE "L/l" E "D/d"	SOLUÇÕES SUBORDINADAS ÀS ATITUDES METODOLÓGICAS FOCALIZADAS
- L - D	NEM A LÓGICA NEM A DIALÉTICA: o 'materialismo científico' (Mario Bunge)
+ L - D	A LÓGICA, SEM A DIALÉTICA: o logicismo (secundado pelo neopositivismo)
- L + D	A DIALÉTICA SEM A LÓGICA: a 'dialética não-lógica' (Pierre Raymond) e, em geral, o antiformalismo (justificado pela 'aridez da lógica' e por seu 'déficit heurístico')
+ D + L ("Dl")	A DIALÉTICA LÓGICA: formalizações da dialética com meios da lógica constituída (D. Dubarle, S. Jaskowski, R. Suszko, L. Apostel, A. N. Prior, L. S. Rogowski, R. Baer, G. Günther, M. Kosok, Y. Gauthier, C. Butler, G. Patzig, J. Verlade e outros)
+ D + L ("LD")	A LÓGICA DA DIALÉTICA: a formalização da dialética na perspectiva do cálculo proposicional trivalente e do 'cálculo frequencial da análise dos fatos' (Jean Gorren); a dialética formal enquanto 'lógica das modalidades da mudança' (B.V. Sesic); etc.
+ D + L ("Ld")	A LÓGICA DIALÉTICA: a 'lógica dinâmica do contraditório' enquanto lógica triôntica, trinoética, trialética e 'energética' (S. Lupasco); a 'lógica do potencionamento' (A. Pastore); a 'lógica dos processos' (H. K. Wells); a 'lógica da identidade e da diversidade' (F. Spisani); a 'lógica organomica' (A. J. Bahm); a 'lógica dos holômeros e das holosferas' (Constantin Noica); a 'lógica paraconsistente' (Ayda Arruda e outros); etc.
+ D + L ("DL")	A DIALÉTICA DA LÓGICA: descritível na perspectiva da definição da lógica como ciência das relações entre as formas e os conteúdos do pensamento

Figura 3. Confrontação da lógica com a dialética, na sistematização de Petru Ioan.
"L"/ a lógica; "l"/ lógica; "D"/a dialética; "d"/ dialética.

A perspectiva romena sobre a lógica em relação à 'ciência da contradição' e do 'contraditório'

Além dos aspectos mencionados, a paisagem romena do pensamento favorável à 'antinomia' enriqueceu-se, nas últimas quatro décadas, pelo: (1) interesse pela 'dualidade dialética' das categorias aristotélicas, interesse manifestado pelo filósofo e lógico Dan Badarau[30] (1893-1968), um refinado representante da cultura romena na França e da cultura francesa na Romênia; (2) o caucionamento da lógica dialética por novos princípios lógicos do pensamento, em concordância com as mutações da ciência do século, um jogo que atraiu Athanase Joja[31] (1904-1972), correspondente respeitado do *Institut de France*; (3) a reconsideração da relação axiológica estabelecida entre as noções 'dialéticas' e as noções 'aritmomórficas' (obstinadamente associadas ao espírito científico), comportamento adotado, de forma convincente, por Nicholas Georgescu-Roegen[32]; (4) a reinterpretação da lógica de Hegel na perspectiva de uma dialética do futuro no ser – tarefa realizada por Constantin Noïca[35].

Consequentemente, observamos várias semelhanças entre as visões dos pensadores romenos e o conceito promovido, em Paris, pelo inventor da lógica

---

[30] Dan Badarau, *Scrieri filosofice alese*, Bucarest, Editura Academiei, 1979.
[31] Athanase Joja, *Studii de logica*, Bucarest, Editura Academiei, 1960-1966.
[32] Nicholas Georgescu-Roegen, *Legea entropiei si procesul economic*, trad. do inglês, Bucarest, Editura Politica, 1979.
[33] Ion Heliade Radulescu, *Echilibrul între antiteze*, 1859-1869. Um volume de "Thèses et antithèses" foi publicado em 1936 (na "Cultura nationala") pelo filósofo, ensaísta e escritor Camil Petrescu.

energética. Exatamente como em Marin Stefanescu, o interesse pela contradição diz respeito, na concepção de Stéphane Lupasco, igualmente ao núcleo rígido do conhecimento, manifestado pelos princípios e procedimentos lógicos.

Assim como em Ion Heliade Radulescu[33], ou em Lucian Blaga, o dualismo contraditório é visto por Stéphane Lupasco e seus seguidores, entre os quais Basarab Nicolescu, como 'simetria de termos dissimétricos'[34], como isostenia (relação entre termos da mesma força) e, até, como isotimia (relação entre termos do mesmo valor).

A perspectiva hegeliana na qual se inscreve Stéphane Lupasco, quando estuda o conflito antitético na realidade, exatamente como no pensamento, na existência exatamente como na consciência, será reativada, na cultura romena, por Athanase Joja[38], Constantin Noïca[35] e muitos outros pensadores.

Mesmo que não fosse em relação a horizontes e níveis de realidade, a idéia força de diversos lógicos (por intermédio da qual Stéphane Lupasco impôs-se na maioria de seus livros), preocupou, no espaço cultural romeno, Lucian Blaga (inventor da *lógica luciferiana*, enquanto complemento mais profundo da *lógica paradisíaca* e suporte das ciências de tipo quântica – relativista[36]), Constantin Noïca (adepto da *lógica de Hermes*, vista como extensão na esfera do cultural, da *lógi-*

---

[34] Mircea Florian, *Recesivitatea ca structura a lumii*, vol. 1, Bucarest, Editura Eminescu, 1983, p. 85.

[35] Constantin Noïca, *Principiile logicii si legile lui Newton*, em "Probleme de logica", vol. IV, Bucarest, Editura Academiei Române, 1972.

[36] Lucian Blaga, *Eonul dogmatic* (1931), *Cunoasterea luciferica* (1933) e *Cenzura transcendenta* (1934), reeditados em: [36] Lucian Blaga, *Opere*, vol 8, *Teoria cunosterii*, Bucarest, Editura Minerva, 1983.

ca de Ares[37]) e outros.

O mais próximo da *lógica dinâmica do contraditório*, com a qual Stéphane Lupasco se afirmou na ciência e na consciência de nosso século, parece ser Athanase Joja. No conceito deste, a *lógica dialética* justifica-se na medida em que princípios novos são reveladores, princípios tais como o da *identidade concreta*, o da *predicação complexa, contraditória* e o do *terceiro supravindo.*

Entretanto, é também na cultura romena que se manifestou o interesse pelo julgamento justo e a compreensão justa das reformas na lógica, na metodologia das ciências e na epistemologia. Segundo Athanase Joja, todo conceito "é um desdobramento e, ao mesmo tempo, uma unidade do idêntico e do diferente[38]". Aplicado à própria lógica, o princípio levado em consideração encoraja-nos à idéia de uma 'lógica das lógicas', de uma *proto-lógica* ou mesmo de uma *meta-lógica.* Foi o próprio Stéphane Lupasco quem se referiu a esta, em várias ocasiões [5: 145; 362; etc.], identificando-a a uma lógica de origem aristotélica, de homogeneidade, de atualização e do macrofísico.

Teria sido um mero acaso, na mesma época, Ferdinand Gonseth ter falado de uma lógica formal como de uma 'física do objeto qualquer' e também como de uma 'carta de nossas liberdades naturais [39]'? E essa 'car-

---

[37] Constantin Noïca, *Scrisori despre logica lui Hermes*, Bucarest, Cartea Românească, 1986. Cf. também: Petru Ioan, "Logica si filosofie", *Revista de filosofie*, 5, 1982, p. 513-517.

[38] Athanase Joja, *Asupra unor aspecte ale logicii dialectice*, reeditado em: Athanase Joja, *Studii de logica*, vol. I, Bucarest, Editura Academiei, 1960, p. 75-76.

[39] Ferdinand Gonseth, *La Logique en tant que physique de l'objet quelconque*, "Actes du Congrès International de Philosophie Scientifique", VI, Paris, Hermann & Co., 1936, p. 1-23; *Qu'est-ce la logique?*, Paris, Hermann & Co., 1937.

ta', à qual faria alusão o pensador idoneista (situado nas mesmas coordenadas neo-racionalistas que Stéphane Lupasco), teria sido afetada pela extensão do referencial do conhecimento científico ('objetos' e 'estados de objetos', pelas 'transformações', pelos 'processos', pelos 'dinamismos'; pelos 'elementos', pelas 'estruturas'; pelas 'classes', pelas 'totalidades', pelos 'coletivos', etc.)?

Após uma vida passada entre 'lógicas' e ideais de novas lógicas, inventariando e 'trabalhando' os dados a respeito do pluralismo lógico, posso dizer, hoje, que a *lógica bivalente* e profundamente 'substancialista' (evoluindo na tradição aristotélica) está inteiramente em concordância com a lógica *polivalente* e essencialmente narrativa (ligada, em grande parte, à tradição estóico-megariana, à tradição indiana e também à tradição, muito recente, da ciência quântica e relativista). De onde provêm, então, as diferenças e os erros? De onde provém a confusão entre a *contrariedade* (uma relação poliádica) e a *contradição* (uma relação imperiosamente diádica)? De onde provém a superposição entre o plano noético (do *dizer* e do *contra-dizer*) e o plano ôntico (da *atualização* e da *potencialização* de certos estados e dinamismos)?

A resposta a essas questões deve ser procurada, em parte, no nível de negligência dos parâmetros sob os quais são enunciados por Aristóteles (na medida em que são enunciados por ele) os princípios da lógica clássica: "*ao mesmo tempo e sob o mesmo aspecto*, alguma coisa não pode ser outra coisa" (*a identidade ou a constância do pensamento em relação a si mesmo*); "*ao mesmo tempo e sob o mesmo aspecto*, duas proposições opostas não podem ser ambas verdadeiras" (*exclusão da contradição*); "*ao mesmo tempo e sob o mesmo aspecto*, duas proposições opostas não podem ser ambas falsas" *(exclusão do terceiro)*. O que não se pode aceitar "*ao mesmo tempo e sob o mesmo aspecto*" pode ser admitido *em momentos diferentes, ou pontos de vista diferentes*, em momentos diferentes, ou pontos de vista diferentes; é possível que *alguma coisa seja igualmente alguma outra coisa* (princípio lógico da *alteridade*!), ou que *proposições opostas tenham o mesmo valor* (princípio lógico da *circunstancionalização da verdade* ou da *instancialização do discurso*!).

A mesma resposta deve ser procurada na utilização defeituosa da negação lógica, na utilização sem discernimento de um signo que leve à homogeneização dos tipos de relações entre duas ou várias entidades e à superposição dos próprios princípios lógicos.

Pessoalmente, havia chamado nossa atenção, desde 1975, (no Congresso Mundial de Lógica, Metodologia e Filosofia da Ciência, Ontário, Canadá), que, nas fórmulas tautológicas "A = A", "(A ∩ ~A) = 0", "(A ∪ ~ A) = 1", "(A ∨∨ ~ A) = 0", "p ≡ p", "(p & ~ p)", "p∨ ~ p", "p∨∨ ~ p", etc., os princípios lógicos chegam a exprimir, todos, o mesmo pensamento e a explicar, todos, o mesmo tipo de relação.[40] Entretanto, existem graus de *concordância* e graus de *oposição* lógica, do mesmo modo que existem graus de realidade e graus de percepção psíquica da realidade. A sobre-ordenação (pela inclusão de "⊂") e a subordinação (pela inclusão recíproca

---

[40] Petru Ioan, *Linéaments pour une réhabilitation des principes de la pensée du point de vue formel*, "Contributed Papers of 5th International Congres of Logic, Methodology and Philosophy of Science", Londres/Ontário, Canadá, 1975, IV, p. 7-8; Petru Ioan, *Adevar si performanta. Pretexte si contexte semiologice* (cap. 2: "Normele aletice formale-contributii la o teorie a principiilor logice ca relatii dintre propozitii si concepte"), Bucarest, Editura Stiintifica si Enciclopedica, 1987, p. 53-123.

de "$\supset$"), por exemplo, são graus da concordância entre os conceitos, mais fracos que *a identidade* (expressa pela *coordenação* "="), exatamente como a *contrariedade* (ou a *exclusão*: "$p \uparrow q$" = '*não tanto* p *como* q'), respectivamente a *subcontrariedade* (ou a *exaustividade*: "$p \vee q$" = "p *ou/e* q") são os graus da oposição, mais fracos que a *contradição* ("$p \vee\vee q$" = "*ou* p *ou* q"). Compreendidos de forma mais natural, os princípios lógicos podem ser distinguidos da própria definição das relações "$\uparrow$" ('*quando muito uma das duas, ou de várias*'), "$\vee$"('*pelo menos uma das duas, ou de várias*'), "$\vee\vee$" ('*uma e apenas uma das duas*'), etc. e seu papel se manifesta no ato da representação formal dos conhecimentos e no ato do preenchimento das estruturas formais com conteúdos determinados de pensamento. Consequentemente, 'o *terceiro incluído*' (e 'a *exaustividade dos sub-contrários*'!) resulta da própria utilização da estrutura "$p \vee q$" (no caso das proposições), ou de sua estrutura correspondente "$A \vee B$" (no nível dos conceitos). Vamos promover, dessa maneira '*a exclusão dos contrários*', utilizando adequadamente a estrutura "$p \uparrow q$" (e seu equivalente "$A \uparrow B$"), 'a *exclusão dos contraditórios*' (com a boa utilização das estruturas "$p \vee\vee q$" e "$A \vee\vee B$"), o '*condicionamento suficiente-necessário*' e a '*subordinação*' (utilizando criteriosamente as estruturas "$p \supset q$" e "$A \subset B$"), o '*condicionamento necessário-suficiente*' e a '*sobre-ordenação*' (pelo recurso pertinente às estruturas "$p \subset q$" e "$A \supset B$"), etc.[40:93:101]

O terceiro incluído na relação da lógica clássica com a lógica dos antagonismos

Retomando o retrato falado da lógica dinâmica do

contraditório, diremos, *de início,* que esta é uma lógica quântica, na mesma medida em que a lógica 'luciferiana' (de Lucian Blaga), a 'organônica' (de Archie J. Bahm) e muitas outras tentativas de reconstituição do *cânon do pensamento* são sempre lógicas quânticas, levando em conta o progresso realizado no começo do século pelos físicos e pelo deciframento do comportamento de certos fenômenos estatísticos. "Nós mesmos – declarava em 1931 Lucian Blaga[36:224], a despeito de todo isolacionismo metafísico, por ocasião do aparecimento da teoria da relatividade, da teoria dos quanta e da teoria da entelequia – confessamos termos sido levados à análise do dogma (*do dualismo contraditório,* n. n., P. I.!) pelas incertezas provocadas justamente pelas teorias em questão".

Diríamos, *em segundo lugar,* que a lógica dinâmica do contraditório é *formal,* tanto quanto é *formal* a lógica da substância e a lógica dos fenômenos e a lógica dos gêneros e a lógica dos inteiros, etc. Ela é formal na medida em que se constitui em uma 'lógica dos sistemas e das sistematizações energéticas'.

Diríamos, *em terceiro lugar,* que a lógica dinâmica do contraditório é *formalizável,* tanto quanto se confirmou formalizável a lógica hegeliana do vir-a-ser, pretendida *a-matemática* e superior ao intelecto analítico, tanto quanto é também formalizável *a lógica dos processos* (na variante proposta por Nicholas Rescher[41]), como igualmente é formalizável *a lógica do tempo* (iniciada com os estudos de A. N. Prior[42]),

---

[41] Nicholas Rescher, *On the Logic of Chronological Propositions,* "Mind", 75, 1965 (cf. N. Rescher, *Topics in Philosophical Logic,* Dordrecht, D. Reidel P. C., 1968); N. Rescher & A. Urquhart, *Temporal Logic,* Vienne/ New York, Springer-Verlag, 1971; Jean-Louis Gardies, *La Logique du temps,* Paris, PUF, 1975; etc.

[42] A. N. Prior, *Time and Modality,* Londres, 1957; *Past, Present and Future,* Londres/Oxford, 1967.

assim como a *lógica da ação* (exaustivamente aprofundada por G. H. von Wright[43]), assim como muitas outras lógicas que apareceram sob os auspícios da filosofia ou das ciências *exatas.* O fato de a lógica dinâmica do contraditório assumir entidades complexas (do tipo "e_A-e_P", "e_P - e_A", "e_T - e_T") é totalmente compatível com a preferência de um B. V. Sesic[44] para "complexos proposicionais da alteração e do desenvolvimento" ("$\rightarrow_p \rightarrow_q$", "$\leftarrow_p \leftarrow_q$", "-p -q", etc.) e absolutamente não transgride o formalismo mínimo da lógica *habitual.*

Diríamos, *em quarto lugar,* que a lógica dinâmica do contraditório é *multivalente,* da mesma forma como o são os formalismos de Jan Lukasiewicz (1878-1956) e de Emil L. Post (1897-1954), por volta da década de 1920[45], assim como é multivalente o esboço de lógica, proclamada sobre coordenadas psicoterapêuticas por Alfred Korzybski[46], assim como pode ser considerada multivalente a lógica

---

[43] G. H. von Wright, *Norm and Action,* Londres, Routledge & Kegan Paul, 1963 (trad. em romeno, Burcarest, Editura Stiintifica si Enciclopedica, 1982); *An Essay in Deontic Logic and General Theory of Action,* "Acta Philosophica Fennica", XXI, 1968, etc.; cf. também: Cornel Popa, *Teoria actiunii si logica formala,* Bucarest, Editura Stiintifica si Enciclopedica, 1984 (cap. 5, "Logica actiunii"); Petru Ioan, *Logica si actiune. Conturul si semnificatia "Noului Organon" întruchipat prin logicile discursului practic, in* P. Ioan, *Orizonturi logice,* Bucarest, Editura Didactica si Pedagogica, 1995, p. 7-79; etc.

[44] Bogdan V. Sesic, *Foundations of the Logic of Change and Development, in* "International Logic Review", 4, 1971; *idem, Logic of Change,* Azzoguide ed., Bologne, 1972; *Productive Logic and Foundations of a Logic of Variable Predicates* ("LVP"), em "International Logic Review", 14, 1976. Cf. Petru Ioan, *Logica si metalogica,* Iasi, Editura Junimea, 1983, p. 165-170.

[45] Jan Lukasiewicz, *O logice trójwartosciowej (Asupra logicii trivalente),* "Ruch Filozoficzny", 5, 1920, p. 160-171; Emil L. Post, "Introduction to a General Theory of Elementary Propositions", *American Journal of Mathematics,* XL, 1921, p. 163-183.

[46] Alfred Korzybski, *Science and Sanity,* 1933; nova edição, Lakeville, Connecticut, The International Non-Aristotelian P. C., 1958. Cf. [12], p. 31, 38.

probabilística[47] de Hans Reichenbach (1891-1953), ou como foi confirmada como sendo multivalente, de forma mais sofisticada, a *lógica das noções dialéticas* (justificada pelo americano de origem romena Nicholas Georgescu-Roegen[32]) e a das verdades disfarçadas, para cuja configuração contribuiu, de forma significativa, Grigore Moisil[48] (1906-1973) e que representa, de fato, uma lógica dos intervalos de valores. Nenhuma dessas lógicas elimina, no entanto, a lógica tradicional.

Diríamos, *em quinto lugar*, que a lógica dinâmica do contraditório é não-contraditória porque, de outra forma, não justificaria sua missão e não poderia ser levada a sério enquanto exercício intrínseco, ou instrumento, na estruturação e justificação de empreitadas do espírito. Aliás, não-contraditórias devem ter sido também as lógicas *modais* e a 'lógica *imaginária*' de V. A. Vasiliev (o prelúdio da lógica *polivalente*), as lógicas '*paraconsistentes*', que seduziram colegas do continente sul-americano[4] e muitas outras lógicas 'alternativas' (heterodoxas, 'não-padrão', ou 'desviadoras'), 'paraclássicas' e 'não-clássicas' (Robert Blanché), em relação à lógica 'clássica'.

[47] Hans Reichenbach, *Wahrscheinlichkeitslehre*, Leyde, 1935; *idem*, *The Theory of Probality*, Los Angeles, Berkeley, 1949. Cf. também: Anton Dumitriu, *Logica polivalenta*, Bucarest, Editura Enciclopedica, Româna, 1971, p. 276-314 (cap. 8: "Logica probabilitatilor").

[48] Grigore C. Moisil, *Lectii despre logica rationamentului nuantat*, Bucarest, Editura Stiintifica, 1975.

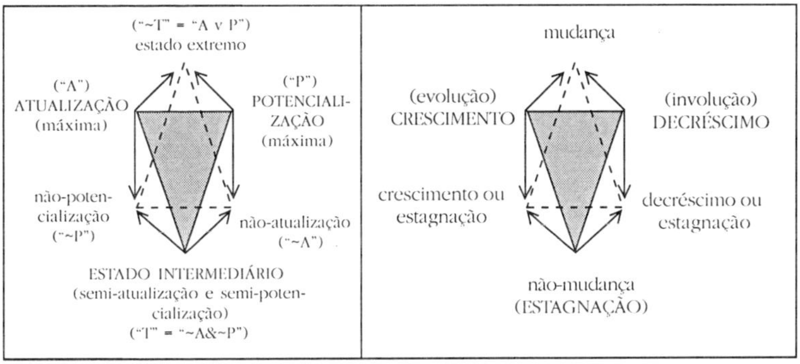

Figura 4. Aplicação do 'triângulo de Carnéade' (e do triângulo dos contrários, incluídos no hexágono dos opostos) no caso da lógica 'energética', e no caso da 'lógica da mudança e do desenvolvimento'.

Diríamos, *em sexto lugar*, que a lógica dinâmica do contraditório não somente não elimina a ação da lógica clássica, como também não a limita. Ela apenas especifica o sentido de seus princípios e lhe assegura, sobretudo, novas aplicações. Dizer que, em certos sistemas, predomina a tendência para a atualização ("A") e que a tendência para a potencialização ("P") está abafada, que em outras impõe-se a tendência para a potencialização e que aquela para a atualização está barrada, assim como há sistemas no estado "T" (de semi-atualização e semi-potencialização), que equilibram as tendências extremas, não significa limitar as aplicações do 'princípio da *exclusão do terceiro entre os sub-contrários*' (expresso logicamente de maneira imprópria pela tautologia " p∨~ p"!), mas admitir o 'princípio da *exclusão dos contrários*' ("p ↑ q"!). Usando um paradigma da lógica formal constituída, nós podemos inserir, portanto, *o triângulo dos contrários* estudados por Stéphane Lupasco da mesma forma que podemos inserir o *triângulo dos contrários* da 'lógica da mudança e do desenvolvimento' (de B. V. Sesis[44]), exatamente da forma como podemos inscrever o triângulo dos contrários da lógica deôntica (de G. H. von Wright[49], de Georges Kalinowski[50] e outros), exatamente como podemos inscrever *o triângulo dos contrários* na 'lógica do tempo' (de A. N. Prior[42]) e os *triângulos dos contrários* de outras lógicas ou, melhor, no caso de outras 'aplicações lógicas', servindo-nos sempre do *triângulo de Carnéade,* estrutura denominada e inspirada no nome do "*ninista*" Carnéades de Cirene (219-129 A.C.), o representante do ceticismo da 'Nova Academia' da antiga Atenas. Aliás, essa estrutura foi legitimada e ilustrada, pela primeira vez, por Aristóteles (384-322 A.C.), que definia a *virtude* como 'meio termo' (ou como terceiro incluído!) entre *extremos*[51]: a *coragem,* como meio termo entre demasiada *temeridade* e demasiado pouca *covardia*; *a moderação,* como estado de equilíbrio entre o excesso (pela presença) da *não-moderação* (ou da *depravação*) e o excesso (pela ausência) da *insensibilidade* (ou da *abstinência*); a *magnanimidade,* como linha de equilíbrio entre o excesso da *vulgaridade* e o excesso da *mesquinharia;* a *grandeza d'alma,* como equilíbrio entre *a vaidade* e a *pequenez da alma*; a *doçura,* como linha mediana entre a *irascibilidade* e a *apatia*; a *sinceridade,* como meio termo entre a *fanfarronice* e a *dissimulação* (ou a *falsa modéstia);* a *alegria,* como um equilíbrio entre a *inconsequência* e a *grosseria*; a *indignação,* como solução a desejar entre a *inveja* e a *maldade*; a *amabilidade,* enquanto 'caminho real', em relação à *irritação* e

---

[49] G. H. von Wright, *Deontic Logic,* "Mind", 1951; *Modal Logic,* 1951. Cf.: Krister Segerberg, *A Deontic Logica of Action,* "Studia Logica", 41, 1982; Petru Ioan, *Orizonturi logice,* Bucarest, Editura Didactica si Pedagogica, 1995, p. 16 sq.

[50] Georges Kalinowski, *La Logique des normes,* Paris, PUF, 1970.

[51] Aristote, *L'Éthique à Nicomaque,* livro II, VI, 6 sq.

a *adulação*; o *pudor*, como uma manifestação a desejar em relação à *timidez* ou à *indecência*; etc.

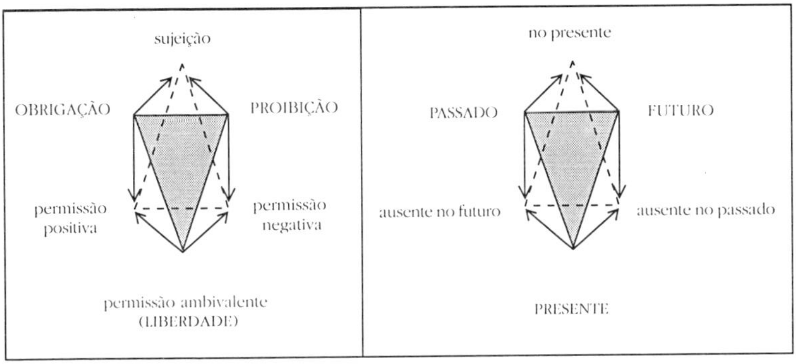

Figura 5. Aplicação do 'triângulo de Carneades' (e do triângulo dos contrários, incluídos no hexágono dos opostos) no caso da lógica deôntica e da lógica temporal.

Diríamos, *em sétimo lugar*, que o estado "T" da lógica dinâmica do contraditório não é uma síntese, no sentido da sucessão dos contrários extremos pelos mecanismos de *Aufheben* (conservação – destruição – renovação), como em Hegel, mas que uma orientação mínima lhe é transmitida por sua própria determinação quantitativa (estado de semi-atualização e de semi-potencialização) pelo vetor valorizante com o qual se associa (um 'falso' com a ascendência sobre as verdades unilaterais pelas quais se deixa guiar a lógica da homogeneidade e da identidade e também a lógica da heterogeneidade e da diversidade[5: 147; 362; etc.]). Razões semelhantes, e muitas outras mais, levaram Basarab Nicolescu a situar o estado "T" em um *nível de realidade* diferente daquele dos estados extremos, da *total atualização* (100 % A & 0 % P) e da *total potencialização* (100 % P & 0 % A).

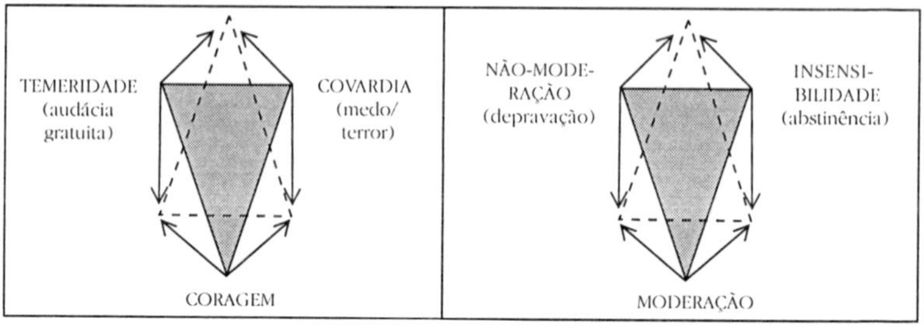

Figura 6. Aplicação do 'triângulo de Carnéade' (e do triângulo dos contrários, incluídos no hexágono dos opostos) no caso da lógica da virtude (incluída no tratado aristotélico da moral).

Diríamos, *em oitavo lugar*, que a noção de 'nível de realidade', na qual a lógica dinâmica do contraditório encontra, segundo Basarab Nicolescu, um fundamento empírico, pode associar-se ao que poderíamos chamar um 'nível de comportamento' (ou 'nível de conduta e de ação social') na ética de Aristóteles, completamente compatível com a lógica binária (da afirmação e da negação, da confirmação e da rejeição). É justamente para evitar o achatamento da virtude, pela mediação aritmética dos excessos, que Aristóteles[5 2:49] recomendava a oscilação 'ora para o excesso, ora para a insuficiência' e que, alguns séculos mais tarde, Nicholas Hartmann (1882-1950) propunha a representação do *triângulo axiológico* por um meio círculo do qual o virtuoso olha para o excesso como o homem livre de Jean-Marie Domenach.

Diríamos, *em nono lugar*, que a lógica dinâmica do contraditório contribui, na perspectiva dos *níveis de realidade* e dos 'níveis de materialidade', para a redefinição da *Natureza*, na medida em que ela contribui para a redefinição da Sociedade, da Comunidade, da Política, da Religião, do Humanismo, da Ciência e da Cultura como um todo.

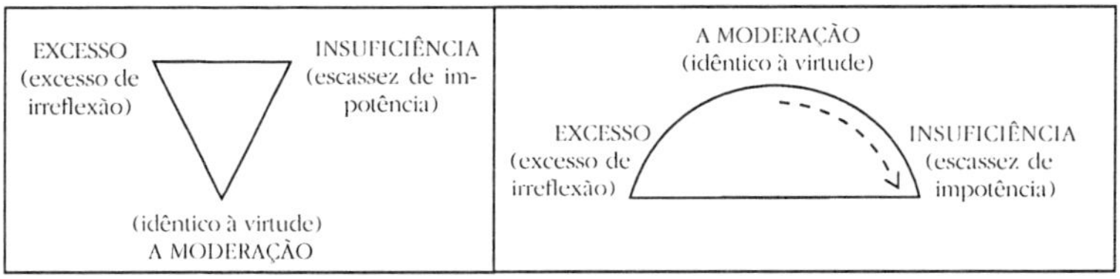

Figura 7. O 'triângulo de Carnéade' (como 'triângulo dos contrários', incluído no hexágono dos opostos) e sua projeção semi-circular (N. Hartmann) para os valores comportamentais (analisados por Aristóteles como atitudes excessivas e atitudes virtuosas).

Diríamos, *em décimo lugar*, que a lógica dinâmica do contraditório, inscrita no domínio do conhecimento, acomoda-se aos diversos 'níveis de compreensão' e de racionalização da realidade, justamente na medida em que não elimina a lógica tradicional (*da exclusão e da exaustividade dos contraditórios*!). Somos guiados, nessa convicção, pela perturbadora constatação de que, doravante, o enorme edifício da inteligência artificial apóia-se sobre a vertiginosa reiteração de sequências equivalentes "p & ~ p = 0" (na dedução direta, de tipo computacional: "$p_1, p_2, ..., p_n \therefore c$" se e apenas se "p1 & p2 & ... & pn & ~ c = 0"), respectivamente "p ∨ ~ p 1" (na dedução 'inversa'[52]) de tipo computacional:, "$p_1, p_2, ..., p_n \therefore c$" somente se "$\sim p_1 \vee \sim p_2 \vee ... \vee \sim p_n \vee c = 1$"), assim como as expressões infinitas do postulado fundamental da lógica energética[19: 83 sqq.] nos levam ao célebre tetralema helenístico[53] (pq ∨ p~q ∨ ~pq ∨ ~p~ q=1), ele-próprio uma extensão, na lógica formalizada, da sequência "p ∨ ~p = 1".

---

[52] Cf. André Thayse e outros, *Approche logique de l'Intelligence Artificielle*, 1, Paris, Bordas, 1988, p. 17, 138-140.
[53] Aram Frankian, *Scepticismul grec si filosofia indiana*, Bucarest, Editura Stiintifica, 1957.

$$(e_A \vee \sim e_A) = (e_P \vee \sim e_P) =$$
$$(e_T \vee \sim e_T) =$$
$$(e_A \sim e_P \vee \sim e_A e_P \vee e_T \sim e_T) =$$
$$(e_A \sim e_P \vee \sim e_A e_P \vee e_A e_P \vee \sim e_A \sim e_P)$$

$$(X \sim Y \vee \sim XY \vee XY \vee \sim X \sim Y)$$
$$(X \vee \sim X) = (Y \vee \sim Y)$$

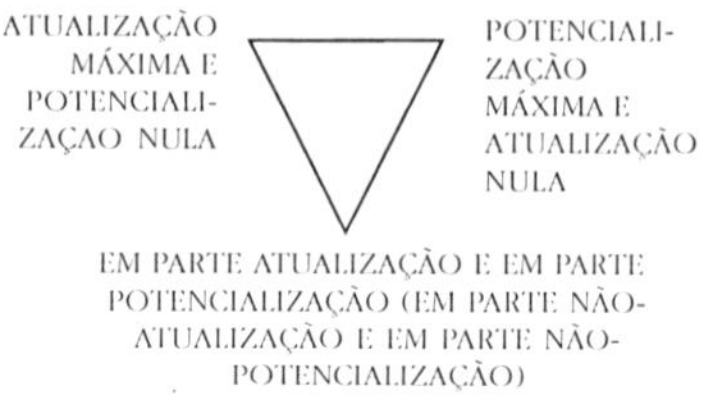

Figura 8. Aplicação do 'triângulo de Carneades' (e do 'triângulo dos contrários' incluídos no hexágono dos opostos da lógica bivalente e, portanto, clássica) à 'disjunção fundamental' da lógica dinâmica do contraditório

Diríamos, *em décimo-primeiro lugar*, que a lógica dinâmica do contraditório serve para analisar os graus de complexidade da realidade e do pensamento, na medida em que a lógica, em geral, tende para os *graus da verdade* (destacando a correspondência com os fatos), para os *graus de abstração e de interpretação* (destacando a complexidade e a generalidade da *representação*), para os *graus de precisão* ou *de não-onda* (destacando a *referência*), ou para *graus de certeza* (destacando a *informação*[54]), uma parte dessas aspirações sendo atestada pelos projetos da lógica modal, da lógica polivalente, da lógica probabilística, da lógica *imprecisa* ou outras formações semelhantes da propedêutica.

Diríamos, *em décimo-segundo lugar*, que a lógica dinâmica do contraditório é um dos pilares da transdis-

[54] Petre Botezatu, *Dimensiunile adevarului*, em P. Botezatu (ed.), *Adevaruri despre adevar*, Iasi, Junimea, 1980, p. 3-47; Petru Ioan, *Nivelurile adevarului. Sugestii ale modelului semiotic în criteriologia cunostintei*, em P. Ioan, *Adevar si performanta*, Bucarest, Ed. Stiintifica si Enciclopedica, 1987, p. 34-36.

ciplinaridade, na medida em que a lógica, em geral, é um instrumento da ciência e da omnidisciplinaridade e na medida em que a lógica, em geral, codifica normas da expressão e da comunicação dos conhecimentos, indiferentemente (até certo ponto!) do grau de inteligência do sujeito da complexidade da realidade que tem em vista.

Em tudo o que acabamos de mencionar, foi nossa intenção destacar o papel de pioneiro de Stéphane Lupasco e a contribuição valiosa de Basarab Nicolescu em relação à visão 'quântica' do mundo[55]. A conduta de Stéphane Lupasco e de seus continuadores, direcionando-se para a valorização do terceiro supravindo, concretiza-se em páginas duradouras e admiráveis de epistemologia e de filosofia do conhecimento. Mas, desde que a natureza não se contradiz e o homem não aspira à confusão, ou muito menos à contradição, quero também dizer que o sintagma 'lógico da contradição' não é a expressão que traduz, de forma adequada e de maneira feliz, a idéia da ampla aventura espiritual para a qual nos atrai, cada vez mais, Stéphane Lupasco.

Digamos, portanto, 'Sim' aos sintagmas do gênero 'estrutura ternária' (ou estrutura 'tripolar') e 'estrutura poliádica' (ou 'estrutura multipolar'), 'lógica da oposição' e 'lógica antagônica', 'coexistência antagônica' e 'igualdade antagônica', 'déficit conflitual', 'ausência de força antagônica' ou 'ética do conflito'.

Entretanto, não podemos estar de acordo com sintagmas tais como 'lógica da contradição' e 'coexistência dos valores do contraditório'.

---

[55] Basarab Nicolescu, *Science et contradiction*, "Psychologie humaniste", 23, 1983, p. 20.

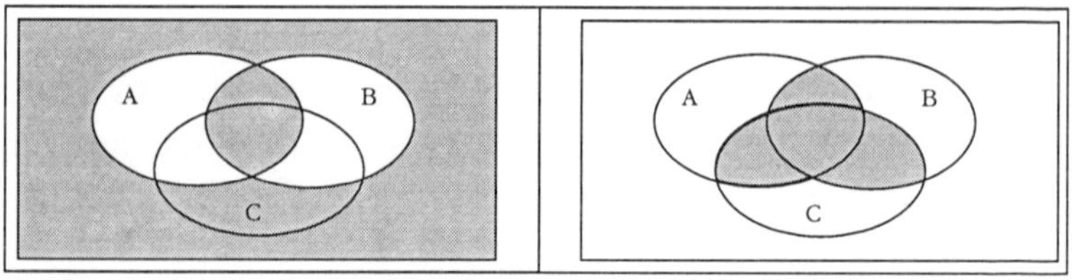

Figura 9. Diferença entre a contradição entre "A" e "B" (como relação lógica diádica") e a contrariedade entre "A", "B" e "C" (como relação pelo menos triádica).

Não podemos aceitar uma *lógica da contradição*, em primeiro lugar porque a relação de *contradição* é uma relação binária (ou diádica) e não pode ser colocada como concorrente do terceiro incluído! Quando *o terceiro aparece entre os contraditórios* (*'protocordados'*, entre *'vertebrados'* e *'não-vertebrados'*, por exemplo), estes tornam-se noções contrárias (*'simetria'* e *'assimetria'*, por exemplo, ao lado de *'não-simetria'*; *'reflexibilidade'* e *'irreflexibilidade'*, ao lado de *'não-reflexibilidade'*; *'transitividade' e 'intransitividade'*, ao lado de *'não-transitividade'*; *'não-moderação'* e *'insensibilidade'*, ao lado de *'moderação'*; *'irrascibilidade'* e *'apatia'*, ao lado de *'doçura'*; *'timidez'* e *'indecência'*, ao lado de *'pudor'*; etc.).

Em segundo lugar, não podemos consentir em uma *lógica da contradição* porque, ao lado do terceiro incluído, igualmente atraentes poderiam se revelar o 'quarto incluído', ou a 'quinta incluída', e assim por diante, do mesmo modo que todos esses refinamentos do conhecimento e todas essas aproximações da realidade continuam completamente compatíveis com a 'estrutura repetitiva' dos graus de identidade e dos graus de oposição da lógica formal corrente, útil e na estruturação dos estados de energia e no controle lógico dos 'estados do tempo' e no 'empacotamento' dos dias da semana e em muitas outras situações praticamente infinitas. No fundo, um termo contraditório apenas fecha os (*n-1*) parceiros de uma fila que contém *n* termos contrários e esta relação simples entre a contrariedade e a contradição era muito bem compreendida desde a época das 'árvores porfirianas': X = XY ∪ X ~ Y = XY ∪ (X ~ YZ ∪ X ~ Y ~ Z) = XY ∪ (X ~ YZ ∪ (X ~ Y ~ ZT ∪X ~ Y ~ Z ~ T)) = ...".

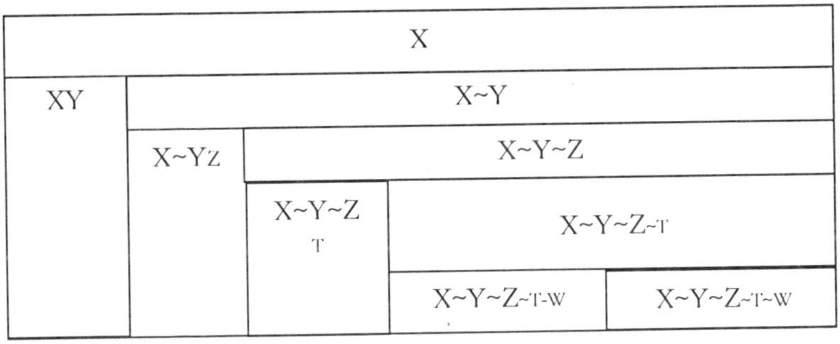

Figura 10. A árvore porfiriana de uma noção, de onde resulta que a exclusão do terceiro dos contraditórios não significa a exclusão do terceiro dos contrários

Na figura 11, podemos constatar a maneira como a negação contraditória envolve dois dos três termos: em uma das variantes, a '*não-atualização*' envolve a '*potencialização*' e a '*não-potencialização*', para que a '*não-potencialização*' se identifique com o '*estado T*'; em uma segunda variante, a '*não-potencialização*' envolve a '*atualização*' e a '*não-atualização*', para que a '*não-atualização*' se identifique com o '*estado T*'; na última variante, o '*não-(estado T)*' envolve a '*atualização*' e a '*não-atualização*' para que a '*não-atualização*' se identifique com a '*potencialização*'.

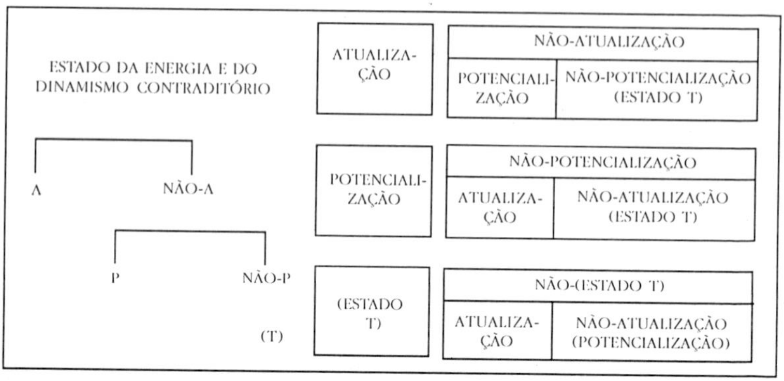

Figura 11. A árvore porfiriana dos estados energéticos da lógica do dinamismo contraditório (de Stéphane Lupasco) e sua projeção nas 'representações gráficas conceituais' que destacam a relação entre a contrariedade e a contradição (e também não-contradição) em concordância com a lógica tradicional (da exclusão do terceiro dos contraditórios e de sua inclusão entre os contrários).

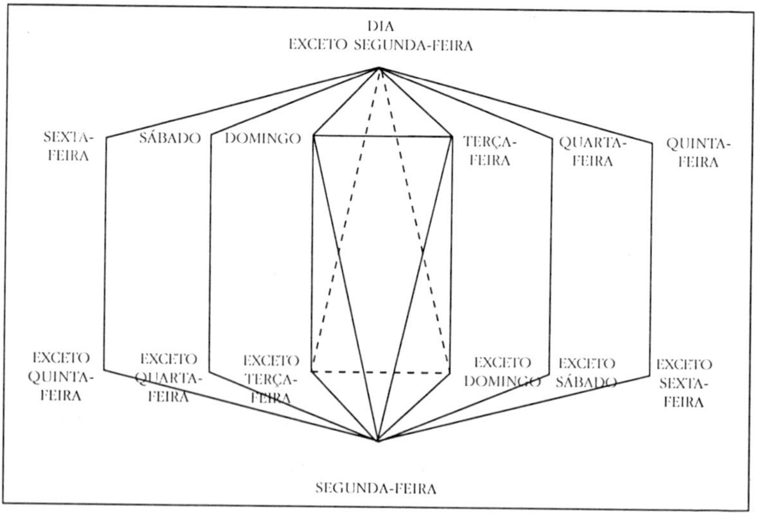

Figura 12. A projeção 'hexagonal' da árvore porfiriana para os dias da semana (de onde resulta, uma vez mais, que a não-contradição da lógica aristotélica não é compatível com o terceiro incluído e o pluralismo dos termos contrários).

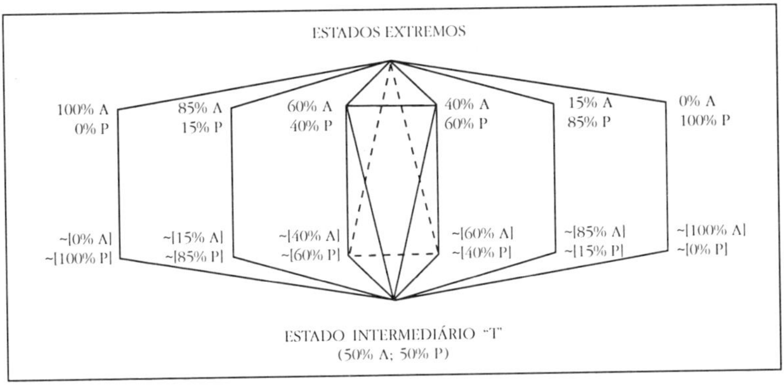

Figura 13. A projeção 'hexagonal' da árvore porfiriana para os estados da energia e do dinamismo.

Na figura 12, por intermédio do mesmo mecanismo lógico, conhecido por Aristóteles, por Porfírio e tantos outros, a negação contraditória envolve, desde a primeira etapa, seis, depois cinco, quatro, três, dois e finalmente um dos sete termos que exprimem os dias da semana: '*dia diferente de segunda-feira*' = '*terça-feira, quarta-feira, quinta-feira, sexta-feira, sábado ou domingo*'; '*dia diferente de segunda-feira e de terça-feira*' = '*quarta-feira, quinta-feira, sexta-feira, sábado ou domingo*'; '*dia diferente de segunda-feira, de terça-feira e de quarta-feira*' = '*quinta-feira, sexta-feira, sábado ou domingo*'; '*dia diferente de segunda-feira, de terça-feira, de quarta-feira e de quinta-feira*' = '*sexta-feira, sábado ou domingo*' e assim por diante.

Finalmente, a figura 13 reduz o 'ternário' de Stéphane Lupasco a um inventário aberto de termos que exprimem a porcentagem dos 'estados de energia' e do 'dinamismo antagônico', para destacar, se ainda for preciso, a compatibilidade da *exclusão do terceiro* das entidades contraditórias com *a inclusão do terceiro* entre entidades contrárias.

Para concluir, diremos que a mensagem da epistemologia e da filosofia de Stéphane Lupasco, continuada de maneira tão esclarecedora pelo físico e ensaísta Basarab Nicolescu, é a propagação da complementaridade e da co-relatividade para todas as esferas do conhecimento humano, a visão do real a partir de parâmetros sistêmicos e morfo-genéticos, a reconciliação do homem com a natureza e a das ciências exatas com as ciências humanas, a ressurreição de uma metafísica autêntica, em relação com um energetismo, surpreendente em todos os níveis da existência, a constituição de uma nova cultura e a procura de um novo tipo de humanismo.

Uma ou outra das articulações da fascinante visão neo-racionalista e pós-moderna, ampla e longamente trabalhadas por Stéphane Lupasco nas obras, estudos e entrevistas que cobrem mais de cinco décadas de reflexões ininterruptas, encontram concepções de outros pensadores romenos ou de origem romena. Mesmo se fossem parciais, as coincidências em questão destacam a atualidade de certos motivos lógico-epistemológicos: os horizontes de realidade e os níveis de complexidade na organização do real ou na estruturação do conhecimento deste último.

O "ESTADO T" E A TRANSCOSMOLOGIA POÉTICA

POMPILIU CRACIUNESCU
Professor de Ensino Superior na Universidade do Oeste, Timisoara (Romênia), Faculdade de Letras

No meio de um século onde "[...] a complexidade se instala por toda parte, amedrontadora, terrificante, obscena"[1], Stéphane Lupasco coloca a seguinte questão: "[...] o que acontecerá se rejeitarmos o caráter absoluto do princípio de não-contradição, se introduzirmos a contradição, uma contradição irredutível, na estrutura, funções e nas próprias operações da lógica?"[2]. Corroborada pelos grandes seísmos que atravessaram a *epistemologia* do século XX, "a lógica dinâmica do contraditório" abalou profundamente a visão identitária-harmônica (secular) do Mundo. Pois se a relatividade, a complementaridade, a mecânica quântica, o indeterminismo, etc., dinamitaram, internamente, um cientificismo demasiado narcisista e, por muito tempo soberano, a inclusão da contradição nas próprias articulações da lógica impõe ao pensamento uma nova representação cosmológica, onde a simetria clássica encontra-se apenas como "[...] um caso *particular e ideal,*

---

[1] Basarab Nicolescu, *O Manifesto da Transdisciplinaridade*, São Paulo, Editora Triom, 1999, p. 36

[2] Stéphane Lupasco, *Le Principe d'antagonisme et la Logique de l'énergie*, prefácio de Basarab Nicolescu, Mônaco, Éditions du Rocher, 1987, p. 3; 1ª edição, Éditions Hermann, 1951.

polar e impossível [...]"[3].

Em resumo, a lógica das *três matérias* exige a *extensão* do conceito de Realidade, modificando, assim, radicalmente, os mecanismos de representação e de compreensão do Mundo. A percepção *politrópica* da Realidade e do *pensamento* faz com que a nova cosmologia apenas possa ser uma cosmologia da *descontinuidade* e da *não-separabilidade*, uma *cosmologia quântica* onde os limites entre o visível e o invisível, ou aqueles entre o vazio e o cheio diminuam e as antigas dualidades se contaminem. "Nosso mundo visível macrofísico – declara Basarab Nicolescu – está erguido sobre o mundo invisível quântico. Assim, nosso mundo aparece, em um sentido, como o invisível tornado visível".[4] O Mundo já não reflete, unicamente, o mundo do homem (indivíduo/ser social) e o macrocosmo, mas também o mundo da partícula e, sobretudo, aquele das *relações* entre esses três 'mundos'. A morfologia poliédrica do real ou o dinamismo não-linear, o não-pensamento (Foucault) ou "aquilo que não se pode pensar" (Kierkegaard) são outras tantas emergências de tensões originadas da ruptura das antigas polaridades.

Entre as múltiplas implicações que a lógica edificada por Lupasco apresenta no nível do pensamento deste fim de século, apenas aquelas de ordem metafísica serão objeto de nossa análise. Por mais surpreendente que seja, as contingências da lógica do terceiro incluído com as mutações maiores da epistemologia não eliminam a *dimensão metafísica*; ao contrário, saem dela reforçados, de maneira subjacente. Entretanto, essa di-

---

[3] Ref. 2, p. 18.

[4] Basarab Nicolescu, *L'Homme et le Sens de l'Univers. Essai sur Jakob Boehme*, Paris, Philippe Lébaud Éditeur-Éditions du Félin, 1995, p. 98.

mensão inefável constitui o fator que discretamente modela o processo de prolongamento da Realidade levado pelo dinamismo do contraditório.

'A gênese trialética da realidade' e a tríade do Conhecimento

Contrariando as formas terminológicas com a *inclusão* da contradição, 'a lógica dinâmica do contraditório' representa um *avanço do contraditório*; ou seja, trata-se de uma lógica multivalente, mas *não-contraditória*. Coube a Basarab Nicolescu o mérito de demonstrar que esse estatuto somente é especificado quando é introduzida a noção de 'níveis de Realidade', ausente nas obras de Lupasco. A compreensão do princípio do terceiro incluído – "*existe um terceiro termo T que é, ao mesmo tempo, A e não-A*" – supõe a disposição dos três termos e de seus dinamismos associados em um triângulo "[...] onde um dos vértices situa-se em um nível de Realidade e os outros dois em outro nível de Realidade. Se permanecermos em um único nível de Realidade, toda manifestação surge como uma luta entre dois elementos contraditórios (por exemplo: onda A e corpúsculo não-A). O terceiro dinamismo, o do estado T, age em um outro nível de Realidade, onde o que aparece como desunido (onda ou corpúsculo) está, na verdade, unido (quantum) e o que parece contraditório é percebido como não-contraditório".[5] Definindo o nível de Realidade "enquanto conjunto de sistemas invariantes à ação de um número de leis gerais", o físico teórico mos-

---

[5] Ref. 1, p. 45-46.

tra que este não pode subsistir isolado, pois ele é, por sua natureza, autodestruidor. Sem a conciliação das tensões de um primeiro nível *(A* e *não-A)* em um *estado T* situado em um segundo nível (mas, absolutamente, não secundário), sua 'síntese' seria apenas uma imensa explosão de energia.

O antagonismo energético – "existindo uma energia, necessariamente existe uma energia negativa"[6] – e a disposição triádica da matéria-energia-macrofísica, biologia, física (e microfísica) – em função de um jogo permanente *atualização (A)/potencialização (P)/estado T* (terceiro incluído) – prefigura, portanto, uma ontologia da relação não-contraditória ampliada para a escala do *transfinito,* no sentido dado por Lupasco a esse termo: "[...] um finito que é e deve ser incessantemente ultrapassado, sem que o infinito jamais possa ser atingido".[7]

No jogo dos infinitos dinamismos contraditórios, a ênfase atinge sua simultaneidade, não sua sucessão, pois, exatamente como os níveis de Realidade não poderiam ser imaginados em um isolamento irredutível, as tensões antagônicas não se manifestam em uma sucessão rigorosa. Eis porque a tríade hegeliana (analítica) confirmase como uma espécie de sonho laplaciano em relação ao visualizado por Lupasco. A simultaneidade nega a sucessão, incluindo-a nela, segundo o mesmo mecanismo que concilia a causalidade global e a não-separabilidade com a causalidade local e a separabilidade. Sem o *estado T* – marca por excelência da simultaneidade (semi-atualização/semi-potencialização) –, o Mundo, como interação dos 'mundos', *não seria possível.*

---

[6] Ref. 2, p. 13.
[7] Ref. 2, p. 22.

Consequentemente, a lógica de Lupasco é, de fato, uma *onto-lógica*, uma extensão-virtualização do formalismo hegeliano naquilo que poderíamos chamar a *cosmologia T.* A proposta de Lupasco converge, assim, para uma intuição de Feyerabend: precisamos de um mundo imaginário para compreender o mundo real no qual temos a impressão de viver. Precisamos, portanto, de uma *meta*-física. Precisamos de um prolongamento da linguagem para uma *trans*-linguagem e da cosmologia para uma *trans*-cosmologia.

Apesar de parecer ter se infiltrado em todos os domínios do espírito, o palimpsesto positivista do século XX está atravessado, em suas entranhas, por uma incontrolável torrente metafísica, cujas ondas perturbam, frequentemente, seu cosmo rigoroso, regido por fórmulas e algarismos. Assim a matemática pode ser também considerada como uma geometria do mistério, pois a criação poética não exclui a magia da abstração matemática. Eis por que falar de 'crise' da metafísica, ou mesmo de seu *crepúsculo,* como falava Michele Frederico Sciacca, por exemplo, significa, implicitamente, optar por uma ordem de tipo aristotélica e cartesiana intensamente reprimida pela nova ordem da *complexidade.* Na verdade, chamada para tornar mais transparente a figura e a articulação grave da existência, a metafísica não carrega a marca da degenerescência, mas sim a de uma fértil metamorfose, isomorfa àquela que se manifesta nas próprias articulações do pensamento contraditório. Atravessado por tensões endógenas irremediáveis, esse pensamento quebra a representação esquemática e utilitária do Universo e emigra para todo o *clima cultural* que é o nosso. É nesse mesmo espaço que encontramos as brisas e as tempestades que atravessam o espírito, a lava (abissal) da idéia e os fragmentos (cristalizados) que aspiram, inutilmente, arrancar dele, do abismo, sua última raiz (significativa).

As tensões contraditórias da *epistemologia* – produzidas pela entropia, pelos fractais ou pelos atraidores, ou seja, por tudo aquilo que levou o demônio de Laplace à morte – prolongam-se no domínio da *metafísica* e lhe destinam uma 'geografia' escorregadia. E, graças às frágeis fronteiras que *ligam* a metafísica e a poesia, a última é contaminada pelos enigmas da primeira. Nasce, assim, a *tríade do Conhecimento,* que marca, de forma indiscutível, o clima cultural do século XX: *epistemologia-metafísica-poesia.* Evidente 'remanejamento' da díade original filosofia-poesia, essa tríade impõe-se no momento em que, no seio da díade, explode o estado anômico, ocorrendo então as rupturas de coerência produzidas pelas tensões de um pensamento que, por *teukhein* (construir) e *legein* (argumentar), institui uma nova visão do mundo. Alambique do real e do imaginário, irredutível a uma única dimensão ou a seu equilíbrio, a nova visão é, de fato, um processo ininterrupto de deslocamento do próprio pensamento; *ipso facto,* ela consagra a ultrapassagem da cosmologia glaciária de origem platônica. A nova visão do mundo é uma visão *trans*-cosmológica.

No registro das geometrias clássicas, a tríade que proponho é redutível à imagem de um triângulo retângulo cuja hipotenusa equivale à epistemologia. No registro do novo processo do pensamento, fundamentalmente contraditório, *cada um* dos termos da relação pode desempenhar o papel do terceiro incluído e é assim que a flutuação dos significados integra uma valência metafísica. Essa sutil relação, por demasiado tempo *obscurecida* por outros *interesses geradores de conhecimento,* segundo uma expressão de Habermas, é sugerida de forma estupenda em um teorema poético de Basarab

Nicolescu: "O conhecimento poético é o conhecimento quântico do terceiro secretamente incluído".[8] A dimensão metafísica das lógicas multivalentes *insinua-se com o 'secretamente'* (diria, mesmo, *misteriosamente*), termo que oferece a dupla abertura para a poética e para o epistêmico, indo além deles, ao mesmo tempo, em uma equação *trans*(disciplinar). O fator unificador da tríade continua sendo, portanto, a essência de seus elementos, somente na aparência polar, a idéia constante da *co-existência* contraditória multivalente. Como na teoria de Lupasco, toda síntese final é excluída; para ele, a síntese hegeliana é apenas um vocábulo cômodo, estereotipado e opaco, contrário à diversidade dos 'antagonismos biológicos' ou formais.

Seguindo a via do isomorfismo, todas as grandes mutações que são produzidas na metafísica e os dinamismos epistemológicos do século XX, incluindo suas reverberações no domínio do poético, podem ser vistos em conjunto, como um *magma*: jogo perpétuo das fulgurações *di-* ou *con-*vergentes, fascinantes encadeamentos 'transtemporais' de idéias e de imagens. Recomendada por Castoriadis, a lógica dos magmas é "[...] uma lógica capaz de levar em consideração o que não é, em si mesmo, nem caos desordenado [...] nem sistema [...] das 'coisas' bem demarcadas e bem colocadas umas ao lado das outras [...]".[9] Graças aos mecanismos dinâmicos da inclusão (*e - e + nem - nem*), aquilo que deixa de ser a unidade-totalidade (o *hepanta* parmenidiano) ou a entidade derradeira do mundo (*o atoma*

---

[8] Basarab Nicolescu, *Théorèmes poétiques*, prefácio de Michel Camus, Mônaco, Éditions du Rocher, 1994, p. 129.

[9] Cornélius Castoralis, *Les Carrefours du labyrinthe*, Paris, Éditions du Seuil, 1978, p. 210.

dos primeiros materialistas gregos) não pode ser pensado nem como caos nem como conjunto de entidades separadas. O próprio 'modelo' do pensamento deste fim de século já não pode continuar como a imagem de um mundo povoado de objetos claros e distintos, pois os mecanismos repetitivos (determinista, newtoniano) da harmonia musical (de origem pitagórica) são irremediavelmente deslocados pelo surgimento de um novo mecanismo ("*quebra de simetria*"). Visões fundamentalmente enantiomórficas surgem, como 'a anarquia de vibrações' (constituinte do universo) ou a do ruído, visto por van Foerster como um operador da complexidade ordenada. A teoria das bifurcações (Waddington), a cascata de desdobramento de período (Feigenbaum), as anti-partículas (Dirac), a teoria das catástrofes (R. Thom), a poética do infra-realismo, ou os pontos singulares (Maxwell) são algumas emergências das rupturas das antigas simetrias. Elas erguem uma verdadeira *metafísica da dissimetria*, emblemática para o século XX.

'A quarta dimensão' (Hinton, Couliano) esgueira-se nos meandros da reflexão humana, exatamente como um fantasma esgueira-se entre as nervuras do real. O mecanismo dessas misteriosas invasões, capazes de vestir mundos com uma deslumbrante (mas inanalisável) coerência na criação literária (Borges, Eminescu, T. Mann, Valéry, Lorca, Blaga, Artaud, Carpentier, etc.) tem por *Urgrund* a antiga lei enantiodrômica.[10] Pela concepção sequencial-oscilatória do movimento (o pêndulo), essa lei considera *subjacente* a relação contradi-

[10] Uma ampla e pertinente análise em Jean-Jacques Wunenburger, *La Raison contradictoire. Sciences et philosophie modernes: la pensée du complexe* (cap. 'Le devenir énantiodromique'), Paris, Albin Michel, 1990, p. 218-230.

tória das forças extremas (atualização/potencialização) e, exatamente por isso mesmo, a fratura da unilinearidade temporal, a falha da plenitude transparente e calma. Ainda que não abandone a idéia de limite – cuja ausência significava, para os Gregos, a obscuridade e o caos – a visão enantiodrômica não exclui a sugestão faustiana, mas desconfia dela. O ponto mediano da oscilação – ou seja, o momento da semi-atualização e da semi-potencialização das forças polares (no sentido lupasciano) – é valorizado pelo pensamento antigo enquanto resultado do processo de construção da *identidade na e através da alteridade*, pois os termos opostos (as forças) reproduzem-se mutamente, como uma imagem em dois espelhos virados. Entretanto, o ponto mediano – e justamente porque ele marca as mudanças de direção – confirma-se como um 'portal catastrófico' no sentido consagrado por René Thom. Consequentemente, a idéia de regularidade e de repetição *coexiste* com a de esquizomorfia, mas se tornará incisiva somente no século XX. Os espaços de manifestação – poético, metafísico, epistemológico – são, por um lado, emergências do antigo pensamento preocupado (ainda) com a fusão dos contrários em um único nível de realidade e, por outro lado, eles próprios confirmam-se como *universos magmáticos* por causa da palingênese semântica que os marca. Seus dinamismos intrínsecos lembram os fascinantes dinamismos da *chréode*. E do novo pensamento.

Pensamento contraditório/Pensamento poético

O pensamento poético é, por sua própria natureza, contraditório. Ele institui – e o conhecimento poético nos restitui – 'a dinâmica secreta' da *trans*-cosmologia, pois torna 'visível' (pela contemplação e paixão fugaz – *el duende*) aquilo que o imaginário quântico ('um imaginário sem imagens') contém (por uma infinita implosão). Na equação 'triangular' proposta anteriormente, a poesia provoca a sugestão de uma nova gnose onde "um nível de Realidade é uma nervura do conjunto dos níveis de percepção e um nível de percepção é uma nervura do conjunto dos níveis de Realidade. O real é uma nervura do imaginário e o imaginário é uma nervura do real".[11]

Verdadeira aventura no não-elemento, a criação poética não pode ser definida pela estrutura visualizada por Hugo Friedrich na perspectiva de um hegelianismo temperado, mas pela e*squizomorfia.* Cada vez que as tensões (semânticas e imaginais) parecem chegar a um equilíbrio simétrico (*stasis*), sua pulsão interna (*kinesis*) projeta-as além dos limites, em um campo de contradições irredutíveis. Para chegar a uma imagem mais pertinente do complexo de interferências e de tensões geradas pelo pensamento poético, nós nos apoiamos sobre a 'figura' da *chréode.* Em embriologia, onde foi introduzido por C. H. Waddington, o conceito de *chréode* designa as estruturas estáveis (previsíveis) da progressão em um 'campo epigenético' instituído por toda construção biológica. O processo ontogenético não se reduz à soma das invariantes (*chréodes*); ele implica, também, um dinamismo que sustenta tanto as invariantes como suas *conexões* fundamentalmente misteriosas. Razão pela qual, na modelização matemática da morfogênese, proposta por René Thom, as *chréodes* representam "[...]

---

[11] Ref. 1, p. 106.

ilhotas de determinismos separadas por zonas onde o processo é indeterminado ou estruturalmente instável".[12] A estratégia de todo processo de construção vital reside, portanto, em uma *infinidade de configurações*, graças aos 'portais críticos' que dão a possibilidade de seleção em uma infinidade de vias de expansão.

O recurso a um termo pertencente ao campo da morfogênese – ou seja, às arquiteturas *fluentes* por excelência – e sua re-semantização nesse contexto, permitem a conciliação dinâmica do *biológico* e do *noológico*, tão necessária depois da aventura psicanalítica deste século. Perseguindo a lógica do terceiro incluído, os ritmos biológicos e a noologia manifesta (a antiga díade *sôma-psukhê*) focalizam suas contradições na *noologia abissal* que exerce o papel do 'estado T' através de um processo de transgressão generalizada da realidade e da ficção, da razão e dos abismos onde a razão nasce sem que os 'traços' desse nascimento sejam definitivamente apagados. Sob esse aspecto, Edgar Morin tem razão: *"suprimir o desatino de viver é suprimir as razões de viver"*.[13] A noologia cristalizada não é senão uma 'laguna' em relação às geometrias oscilatórias, fluentes, do pensamento em construção, ou seja, do 'nível' da noologia abissal com seus portais críticos que permitem, sempre, 'a onda de crescimento' da catástrofe da qual fala René Thom.

Verdadeiro vir-a-ser do múltiplo, a conciliação dinâmica-contraditória da qual falamos anteriormente deve traçar seu caminho no nível de toda reflexão sobre a

---

[12] René Thom, *Modèles mathématiques de la morphogenèse*, nova edição revista e aumentada, Paris, Christian Bourgois Éditeur, 1980, p. 13.

[13] Edgar Morin, *La Méthode*, tomo 2, *La Vie de la vie*, Paris, Éditions du Seuil, 1980, p. 412.

criação poética. Está na hora de perceber que, antes de englobar a obra, a crítica lhe é fundamental, levando em consideração o projeto que subentende o pensamento poético: penetrar nos confins da linguagem e, assim, os da representação. É esse movimento sem fim que a crítica deve perceber fazendo dele um campo em movimento de onde jorram, deslocam-se ou fenecem os significados magmáticos da obra. Ágora dessas emergências, ao mesmo tempo harmoniosa e conflituosa, a crítica revela-se, assim, como o reflexo privilegiado da lógica trialética produzida pelo conhecimento poético, cujo espaço de referência, segundo uma fórmula de Lupasco, "[...] não é nem finito nem infinito, mas transfinito".[14] Deste ponto de vista, a reflexão sobre a poesia é uma 'infinita inquietude' (Blanchot) e, de algum modo, uma busca do 'outro chifre do unicórnio', de qualquer modo uma busca lúcida da Quimera, pois ela deve revelar o irreal dos interstícios da linguagem (real). Busca estressante, provocada pelo horizonte triangular – metafísica – epistemologia – po(ï)ética –, a crítica deve surpreender as *ondas magmáticas* de um epicentro significativo, portador de insondáveis profundezas. A metáfora do 'olhar vivaz' (Jean Starobinski) e o 'cruzamento de duas temporalidades' – a tradição e a

---

[14] Ref. 2, p. 116. Convém explicar que essa visão não elimina o papel de operador axiológico inscrito etimologicamente no destino da crítica, pois a mais profunda de suas raízes remonta ao grego *krinein* 'discernir'; trata-se de questionar, profundamente, a imagem do crítico autoritário, omnisciente, externo – uma estranha espécie de *kosmotheoros* – que faz a concessão de nos dizer o que o criador 'quer dizer'. A crítica deve perceber o que o poeta *diz*, mesmo quando sua linguagem se esvai, pois, na verdade, a linguagem nunca desaparece totalmente, mas transgride as categorias tradicionais da lógica. Não se trata portanto, de uma imperfeição da obra que o discurso crítico deveria coroar, mas de uma multiplicidade a perceber, de um 'vazio cheio', onde o representável e o não-representável se interpenetram.

atualidade (Paul Ricoeur) – são os signos particulares de um procedimento crítico que abandona a monotonia ondulada do movimento *orogênico* em favor da inquietude de um movimento *epirogênico*. Nesse contexto, o termo *orogênico* – em geologia, o movimento horizontal que pregueia a crosta terrestre – designa a visão descritiva da técnica de expressão, os tropos, enquanto que por *epirogênico* – característica do movimento vertical que provoca a elevação ou o abaixamento das terras –, é feita referência à tranferência tensional da onda magmática da criação, misteriosa e (des)contínua, para a construção dinâmica da interpretação. É evidente que a incoerência invocada por Jean-Pierre Richard – "[...] a crítica de poesia [...] precisa da incoerência para decifrar a coerência"[15] – é, de fato, uma síntese contraditória das flutuações significativas da obra, ora poderosas, ora quase intocáveis. Uma síntese dos sinais lingüísticos e *trans*-lingüísticos.

Não é, portanto, por acaso que o processo de compreensão da criação artística deve visar as camadas mais profundas do ato de *poèse*, recortando, nos diferentes níveis da linguagem, as vias susceptíveis para deles nos aproximar. A horizontalidade descritiva-sucessiva deve ser abandonada para sempre em favor da verticalidade arqueológica simultânea pois, na grande poesia, não é a forma, mas os infinitos ecos da forma que nos revelam o *eidos*, aquele *Ur-Ein* fundador do pensamento poético. Trata-se, neste caso, de um mecanismo proposto por Valéry, no final do poema *La Pythie*; fazendo o elogio da *linguagem*, ele faz, na verdade, o elogio de sua *transgressão* por um ato de *gênese de sentido*.

---

[15] Jean-Pierre Richard, *Onze Études sur la poésie moderne*, Paris, Éditions du Seuil, 1964, p. 11.

Paradoxalmente, a dimensão metafórica da linguagem poética – o *id* é metafísico –, sua força criadora de mundos possíveis e de sentidos universais instituem (e nele se apóiam) um regime *trans*-lingüístico. "Se houver linguagem universal, ela vai além das palavras, pois refere-se ao silêncio entre as palavras e ao silêncio sem fundo daquilo que exprime uma palavra. A linguagem universal não é uma língua que poderia ser captada por um dicionário. A linguagem universal é a experiência da totalidade de nosso ser, finalmente reunido, além de suas aparências. Ela é, por sua própria natureza, uma *trans*-linguagem."[16]

Em nossa época, nem mesmo a *poética da cultura* seria concebível sem vislumbrar bases *trans-lingüísticas*. Em um Mundo cujos fundamentos são construídos sobre níveis diferentes de Realidade e, consequentemente, de uma irredutível complexidade, somente uma transgressão generalizada estará apta a esclarecer as profundas correspondências que se estabelecem entre percepção e representação e, assim, tornar possível a ressurreição do Pensamento. '*L'homo sui transcendentalis*' está a ponto de nascer, mas essa 'potencialidade inscrita em nosso ser' é, pois, condicionada pelo prolongamento de nossa visão do Mundo em um *universo gödeliano*, ou seja, aberto, atípico e contraditório. A nova plenitude será uma *plenitude das coexistências*: noosfera-noologia abissal, quantificável real-quantificável imaginária ou transcendente, ser-não-ser, razão-sabedoria da loucura, etc. Resumindo, será uma *plenitude do contraditório incluído*. Nessa atitude, o alcance da poesia revela-se essencial, pois ela torna possível a 'viagem' do Pensamento em um *caosmos* cujas manifestações complemen-

---

[16] Ref. 1, p. 159.

tares-antinômicas definem, finalmente, a existência, enquanto 'espaço' circunscrito entre duas *perfeições virtuais*: o *cosmo* e o *caos*. Nesse 'espaço', o ser e o não-ser perdem seus contornos, 'escorrem' um para dentro do outro seguindo um dinamismo caprichoso, que quebra os ritmos da lógica tradicional. Massa emaranhada de duas alteridades, a existência revela (se) o encaixamento recíproco das frágeis estruturas que a vida e a morte se emprestam ao infinito, à imagem do cosmo e do caos. A poesia prova que somente a incerta coabitação-vizinhança da Quimera facilita a percepção de seu sussurro quase inaudível. A poesia pode levar-nos além das geometrias severas do Logos – anterior, na verdade, à Lógica e à matemática –, para os limities virtuais da Realidade e/ou na abstração da noologia abissal. No rastro da Poesia, o Pensamento dissipa 'a estrutura anular da linguagem' (Hilbert) e adquire um 'caráter *suave*' (Hadamard), o único que pode revelar a sutil coerência dos diferentes níveis de *Realidade* e, consequentemente, os sentidos secretos da vida e da morte. A visão da globalidade desses níveis (e sentidos), é uma *visão trans-cosmológica.*

Eminescu ou sobre uma Transcosmologia implícita

O maior poeta romeno, Mihai Eminescu (1850-

---

[17] O leitor francês pode ter uma imagem de conjunto do universo poético de Eminescu, consultando o estudo monográfico de Alain Guillermou, *La Genèse intérieure des poésies d'Eminescu*, Paris, Librairie Marcel Didier, 1963. A pesquisa sobre a obra do poeta avançou muito desde então, ainda mais que sua publicação integral terminou somente em 1995. Infelizmente, o assunto permanece pouco conhecido no espaço cultural francês, a poesia eminesciana sendo quase intraduzível.

1889), é autor de alguns milhares de páginas mantidas por muito tempo em manuscrito.[17] Salvo as numerosas variações de seus poemas, esse verdadeiro universo rascunhado testemunha o interesse do poeta por uma infinidade de domínios: ontologia, cálculo diferencial, eletricidade, história, filologia, moral, geometria, mecânica, economia política, demografia... Apesar da extrema heterogeneidade (pelo menos aparente) dos assuntos enfocados, o maior interesse desses dados reside na construção das idéias, que conserva uma surpreendente coerência mesmo durante o período em que a razão e a loucura se cruzam (a doença começou em 1883). Esses rascunhos reforçam a idéia de que *o fragmento* é a única modalidade para guardar e devolver o frescor e o dinamismo do pensamento sem diminuir, por causa disso, sua plenitude *intrínseca*. O *fragmentarium* de Eminescu confirma virtudes hologramáticas constatadas em Schlegel, Nietzsche, Cioran, Kierkegaard.

Além das constantes temáticas – o indivíduo, o movimento do Universo, a morte, o tempo, o espaço, o número e a linguagem –, o *fragmentarium* de Eminescu é notável pelo evidente processo de *decantação do pensamento* que ele desvenda. Os símbolos poéticos 'matematizam'-se, discretamente, enquanto o pensamento (poético) lança-se à conquista de uma '*Teoria da equação universal ou das relações constantes entre finito e infinito*' e de uma '*linguagem universal*'. Em resumo, o poeta procura uma fórmula (ciência) que possa abraçar todas as manifestações do espírito. A expansão explosiva (romântica) em um transfinito tornado sensível graças aos aparecimentos múltiplos e infinitos da *imagem poética* é, frequentemente, contrabalançada pela implosão no *imaginário,* pela dobra-conceitualização do pensamento em seu próprio abismo. É por isso que o *'inframundo' noológico* dos manuscritos de Eminescu permite surpreender um pensamento nascente, em sua hipóstase essencial que, pela transgressão da imagem poética e até mesmo da linguagem, provoca uma *visão trans-cosmológica.* Trata-se, nesse caso, de uma visão onde o mundo e o homem são concebidos como um irredutível complexo de forças e de tensões suspensas em um dinamismo também irredutível: "*Nossa própria vida, nosso corpo não passa de um complexo de forças de reação contra todas as forças da natureza e seu resultado é a alma. A verdade é negativa*".[18] O complexo de tensões que concorre para a edificação do psíquico contém inúmeras 'nervuras' que, corroboradas no clima cultural do século XX, podem apoiar nossa própria reflexão no esforço de compreensão da complexidade do real. Trata-se da questão, entre outras, de '*vazio preenchido*', de *existência caosmótica*, de *paraíso infernal* (*da loucura*). Deter-me-ei, a seguir, nessa tríade suscetível de atingir o inatingível: a *transcosmologia* (poética).

O vazio preenchido e a dimensão caosmótica da existência. Ponto máximo da aventura do pensamento na abstração, o conceito de Vazio parece fundir-se nas ambigüidades semânticas que acompanham toda tentativa de recuperação através das práticas expressivas. Em última análise, o dinamismo puro ou a não-manifestação pura (como modalidades de 'percepção' do Vazio pelo pensamento instituinte) assim como o espaço vazio e o tempo vazio (como modalidades expressivas de representação dessas 'percepções') revelam-se como as vertentes de um sutil paradoxo. Atribuído, seja como

[18] Mihail Eminescu, *Opere*, tomo XV, *Fragmentarium*, Bucareste, Editura Academiei Române, 1995. A versão francesa das citações da obra de Eminescu nos pertence, P. C.

'dimensão' constitutiva (interna), seja como hipóstase externa de uma projeção subjetiva, o vazio permanece em uma constante indeterminação. Sua quase-evanescência (na linguagem) aumenta sua subsistência (no espírito).

O Vazio representa, para Eminescu, um magma de possibilidades que o pensamento e o psíquico vislumbram. O Vazio não se encontra, unicamente, nos fundamentos do mundo, ele se dissimula *no* mundo enquanto 'resto' de sua filtragem psicológica, reflexiva e perceptiva. Ele corresponde ao *não-pensamento e ao impossível de ser pensado.* A parte não-quantificável do círculo representa, para o poeta, a marca irredutível do Vazio: "*A origem de toda grandeza imaginária* (em romeno: *originea tuturor marimilor irationale) é o círculo,* p*".*[19] *Nihil negativum irrepraesentabile!* Graças ao fascínio irresistível do *transcategorial* puro que ele implica, o problema da quadratura do círculo – impossível nas geometrias euclidianas – é recorrente em Eminescu. Ainda que, do ponto de vista estritamente matemático, p não seja um número imaginário, mas transcendente, no processo de conceitualização poética, ele desempenha o papel de um 'atrativo fractal', que indica uma multiplicidade indefinível, demasiado sutil para as regras da lógica clássica. E isso porque p focaliza a *visão da realidade* – o que pode ser representado graças ao número – e a *realidade da visão,* o que escapa ao número, enquanto permanece suscetível de ser atingido por um processo de transgressão generalizada. Trata-se de uma síntese *contraditória* (no sentido lupasciano da palavra), cujo dinamismo coloca em relevo a emergên-

---

[19] Ref. 15, p. 283.

cia da inesgotável complexidade do Real. É aí que se impõe, com intensidade, a questão da *noologia abissal,* pois o *conhecimento transgressivo* que ela subentende diz respeito, ao mesmo tempo, ao representável e ao não-representável, ao número (a realidade) e ao além do número (a realidade 'virtual'). Em suma, tal síntese está unicamente ao alcance do pensamento poético, pois, é nesse 'espaço' fundamentalmente contraditório que surgem as trilhas ajustadas da epistemologia e da metafísica, trilhas cujos cruzamentos apagam misteriosamente a translinguagem. Desse ponto de vista, a matemática ocupa um lugar de alternativa graças à sua dimensão *quantitativa*, simbólica, que o pensamento poético explora, pois assim podemos alcançar as *relações* que determinam o fenômeno, ou seja, o além da individualidade fenomenal.[20]

Em um trecho onde ele sugere a equivalência entre a existência e a possibilidade da existência, de um lado, e entre o Vazio absoluto e '*o império daqueles que nunca nasceram*', ou '*o reino do pensamento incriado*', de outro, Eminescu faz uma dissociação nítida entre o Vazio anterior à gênese (ideal e, consequentemente intangível) e o Vazio *intra*-vital, que envenena o ser/a existência. Promessa eterna do Vazio anterior à gênese, o vazio criado pelo psíquico priva o ser de vida *e* de

[20] Como Boehme, Eminescu visa a linguagem da matemática somente na medida em que essa abre os caminhos da translinguagem e de uma síntese real-imaginária que ele supõe dissimulada nas *relações* matemáticas. Quanto a nós, a seguinte afirmação de Lupasco também segue o mesmo caminho: "Todas as noções matemáticas e o próprio fundamento do pensamento matemático devem ser modificados [...] modificando a atitude lógica do espírito em relação à sua experiência, no sentido dessa Lógica dinâmica do contraditório"; "[...] as geometrias euclidiana e não-euclidiana estão ligadas uma à outra pelo *laço de contradição* e comandadas, precisamente, uma pela outra por meio desse laço". Ref. 2, p. 23.

morte, em igual proporção. Em tal equação – *vitalidade – vida – existência* –, apenas os caminhos da *lógica do terceiro incluído* podem nos esclarecer. Revela-se, aí, uma das contradições mais profundas, cujas ondas afetam a própria maneira de pensar do século XX: "*a soma de energia,* declara Eminescu, *é vitalidade (virtualidade de viver)/a totalidade dos movimentos é a vida/vitalidade – vida são opostos.*"[21] *A vitalidade* como *soma de energias* indica *a persistência,* ao passo que a *vida,* enquanto dissipação do movimento, lembra a imagem de movimento perpétuo. A *vitalidade,* enquanto *virtualidade de viver* e a existência, enquanto *possibilidade de existência,* conotam, no entanto, a *ausência,* que não deixa de ser uma das formas da *morte* (ou do incriado). Segundo Henri Atlan, "a organização viva surge [...] como um estado intermediário entre a estabilidade, a persistência imutável do mineral e, por outro lado, a fugacidade, o imprevisível, a renovação da fumaça. De um lado o sólido, do outro o gasoso; e, no meio, encontra-se o plano fugaz do turbilhão líquido."[22] Em um comentário da expressão '*hay vekayam*' ('vida e constância'), muito comum na tradição hebraica e seguindo Rav Kook, o mesmo autor assinala o paradoxo que forma a própria trama da vida: "[...] *vivo* e *persistente* designam categorias exatamente opostas: *vivo* é a renovação, a mudança, portanto a não-persistência; *persistente* é a ausência de renovação, a não-vida".[23] A oposição marcada por Eminescu entre a vida e a vitalidade têm feitura idêntica. Separado para sempre do *Vazio absoluto* ('*a*

[21] Ref. 15, p. 33.
[22] Henri Atlan, *Entre le cristal et la fumée. Essai sur l'organisation du vivant*, Paris, Éditions du Seuil, 1979, p. 281.
[23] Ref. 22, p. 283.

única forma da não-existência'), o ser desliza em uma de suas formas corrompidas: o vazio da existência, percebido como círculo vicioso e estéril.

Essa idéia está mais claramente expressa em alguns poemas concluídos. Eis um único exemplo. Na poesia *Mélancolie* (1876), o céu, a terra e o eu poético são contaminados por uma doença secreta, indefinida, mas sentida de maneira muito aguda nos magmas turbilhonados da *terceira matéria*. O desenrolar da vida parece uma *crônica* (da vida), *contada interminavelmente* por uma voz estranha, mas interior. Essa reiteração circular interpõe-se entre a existência quantificável e *a história* dessa existência, gerando, assim, a sensação de 'morte viva'. O conglomerado de acontecimentos escapa à percepção coerente por causa de uma cisão que surge entre a voz que fala e o eu poético; essa ruptura, característica para a palavra interna, alimenta a confusão que existe entre *a pessoa e ninguém*, intensamente vivida por Valéry ou Pessoa.

O poema de Eminescu sugere a separação interior que se transcende a si *mesma*. O fato de um meta-nível da afirmação de tipo A = *o que não é não-A* deixar de funcionar, pois o eu percebe a si mesmo como algo estranho – A π A –, aprofunda o equívoco do negativo. O equiantagonismo psíquico perturbado projeta, para o exterior, suas assimetrias geradoras de uma imagem a-centrada do Universo. Ausente, o movimento da vida é substituído pelo sopro de um Vazio sentido como um interstício do eu. A vida (A) e a morte (não-A) fundem-se na crônica repetida ao infinito ('estado T'). A vida e a morte conciliam-se somente no *imaginário*, ou seja, na *virtualidade* da vida e da morte. Lupasco expressa, com pertinência, a relação dinâmica real-imaginário que constitui, aliás, desde sempre, o mecanismo privilegiado da grande poesia: "Uma coisa, uma verdadeira proposição, uma verdade nunca é solitária: a toda atualização, por isso mesmo verdadeira, a toda verdade, sempre corresponde a virtualização, por isso mesmo verdadeira, do elemento contraditório, uma verdade contraditória de virtualização".[24]

No atalho encavalado da equação *epistemologia-metafísica-poesia*, o pensamento poético coloca em evidência a profunda contiguidade que se estabelece entre o ser e o Vazio, entre visível e invisível, que Basarab Nicolescu reproduz de maneira exemplar em um de seus teorema poéticos: "O vazio quântico é o encontro entre o ser e o não-ser. O mundo visível é o ser dentro do não-ser. O mundo invisível é o não-ser dentro do ser. Por isso, nada pode esgotar a riqueza do vazio quântico. Porque ele é o Nada".[25] O imaginário sem imagens, o '*vazio repleto*'... É para este vazio que Eminescu orienta seu pensamento. Sua visão do mundo lembra mais as vacuidades *mahayanicas* – que surgem no panorama mental do século XX – que aquelas, quase estéreis, da meditação heidegeriana sobre o Nada.

Se acrescentarmos que o poeta romeno considera os organismos como 'novelos de luz' envolvidos no grande movimento (quântico!) do Universo, a contiguidade há pouco assinalada fica mais clara. "Com o desencadear das oposições entre a parte e o todo, entre o relativo e o absoluto, teríamos a soma de dois quanta do movimento. O movimento do grande mundo refletido no movimento do pequeno mundo é o fracionamento de um enorme movimento na visão de um olho, de uma orelha."[26] O processo de conceituação do pensamento

---

[24] Ref. 2, p. 15.
[25] Ref. 8, p. 277.
[26] Ref. 15, p. 325.

poético (conceito, no sentido de Lupasco: essência dinâmico-contraditória da alma) implica a *visão plena da transcosmologia.* A ontologia da realidade envolvida, preconizada por David Bohm sobre bases epistemológicas, converge, assim, para aquela esboçada por Eminescu segundo critérios da mesma natureza, mas *tomados sob o ângulo de sua poeticidade.* Ele *recorta*, frequentemente, a idéia de um *continuum* espaço-tempo e a projeta em um registro ontológico: "Os organismos – máquinas intercaladas na linha direta dos grandes movimentos do Universo, parênteses em um texto geral".[27] Na tentativa de expressar o grande fluxo energético *contraditório e invisível* do Mundo, o *fragmentarium* de Eminescu mantém a miragem de uma nova equação, cujo conteúdo semântico corresponde à forma funcional do pensamento. Eminescu procura uma '*poesia* em equação', ou seja, a *descoisificação* total do mundo através de um *número*, uma *fórmula,* uma *idéia.*

Desencadeada nos âmagos da linguagem, a *transcosmologia* inclui a vida e a morte dentro de uma abertura que se completa além da vida e da morte, dentro de um *transfinito* sempre atual e ativo: 'o eterno presente'. A existência é vida e morte ao mesmo tempo. Ela também é experiência do vazio intra-vital, suspensão do ser entre dois abismos: clímax de uma agonia sem fim. *Pharmakon* (veneno) e *alexis-pharmakon* (antídoto). Se admitirmos, como Philippe Ariès, que o Romantismo percebe a morte de maneira retórica – 'a morte do outro' –, é preciso, então, sem sombra de dúvida, acrescentar que, simultaneamente e ao lado dessa visão, aparecem os germes do trágico provocado por *acedia.* A

[27] Ref. 15, p. 337.

acedia, da qual falavam Starobinski e Cioran, é o estado em que toda idéia de escatologia individual é substituída por uma alucinante *vagueação* no âmago da *melancolia absoluta*; mas trata-se de uma *viagem imóvel,* ao mesmo tempo clinâmen e clímax, suspensão entre a agonia irredutível e a hebetude invasiva, entre a reflexão e algo que não é a reflexão. Estrondosa soma de recusa – da vida, da morte, da fé –, a *acedia* arrasta o indivíduo para um movimento centrípeto eterno. "Com a ajuda dos sofrimentos – declara Cioran – as almas lançavam-se, outrora, para as abóbodas; você luta contra elas".[28] No Romantismo inato, o sofrimento da perda era dobrado pela convicção de que a morte constitui a fonte de uma renovação permanente da vida, enquanto a *impossibilidade de sair de si mesmo,* na vida plena, na fé ou na morte projeta o ser em um eterno clímax de agonia. (E fora do Romantismo!) Quando a álgebra da vida recusa as geometrias da morte, a transgressão do indivíduo – e da omnitude – "em uma metantropia" (E. Morin) pode ser conseguida unicamente pelo pensamento. Esse processo, que começa pelo *aprendizado da morte*, desenrola-se no plasma, ora turbulento, ora envolto pelo véu da solidão e do sofrimento irredutível. Segundo Morin, "a solidão atrai a obsessão pela morte e a obsessão pela morte fecha a solidão".[29]

A convicção eminesciana de que "as antíteses são a vida" induz, em sua obra, a presença de duas hipóstases da relação vida-morte, exatamente como a *coincidentia oppositorum* surge de uma cisão interna: *concordia discors/discordia concors*. Trata-se, por um lado, da vi-

---

[28] E. M. Cioran, *Acedia,* em *Précis de décomposition*, *Oeuvres*, Paris, Éditions Gallimard, 'Quarto', 1995, p. 645.

[29] Edgar Morin, *L'Homme et la Mort*, Paris, Éditions du Seuil, 1970, p. 204.

são tipicamente romântica da coadaptação dialética (hegeliana) e, por outro, da impossibilidade de conciliação. Esta situação imprime uma verdadeira *dimensão caosmótica* à existência. Se, no primeiro nível, a existência significa equilíbrio estático – "A morte é o equilíbrio da existência", declara Eminescu –, no segundo nível, o ser está entregue a um dinamismo antagônico irredutível. Para a lógica do terceiro excluído, este dinamismo aparece como um desequilíbrio, enquanto que para a lógica poética, fundamentalmente contraditória, o desequilíbrio não exclui um equilíbrio subjacente. Razão pela qual ele é duplamente valorizado por Eminescu: "O desequilíbrio é a dor, é a paixão por um lado, é a alegria, a felicidade por outro. Uma vez estabelecido o equilíbrio, sobra o zero dinâmico, o sentimento da feiúra e do vazio da alma. O equilíbrio é a justiça, é a feiúra."[30] A felicidade e a paixão, governadas igualmente pelo desequilíbrio, opõem-se à verdade (feia) da vida. É *esse* o dinamismo autêntico, pois o equilíbrio implica um 'zero dinâmico', ou seja, é um pseudo-dinamismo. O equilíbrio é a morte cristalizada, petrificada em formas de verdade, que formam, juntas, o vir-a-ser universal. O equilíbrio vivo, dinâmico esconde-se nos meandros do desequilíbrio, lá onde a alegria e a dor coexistem sem oposição. Esse jogo permanente entre simetria e assimetria, jogo *caosmótico* em suma, é o próprio jogo da descontinuidade/constância visualizado no modelo da fluidez pura, preconizado por Michel Serres. Trata-se de jogo enquanto *desequilíbrio* (porque apenas ao lado da morte a vida assegura a plenitude da existência) *internamente equilibrado* (sofrimento/volúpia do sofrimento) graças à infinita implosão do eu poético.

---

[30] Ref. 15, p. 274.

A expressão poética mais completa dessa situação é encontrada no poema *Ode* (*com métrica antiga*), datado de 1883. Feita *ab initio* como uma ode a Napoleão, o texto tornou-se, depois de dez anos de sucessivas decantações, uma ode à volúpia do sofrimento, provocada pela impossibilidade de uma dissipação do eu na vida ou na morte. Semelhante ao sonho da vida plena, o sonho da morte flagela o eu, exatamente como o sangue de Nessus atormenta a vida de Hércules, que apresenta-se como a morte viva de Nessus, uma agonia cuja única saída seria sua própria morte. Mas como esta morte aprendida é recusada a Hércules, sua vida resume-se a um suplício eterno. O que poderíamos chamar 'a crise da morte' não significa, portanto, para Eminescu, o cativeiro do ser no perímetro do tanatos, ao contrário, é o caso da impossibilidade do ser em a ele aceder. Usando a metáfora mitológica, o poeta dá corpo e forma a uma reflexão de uma assombrosa profundidade para o século XIX: *o finito* (da vida) e *o infinito* (da morte) coexistem em um *transfinito* percebido pelo ser como agonia. O fim da agonia já não pode ser um retorno à finitude da vida ou à infinitude da morte, mas um *avanço do pensamento no transfinito.* Se, na perspectiva de uma lógica utilitária, esse avanço confunde-se com a face da loucura, na perspectiva criada pelo próprio mecanismo do avanço – pois, segundo Machado, "*se hace camino al andar*" (o caminho é feito ao caminhar) –, ele nada mais é do que a *máscara da loucura*, o símbolo máximo de *outra vida mental* e de *outra plenitude.* Uma plenitude que nasce pelas vias transcosmológicas e enterra suas raízes na conjunção de dois níveis de lucidez: o da Razão e o da Loucura.

O Paraíso infernal. Inúmeras são as referências e os poemas de Eminescu que, discretamente, atestam que a loucura é a *prega de extrema lucidez do pensamento poético*. A combustão interior e a busca devastadora de uma linguagem universal (translinguagem), capaz de aliar o pensamento e o infinito da realidade, ultrapassam o simples estatuto de temas literários; trata-se de categorias existenciais maiores.

As valências da loucura insinuante e insinuada no pensamento e na linguagem multiplicam-se, da mesma forma como o interesse que ela pode despertar aumenta, na medida em que a separamos de sua estranheza negativa, ou seja, se admitirmos que a própria razão nada mais é que uma *síntese dinâmica de sapiens e demens*. Não importa a definição – 'a ausência da obra' (Foucault) ou então 'um caso do pensamento (no pensamento)' (Derrida) – e, além de sua percepção como 'doença mental', demasiado acentuada pelo freudismo, a loucura desvenda uma *dimensão metafísica* fundamental. Nesta perspectiva, tão pouco explorada quanto básica, a loucura deve ser vista como a *iminência de uma dissipação do eu que nunca se realiza* e, por isto mesmo, como um *ritmo da imprevisibilidade da razão*. É unicamente por intermédio da loucura que o criador apaga os limites de sua individualidade sem que a incandescência interior equilibrada do eu (criador) desapareça. O criador torna-se, assim, *múltiplo e ninguém*, '*everything and nothing*' (tudo e nada), fórmula na qual Borges projeta a 'imagem' do poeta (Shakespeare) e da divindade ao mesmo tempo. Diante de Deus, antes ou depois de sua morte, escreve Borges, para lhe pedir para ser um único homem, que seja ele mesmo, Shakespeare recebe a seguinte resposta: "Também eu não sou; sonhei o mundo como você sonhou sua obra, William Shakespeare e, entre as formas de meu sonho, está você, como eu, múltiplo e, como eu, ninguém".[31]

As obras (e/ou as experiências) de Hölderlin, Nietzsche, Rimbaud, Nerval, Artaud, Eminescu, Dostoievski ou Swift exprimem claramente essa situação aparentemente paradoxal do artista. Mas é importante lembrar que a dimensão metafísica da loucura não significa, de modo algum, a reatualização da mitografia platônico-órfica do poeta, simplesmente porque, na época moderna, o criador já não se coloca como intermediário (porta voz) de um deus ausente, pois ele mesmo institui o logos. Por essa razão, a loucura (criadora) impõe-se, principalmente, como modalidade destinada a conciliar o fardo de uma ausência devoradora *(atheos absconditus)* e a devoradora solidão do homem. Mas essa solidão irredutível é semelhante à solidão da própria Criação, pois, segundo André Chouraqui[32], a primeira palavra da *Gênese, bereshit,* não significa 'no começo'. *Be* – quer dizer 'em', *Rosch* 'cabeça' e – *it* é uma partícula que imprime um sentido abstrato à palavra à qual está ligada. Elohim criou, portanto, em sua cabeça, nosso próprio mundo...

Eminescu diz que a idéia só pode perdurar na cabeça; também sua obra pode ser considerada como

---

[31] Jorge Luis Borges, *Everything and nothing*, em *L'Auteur et autres textes. El Hacedor*, edição bilíngüe, traduzida do espanhol por Roger Caillois, Paris, Gallimard, 1965, p. 93. De fato, Borges retoma uma idéia presente também em *De quelqu'un à personne* (Enquêtes, Paris, Gallimard, 1957), onde havia citado essa proposta paradoxal de William Hazlitt: "Shakespeare parecia-se com todos os homens, exceto pelo fato de parecer-se com todos os homens. Intimamente, ele não era nada, mas era tudo o que são os outros ou o que possam ser."

[32] Apud ref. 4, p. 73. A destacar que, segundo Jacques Derrida, "A ausência de significado transcendental prolonga infinitamente o campo e o jogo do significado..." (v. *L'Écriture et la Différence*, Paris, Éditions du Seuil, 1967, p. 411).

uma ampla ilustração dessa convicção: a plenitude da idéia unicamente é possível pela *trans*-visão e o silêncio interior. O próprio Mundo é uma síntese silenciosa dos 'mundos' interiores dominados por um Pensamento para o qual a Loucura e a Razão são apenas *dois níveis da mesma Realidade inesgotável*, uma Realidade que toda valorização, exclusivamente exterior, mutila pela simplificação. Na qualidade de último recurso da natureza contra a angústia existencial, a loucura representa, para Eminescu também, não apenas uma força mágica que invade o pensamento, mas sobretudo uma possibilidade de *conhecimento transgressivo*. É o meio pelo qual, apelando para a noologia da complexidade abissal, o Pensamento percebe a *transcosmologia*, ou seja, uma síntese das visões e projeções cosmobiológicas, das tensões *em, entre, através, acima*, e *além* mesmo dessas topografias flutuantes. Eis em que consiste a profunda, a paradoxal mas tão libertadora ambigüidade da loucura. Pois "a loucura do homem talvez seja o preço que ele precisou pagar por sua linguagem criadora, por sua razão, por seu gênio".[33] Colocada em destaque, acima do *estado T, a transcosmologia* poética é o espaço onde a força criadora do pensamento dinâmico-contraditório manifesta-se plenamente. Aliás, "[...] o único pensamento que vive é o que se mantém à temperatura de sua própria destruição".[34] É justamente a temperatura do *estado T* e da *transcosmologia*.

Em uma prosa marcada por um vigoroso filão filosófico, *Archaeus*, Eminescu escreve: "No estado de lou-

---

[33] Ref. 1, p. 205.
[34] Edgar Morin, *La Méthode*, tomo 1, *La Nature de la Nature*, Paris, Éditions du Seuil, 1977, p. 24.

cura, todas as idéias têm uma assombrosa realidade... O homem é torturado, crucificado, abatido, sem que nada o tenha tocado. As dores físicas mais atrozes dilaceram sua alma e marcam seu rosto..."[35] Para o poeta, a loucura não representa, portanto, a ausência absoluta de meditação, muito pelo contrário, é uma extensão da razão na terceira matéria, o psíquico. Dilacerada fisicamente, a alma transforma-se em uma *ondulação do pensamento* – expressão 'espacializada' da vertigem do pensamento onde as idéias são levadas. Na perspectiva da lógica tradicional, essa verdadeira e definitiva *implosão* do pensamento em seu próprio abismo aparece como uma *fuga do centro*. Mas o movimento centrífugo é apenas a 'corrente' superficial de uma *outra plenitude* onde o pensamento chega, abandonando os limites de todo sistema cristalográfico. Eis o grande paradoxo da loucura: fechando-se na loucura, o pensamento genial (se) reencontra (em) uma coerência inacessível a qualquer outro pensamento que se declare lúcido, *id est* quem não admite a possibilidade de existência de um *paraíso infernal*. Pois a *terrível realidade* das idéias trazidas pela loucura revela um *paraíso semelhante*. Este é, provavelmente, o último degrau da aventura no não-elemento, a verdadeira 'equação universal' à qual chega a reflexão eminesciana.

O caminho para o paraíso infernal não é marcado por uma "*imaginatio laesa*", como se acredita habitualmente, mas pela força radiosa da reflexão: "Pois o pensamento – postula Eminescu – é uma ação, um estremecimento dos nervos. Quanto mais livremente tremerem os nervos, mais claro será o pensamento". O pensamen-

---

[35] Mihai Eminescu, *Opere*, tomo VII, *Proza literara*, Bucareste, Editura Academiei Române, 1977, p. 281.

to é, portanto, uma *nervura apolínea* do magmetismo psíquico (profundamente dionisíaco), o arco tensional máximo da iminente dissipação do eu que não tem lugar. A loucura já não aparece como um reflexo escarpado das *derrotas da lucidez*, mas como um *jogo das vitórias escondidas do pensamento*. Ou melhor, segundo uma expressão de Pessoa, como 'uma nova vida mental', que surge no cruzamento de duas vertigens: "Na vertigem física, o mundo exterior gira em volta de nós; na vertigem moral, é nosso mundo interior que gira. Por um momento, tive a impressão de perder a consciência das verdadeiras relações entre as coisas, de não mais entender, de oscilar em um abismo de vazio mental. É uma sensação horrível, que provoca um medo descomunal. Estes fenômenos tornam-se frequentes, parecem demarcar minha estrada para uma nova vida mental, que será, naturalmente, a loucura."[36]

Tão manifesto enquanto intenção nos últimos rascunhos, quanto obscuros no nível da realização nos grandes poemas, o projeto de Eminescu, de aliar o pensamento e a realidade completa-se unicamente no espaço da loucura. É aí que "um mundo como não-mundo é possível, desde que não seja perturbado por uma ordem diferente das coisas" (*Archaeus*). Na perspectiva da lógica dinâmica do contraditório, a coerência invocada por Eminescu significa a ausência de contradição. A unidade de identidade do psíquico nasce, portanto, depois da neutralizaçao da força heterogeneizante pela força homogeneizante. Se a saúde do espírito for um "equilíbrio simétrico entre duas demências antagônicas", se-

[36] Fernando Pessoa, *Fragments d'un voyage immobile,* coletânea de citações escolhidas e traduzidas por Rémi Hourcade, Paris, Rivages, 1990, p. 64.

gundo a observação de Lupasco, então a loucura começa quando a simetria é rasgada e o antagonismo desaparece. A matéria psíquica deixa de ser governada pela lógica da identidade, mas pela não-identidade e pelo dinamismo contraditório-equilibrante. É por essa razão que o despotismo da homogeneidade ou o da heterogeneidade torna o centro e a periferia indistintos. A fuga do centro e a fuga para o centro revelam-se como expressões que têm o mesmo sentido. Assim concebida, a loucura apresenta-se como uma saída do *caosmos* existencial e uma concretização (por excesso) da idéia de identidade que o pensamento humano ambiciona, desde o mito da androgenia até a nova gnose da ciência.

A criação nasce *ex nihilo*, sem ser, por isso, nem *in nihilo* nem *cum nihilo*. Se, para David Bohm, a totalidade (última base de toda coisa) é o produto da conjunção (contraditória) da *bifurcação antinômica pensamento/não-pensamento* e da fusão *pensamento - não-pensamento*, a obra poética desvenda sua plenitude somente com a condição de ser vista enquanto *complexo magmático* onde a ebulição mistura, de forma indecifrável, a lucidez cartesiana e a lucidez 'terrível' da loucura. As séries fascinantes de paradoxos que emergem das 'ruínas circulares' da escrita eminesciana esclarece alguns momentos de gênese da nova cosmologia: *a cosmologia do terceiro secreta e permanentemente incluído*. A compreensão de sua criação estética representa assim, simultaneamente, a compreensão de nossa própria visão do mundo. Esse duplo ato de compreensão coloca-se, portanto, como argumento da funcionalidade da tríade cognitiva *epistemologia-metafísica-poesia* que institui e sustenta toda criação.

Em última análise, a obra eminesciana poderia ser tomada, em sua globalidade, como um surpreendente exercício intelectual de domínio de uma Transcosmologia suspeita, nascente, onde "*Tudo o que existe, são somente graus de um estado, submetidos a transformações infinitas*".[37] Em um espaço assim determinado, a vertigem do afastamento do mundo após interiorização (em romeno; *departare de lume cu lume cu tot*) transforma-se em vertigem da concentração em uma enigmática 'equação universal', que pretende o transcategorial puro. *A Transcosmologia é, entre outras, a criação da translinguagem, exatamente como esta é uma criação da Transcosmologia.*

---

[37] Ref. 15, p. 317.

REPENSANDO A LÓGICA: LUPASCO, NISHIDA E MATTE BLANCO

MICHAEL FINKENTHA
Professor de Física na Universidade Hebraica de Jerusalém

"A contradição é a salvaguarda da eternidade."
Stéphane Lupasco

Os três autores, acima mencionados, têm em comum a busca de uma vida inteira por uma maneira radicalmente nova de entender o conhecimento e a afetividade. Cada um, partindo de um problema diferente, chegou a uma nova epistemologia que exigia, por sua vez, uma nova lógica. Stéphane Lupasco começou por uma análise em profundidade dos paradoxos e das 'casualidades' da mecânica quântica (como se alguém falasse de uma reavaliação de Kant!); Nishida Kitaro se questionou sobre a possibilidade de compreender a experiência Zen e seu significado – aparentemente uma contradição. Matte Blanco, seguindo as idéias apresentadas por Freud, segundo o qual a lógica do inconsciente não é a lógica 'comum' proveniente do pensamento racional, lutou por descobrir a nova lógica do inconsciente e a lógica da afetividade. Os três, o cientista-filósofo, o filósofo Zen com forte inclinação científica e o médico apaixonado por matemática, tinham em comum o gênio, a originalidade e uma oposição teimosa às formas convencionais do pensamento.

Neste ensaio, retomarei somente as origens de suas questões e apresentarei algumas de suas idéias básicas; tentarei enfatizar a unidade subjacente de seus trabalhos bem como a novidade de seus diferentes enfoques. É uma disponibilidade de espaço muito pequena para uma análise mais detalhada, ou para uma tentativa de discutir as implicações ontológicas de Lupasco e Nishida em particular. Isso fica para outra ocasião.

Visto que este trabalho é uma contribuição para um Colóquio e um livro dedicado a Stéphane Lupasco, deter-me-ei, principalmente, em seu pensamento e usarei os outros dois autores sobretudo para 'esclarecer' suas contribuições e enfatizar não somente sua originalidade, mas também sua 'completude': seu sistema de pensamento abrangente incluía a matéria, o vivo e o psicológico. No entanto, dado que Lupasco é muito bem apresentado nos outros ensaios, ao passo que os outros autores considerados não o são, devo começar por uma breve apresentação desses outros dois.

Nishida Kitaro (1875-1945) é o mais famoso filósofo japonês da era pós-Meiji. É considerado o fundador da 'Escola de filosofia de Quioto', que reuniu, entre outros, Tanabe, Hisamatsu, Ueda Shizuteru, Nishitani e Daisetz Suzuki. Este tornou o pensamento Zen conhecido no mundo ocidental, nos últimos cinquenta anos e foi o melhor amigo de Kitaro. Pouco antes do final da Segunda Guerra Mundial, pensaram em deixar o Japão, juntos, para ser os mensageiros do pensamento do mestre e de sua alma para o mundo e tentar recuperar sua dignidade, perdida, conforme pensavam, após os desastrosos anos da guerra.

Nishida começou sua carreira filosófica com um livro publicado em 1911, *An Inquiry into the Good* (Um questionamento do Bem). Desde o início foi saudado como o filósofo mais importante do país e, em um livro a respeito de sua obra, recentemente publicado, ainda lemos que "foi preciso esperar Nishida para dispor de uma obra que desmentiria o julgamento de Nakae Chomin, em 1901, de que não havia filosofia no Japão... O trabalho de Nishida foi o primeiro a merecer o nome de 'filosofia'.[1] O leitor interessado em explorar a filosofia de Nishida pode iniciar pelo volume publicado sobre o assunto por Nishitani Keiji, seu discípulo e seguidor. Como mencionei acima, a busca de Nishida começa com a questão 'como é possível a *compreensão* da experiência pura do *satori*, a Iluminação?' Acreditando no Zen, ele também tinha outro problema: a impossibilidade de isolar o Self como uma entidade independente, separada do todo circundante. O conceito de *sunyata* ou *mu* (em japonês), ou seja, o 'vazio que tudo inclui', tão difícil de ser compreendido pela mente ocidental, não permite a objetivação do 'Eu' pensante.

Portanto, Nishida começou logo a buscar uma lógica do lugar, *basho*, o domínio onde sujeito e predicado morassem, visto que, "para ser feito qualquer julgamento que seja, é preciso que haja um conjunto onde estejam contidos o sujeito e o predicado".[2] Entretanto, esse 'lugar', esse domínio, não pode ser compreendido pelo conhecimento baseado na lógica comum, pois é, em si mesmo, aquilo que torna possível esse conhecimento. É a 'base do conhecimento', como Nishida gosta de chamá-lo. Do ponto de vista do conhecimento, esse lugar é

---

[1] Nakamura Yugiro, conforme John C. Maraldo, em *Japan in Traditional and Postmodern Perspectives* (Japão sob as Perspectivas Tradicional e Pós-moderna), Albany, SUNY Press, 1995.

[2] De um artigo escrito em 1920 e recentemente traduzido para o Inglês por W. Yokoyama.

vazio. No entanto, essa 'vacuidade' é precisamente o conteúdo de nossa afetividade, é a base de nossas crenças. No artigo citado acima, Nishida escreve: "As crenças não entram em confronto com o conhecimento; pelo contrário, formam sua base...; elas são a verdade que surge a partir de nossa afetividade". Para quem está familiarizado com os escritos de Lupasco a respeito da afetividade, as frases acima ressoam e acionam pensamentos; o que são esses pensamentos, examinaremos um pouco mais adiante.

Vou contar um pouco a respeito de Matte Blanco. Seu livro básico é *The Unconscious as Infinite Sets*[3] e a mais completa apresentação do seu trabalho se descobre no livro *Unconscious Logic* de Eric Reiner.[4] Percebemos que esses títulos já induzem a possíveis comparações com o trabalho de Lupasco (bem como com o trabalho de Nishida, que foi um dos primeiros descobridores do potencial da teoria de Cantor dos planos infinitos e do plano abstrato da álgebra, para explanação de complicadas idéias filosóficas, tais como a 'coincidentia oppositorum' (a coincidência dos opostos); veja-se, por exemplo, o livro *Coincidentia Oppositorum and Love*, de Nishida Kitaro.[5] Matte Blanco nasceu no Chile, em 1908, e morreu na Itália, em 1995. Viveu e trabalhou no campo da psiquiatria e da psicanálise no Chile, nos Estados Unidos, na Itália e na Inglaterra. Durante os anos trinta, dedicou-se a estudos de psiquiatria e psicanálise e enveredou pelos *Principia Mathematica* (Princípios

---

[3] Matte Blanco, *The Unconscious as Infinite Sets* (O Inconsciente em Planos Infinitos), Londres, Duckworth, 1975.

[4] Eric Reiner, *Unconscious Logic* (Lógica do Inconsciente), Routledge, Londres e Nova York, 1995.

[5] Nishida Kitaro, *Coincidentia Oppositorum and Love* (A Coincidência dos Opostos e o Amor), Easter Buddhist, Quioto, outono de 1997.

Matemáticos) de Russell e Whitehead. Nos anos quarenta estudou matemática com Courant na Universidade de Columbia. Matte Blanco chamava a lógica clássica (de dois valores) de *lógica bivalente*. É a lógica dominada pelo princípio da não contradição, a lógica do "ou... ou". No entanto, esta lógica não age sempre em nosso pensamento consciente verbal (e pré-consciente ou mítico); o uso da metáfora, a expressão do imaginário é, muitas vezes, governada por um 'pensamento combinatório', uma lógica do 'ambos-e'. Além disso, uma emoção requer uma avaliação simultânea de um evento ou circunstância 'externa' e uma reação 'interna' a ele; uma 'experiência holística de multiplicidade', como Reiner a chama. A afetividade inclui, potencialmente, uma contradição, portanto, deve ser governada por uma nova lógica; não é que a razão seja descartada no ato emocional, mas, ao contrário, precisamos lidar com uma situação dinâmica que implica algum tipo de 'fluxo' de A até 'não-A'. Quem disse: Matte Blanco ou Stéphane Lupasco?!

Um papel muito importante na epistemologia de Blanco é desempenhado pelos conceitos de simetria e assimetria. Dado que a diferença e a discriminação são funções básicas tanto do perceber quanto do pensar logicamente, a capacidade de identificar assimetrias é de suprema importância para o raciocínio lógico. A simetrização do assimétrico, que ocorre, com frequência, no inconsciente ou nas doenças mentais, é um destruidor da complexidade, tende a simplificar as coisas de maneira não realista. De início, Matte Blanco usou os termos homogeneidade e heterogeneidade para designar simetria e assimetria. Homogeneidade é um estado de simplicidade, de equilíbrio, enquanto a heterogeneidade engendra a complexidade, explica Lupasco. Seriam esses paralelelismos apenas uma coincidência superficial?

A questão em que pretendo me concentrar neste ensaio é no que de fato há em comum entre esses três autores, ou seja, na relação entre o pensamento racional e a afetividade e que é aquela da relação entre conhecimento e crença, entre filosofia e religião. Em última instância, tem a ver com a principal questão existencial de nosso tempo: como evitar o niilismo. A mente cansada da 'tirania da razão' rejeita os gregos e o otimismo da Iluminação – como colocou Chestov – mas, ao mesmo tempo, receia as brumas profundas do pensamento do Romantismo e do Existencialismo. Na história contemporânea encontramo-nos, muitas vezes, enredados entre as aberrações de um raciocínio político, que finge ser racional, até mesmo científico, e as emoções descontroladas do 'vivere pericolosamente'. Devemos ficar com Pascal ou com Espinoza? Essa maneira dualista de pensar, a polarização que só deixa um vazio entre os pólos, é o que esses três autores rejeitaram. Lupasco que, já em 1935, compreendera que a afetividade pode ser incluída no pensamento filosófico – apesar da expressão de Espinoza, "non ridere, non lugere, etc." – somente através da criação de uma 'lógica do vir-a-ser' (*logique du devenir*) para substituir a lógica estática do ser, aperfeiçoou seu ponto de vista após a guerra. Não me deterei nos longos e proveitosos debates que ele manteve a respeito desses assuntos com Benjamin Fondane, durante os anos da guerra (até certo ponto foram discutidos na minha introdução ao recentemente publicado ensaio de Fondane, *'L'Être et la Connaissance'*[6]). O

---

[6] *L'Être et la Connaissance* (O Ser e o Conhecimento), Paris, Paris-Mediterannée, 1998.

fato é que, segundo me parece, uma exposição madura e completa de sua nova lógica do vir-a-ser foi publicada por Stéphane Lupasco durante os anos que se seguiram à Segunda Guerra Mundial. Se exponho alguns detalhes a respeito dos livros e das idéias básicas neles contidas, detalhes supérfluos para os leitores franceses, faço-o para benefício do leitor inglês, que tem acesso muito limitado, se é que o tem, a essas obras tão importantes. Imediatamente após a guerra, o livro *Logique et Contradiction*[7] foi publicado, seguido por *Le Principe d'antagonisme et la Logique de l'énergie*[8] e *Les Trois matiéres*[9]. Nesses livros a nova epistemologia, baseada em uma lógica da inclusão da contradição – A e 'não-A' existe simultaneamente em vários estágios de 'realidade' e de 'potencialidade' –, foi amplamente desenvolvida. Quando somente vejo A, 'não-A' é completamente virtualizado e o oposto também é verdadeiro. Cada situação real é caracterizada por uma mistura de A e de 'não-A', (de heterogeneidade e de homogeneidade) realizada e potencializada em vários graus (uma situação combinatória de 'ambos-e', diria Matte Blanco, de seu ponto de vista); um terceiro estágio de equilíbrio entre os dois, chamado de estágio T, é o de 'absoluta contradição', no qual a energia livre do sistema está em seu ponto mais elevado. Esse é o estado que possibilita a autopercepção ('*a consciência da consciência*').

O Self que reflete é, portanto, para Lupasco, o ponto da absoluta contradição. É a pura contradição entre a heterogeneidade e a homogeneidade. Seus produtos, o 'símbolo', o 'conceito', o 'mito', são, eles pró-

---

[7] Stéphane Lupasco, *Logique et Contradiction*, Paris, PUF, 1947.
[8] Stéphane Lupasco, *Le Principe d'antagonismie et la Logique de l'énergie*, Paris, Hermann, 1951.
[9] Stéphane Lupasco, *Les Trois matiéres*, Paris, Julliard, 1960.

prios, regidos pela lógica da contradição incluída. São elementos dinâmicos nos quais um valor *extensivo*, dominado pela essência homogênea, permanece em contradição/tensão com um valor 'abrangente' caracterizado pela sua essência heterogênea. "O conceito, em oposição ao que diz a lógica clássica, é a sede da contradição" (*Les Trois Matières*, pag. 75, na minha tradução do francês). O conceito pode ser 'claro' e indispensável para operações racionais se for homogeneizado para que seu valor extensivo, exato, seja focalizado. Por outro lado, no entanto, pode tornar-se confuso quando, tornando-se cada vez mais heterogêneo, perde sua exatidão e adquire, dessa maneira, mais de um sentido. Nesse quadro, a diferença entre o 'racional' e o 'afetivo' desaparece; o fenômeno psíquico tem a possibilidade dual de ser realizado como matéria psíquica ou biológica (devo mencionar também que, com base na equivalência relativa entre energia e matéria, Lupasco prefere substituir 'energia' por matéria, o que torna mais fácil a compreensão de sua 'terminologia da contradição').

Portanto, constatamos que, enquanto Nishida e Matte Blanco atingem uma 'integração' da afetividade no discurso filosófico (ou razoável, científico) seguindo um caminho peculiar, com um propósito específico em mente, para Lupasco essa 'integração' é um corolário de pontos de vista mais gerais e sistemáticos dos problemas relacionados ao cosmos, ao homem e à vida. Permanece a questão, é claro, de quão 'funcionais' são essas soluções: será que fazem uma diferença real em nossas vidas? Será que a lógica da contradição incluída de Lupasco, a lógica do vir-a-ser, é mais útil para se superar uma situação existencial dolorosa, ou será que ajudaria a fazermos escolhas morais? Será que o seguidor da filosofia Zen atinge com maior facilidade o *satori*, depois de ter compreendido Nishida? O psiquiatra pode tratar mais facilmente de um homem moderno marginalizado por um mundo complexo e incompreensível, ou pelos caprichos de um Ubu-rei ditador? São questões inevitáveis para filosofias que tentam integrar a afetividade. Por outro lado, viver com a contradição é uma experiência nova para nós. A importância dos trabalhos acima mencionados está no fato de que eles nos trazem uma mensagem nova, simples, mas radical: devemos fazer um esforço consciente para viver a contradição e a incerteza se quisermos sobreviver em um mundo que se tornou excessivamente complexo.

O TEMPO DA IMANÊNCIA VERSUS O ESPAÇO DA TRANSCENDÊNCIA: OBRA ORGÂNICA VERSUS OBRA CRÍTICA

COSTIN CAZABAN
Compositor e Professor na Universidade Paris - I

O presente ensaio é a sequência de uma pesquisa, anteriormente empreendida, sobre *Le Temps musical et l'espace musical comme fonctions logiques*.[1] Tratava-se, então, de estabelecer um sistema de análise musical e/ou de composição, a partir dos postulados da 'lógica dinâmica do contraditório', elaborada por Stéphane Lupasco.[2] A utilidade de seu sistema para as ciências da arte pareceu-me evidente por aceitar a imanência da contradição, do indecidível, indecidível este que não é outra coisa senão o 'inefável' do comentário estético, prestando-se, assim, a uma *modelização* talvez mais leve, mais próxima do objeto artístico, do que as que se diziam, há vinte ou trinta anos, *científicas*.

---

[1] Costin Cazaban, *Temps musical/Espace musical comme fonctions logiques* (tese de doutorado na Universidade Paris-I), Lille, Atelier national de reproduction des thèses, 1993.

[2] Ver especialmente Stéphane Lupasco, *Le Principe d'antagonisme et la Logique de l'énergie*, Paris, Hermann, 1951.

As noções de tempo e espaço musicais serão utilizadas em uma acepção precisa e tratadas como postulados, afastadas da evidência e sem traduzir, imediatamente, as propriedades de objetos preexistentes. Antes de mais nada, nós as consideramos como asserções, das quais nos interessam apenas as consequências, de modo mais particular enquanto dinamismos transfinitos contraditoriamente conjugados.

Denominamos tempo e espaço aos dois vetores postulados por Lupasco, de acordo com sua *lógica dinâmica tripolar* e adaptados à música. São expressões específicas do par contraditório heterogeneização/homogeneização. Há, portanto, obrigatoriamente, no interior de qualquer obra musical, um vetor temporal e um vetor espacial, cuja contradição mais forte, a coexistência em um mesmo nível de desenvolvimento, mútua e simultaneamente anuladora e mútua e simultaneamente valorizadora, constitui a vocação da obra, sua *esteticidade*. O tempo musical, expressão do vetor heterogeneizante, seria a capacidade, ou melhor a necessidade, para uma determinada música, de propor fisionomias sempre novas, diversificadas até certo ponto (ou seja, até o ponto em que esse vetor se atualizaria de forma radical e rejeitaria o outro vetor em uma potencialização infinita, tão impossível quanto a atualização infinita e, em todo caso, nitidamente anti-estética, pois violaria a conjunção contraditória em sua posição mais antagônica, que é, na arte, condição imbatível do valor). Nosso tempo musical é, portanto, eterna criação de diferença e opõe-se, nisso, ao tempo do relógio, tal como esse último se apresenta comumente, a saber, um tempo da identificação. Porém, no interior da obra musical, esse tempo não se opõe ao tempo trivial, como acreditava Bergson, mas ao espaço musical, do qual é também o conjugado. O vetor espacial representa uma tendência manifestada pelos elementos musicais, a de resistir à diversificação, da qual nasce o tempo musical, de remontar esse tempo. E como poderiam eles remontar o tempo da heterogeneização se não tentando opor-se à diversificação, apresentando-se em nome de uma unicidade, colocada em um passado potencial ou em um futuro atual?

Esses postulados levam-nos, depois de algumas etapas intermediárias, a certas conclusões que apresentarei sucintamente, para poder entrar no ponto principal do assunto. O equilíbrio contraditório é a premissa do não-condicionamento do artista (e do receptor, aliás). O mistério artístico é a consequência do caráter imanente da contradição. O inefável artístico é, portanto, ele também, estritamente imanente. A arte coincide com o falso em lógica, de acordo com a observação de Lupasco.[3] A obra musical é sintaticamente tautológica, pois o tempo e o espaço musical não preexistem a sua enunciação e determinam-se, reciprocamente, a cada instante. Ela também é uma tese, no sentido que a lógica confere a esse termo, a exemplo de uma língua imaginária, cujas regras gramaticais definir-se-iam no exato momento da produção das frases: nenhuma falsa expressão poderia ser formulada nessa língua. Por causa da relação instantânea e móvel do tempo e do espaço, a música esvazia o contingente e a predeterminação e conserva apenas o aspecto analítico (no sentido de Kant), a forma lógica dos acontecimentos. Todas as vezes, reconhecemos essa forma lógica mas, ao contrário da linguagem falada, aceitamos, implicitamente, que outras formas lógicas são possíveis e que todas essas formas lógicas são, ao mesmo tempo, irredutíveis e não-contraditórias entre si.

[3] Stéphane Lupasco, *Logique et Contradiction*, Paris, PUF, 1947, *passim*.

Sabemos, desde Wittgenstein, que o mundo se compõe não de coisas, mas de 'estados de coisas'. O que chamamos função espacial cria os estados de coisas a partir dos elementos. Todo estado de coisas musical é concebível, pois a obra cria seu mundo durante seu próprio desenrolar e nada sobrevive intato a essa construção. Por seu aspecto espacial, a música é 'dionisíaca', de acordo com a terminologia de Nietzsche, no sentido em que ela transcende, sem interrupção, o *principium individuationis,* aliás, um princípio que ela cultiva graças a sua função temporal.

O vetor espacial torna possíveis a antecipação e a lembrança, responsáveis pelo sentido, mesmo quando este não se reduz àquele. Esse vetor é, portanto, criador de sentido, em duas acepções: dá ao elemento musical um lugar na hierarquia que ele instala e mostra a direção dessa hierarquização. "Se tudo funcionar como se o símbolo tivesse um significado, então ele tem um" (sempre segundo Wittgenstein[4]) e o erro de lógica resumido pela expressão *post hoc ergo propter hoc* indica, na música, uma realidade perfeitamente consistente. A conjunção contraditória das funções espacial e temporal afasta, no entanto, a possibilidade de uma identidade estável, deliberadamente atual. O passado da obra é recomposto sem cessar e a música perde e refaz sua virgindade a cada instante. A tautologia musical é colocada no tempo pelo vetor diversificante e cada prega da tautologia tem a forma de um significado.

Uma peça musical é uma tautologia, porque o espaço, que confere seu significado aos elementos, não

---

[4] Ludwig Wittgenstein, *Tractatus logico-philosophicus*, trad., Paris, Gallimard, col. "Tel", 1986, p. 43.

precede a obra. É somente o espaço de uma obra, não é um *a priori* e tampouco convencional. O mundo dos significados do discurso ergue-se ao mesmo tempo que o próprio discurso. Aí reside uma diferença fundamental em relação à linguagem falada que, intuitivamente percebida, desencorajou um grande número de musicólogos tentados pela analogia.

A cadência final, em uma obra tonal, não nos faz esquecer as peripécias que a tonalidade, agora triunfante, teve que enfrentar. A única maneira para uma obra existir após seu fim é a de nos imprimir, na memória, a ordem que iniciou e as ameaças das quais essa ordem foi objeto. Na cultura cristã clássica, a função espacial toma a forma da necessidade, naquilo em que ela representa a revelação do Um através do múltiplo e conta, de fato, a história do Ser. A forma torna-se uma confirmação da salvação, um cenário catártico. (Lévi-Strauss escreveu algumas frases definitivas sobre esse assunto.)

"O indivíduo é a sede e o agente ativo das atualizações e, exatamente por isso, afunda na inconsciência"[5], lembra Lupasco. Na música clássica, a identificação, isto é, a função espacial, ou melhor, a tonalidade, sempre tende a se potencializar e, assim, a objetivar-se, e ela mantém a função temporal, a diversificação, em uma posição atual, na subjetivação. "Toda música – dizia Adorno[6] – tem como idéia a forma do Nome divino. Prece demistificada, libertada da magia do efeito, a música representa a tentativa humana, ainda que vã, de enunciar o Nome em si mesmo." Daí a associação entre

---

[5] Stéphane Lupasco, *Le Principe d'antagonisme et la Logique de l'énergie, op. cit.*, cap. V, "Le sujet et l'objet logique et la logique du sujet et de l'objet", p. 121-131.

[6] Theodor W. Adorno, *Quasi una fantasia*, trad., Paris, Gallimard, 1982, p. 4.

música tonal e nostalgia, se pensarmos que, para Heidegger, "a nostalgia é a dor que nos causa a proximidade do longínquo".[7] Enquanto contradição insolúvel, o estado estético contém, segundo Lupasco, tanto "o estado de realidade do discurso (o valor lógico lingüístico virtualizado e objetivado dessa maneira)" como "o estado de irrealidade do discurso (o valor lógico lingüístico atualizado, que se atualiza e escapa à consciência e ao conhecimento por sua subjetivação); da ficção verbal jorrarão as duas verdades adequadas, a verdade da realidade e a verdade da irrealidade como expressão de sua não-contradição respectiva".[8]

A estrutura da música tonal corresponde à lógica clássica, na qual o sujeito assume a diversificação e vê, diante de si, um objeto colocado em uma pirâmide identificadora. A tonalidade é, assim, olhada como a coisa em si, tanto que não é ameaçada de dissolução, em condições de perfeita coerência entre o tratamento do elemento e as potencialidades desse mesmo elemento. Ela é, inicialmente, sentida como lei de composição do elemento (pois o elemento tonal é composto, de qualquer forma, *a posteriori*), depois, ela é colocada em cena, em um cenário sem ângulo, de onde sairá, evidentemente, vitoriosa.

O par sujeito/objeto da obra repousa sobre a mesma distribuição dos dinamismos que o par sujeito/objeto do compositor. Há coincidência entre a lógica da essência platônica do compositor, ou seja, do sujeito, enquanto diversificação e do objeto que identifica (lógica 'natural' do europeu e que é a de nossa linguagem

---

[7] Martin Heidegger, *Qui est Zarathoustra de Nietzsche*, em *Essais et Conférences*, trad., Paris, Gallimard, col. "Tel", 1980, p. 125.
[8] Stéphane Lupasco, *Logique et Contradiction*, *op. cit.*, p. 175-176.

também, qualquer que seja, desde que pertença às línguas indo-européias ou aparentadas) e a lógica da obra que potencializa a identificação e atualiza a heterogeneização. O mecanismo lógico do autor funciona como o da obra, por analogia ao conceito. É a explicação, em termos sintáticos, do que Adorno denominava '*obra orgânica*', em oposição à '*obra crítica*'. Na obra orgânica, por causa da coincidência assinalada, e que nos parece tão frequentemente inerente, o ouvinte torna-se, ele também, parte da obra, pois assume, logicamente, a mesma configuração dos dinamismos. Seu tempo de escuta superpõe-se, perfeitamente, ao tempo musical, cada surpresa de fato presente no discurso é, para ele, de fato surpreendente e isso ainda que ele conheça a obra de cor. A conjunção contraditória dos vetores lógicos atenua tudo o que seja anterior à elaboração da obra, de um lado e, de outro, assegura a abertura, o rico não-condicionamento do ouvinte.

Mais tarde, e em relação ao enriquecimento de um elemento que a lei de composição está cada vez mais longe de dominar completamente, o sujeito criador perde, pouco a pouco, a ilusão de um possível investimento em sua produção, como se se tratasse, efetivamente, de seu mundo, moldado à sua medida, de um mundo, em outras palavras, do qual ele é o demiurgo. O sonho da coincidência perfeita entre o sujeito criador e o agente da obra desaparece. Como o domínio dos elementos fica cada vez mais visível, pois provoca procedimentos cada vez mais complexos, a possibilidade de apresentar alguma coisa como a própria imanência, assim como o fazia a exposição temática da sonata clássica, também se perde. É, como vemos atualmente, o caminho que separa a obra orgânica da obra crítica.

Uma das constatações mais espantosas dessas mutações pertence a Nietzsche. O filósofo, que resumia o discurso da imanência e a simulação da Palavra absoluta, no último Beethoven, dizendo: "É colocado, não composto", perguntava-se alhures: "De que sofro, quando sofro pelo destino da música? Daquilo que suprimiu da música seu caráter afirmativo..."[9] A quebra sintática entre compositor e obra anula o papel de *voz do absoluto* conferido, tradicionalmente, ao enunciado temático. O tema parece desenvolver-se ao mesmo tempo que sua apresentação, de tal forma que, se retraçarmos, retrospectivamente, seu caminho, ele só tem como origem o nada e a simples vontade individual do compositor como ponto de fixação. Vontade de expressão, para Mahler, vontade de inexpressão, para Cage, o procedimento subjetivo não precisa de justificativa, pois ele já não pretende ser uma mensagem, mas propõe uma base edificante, romanesca para um, meditativa para o outro. (É interessante lembrar, aliás, que Cage considerava a harmonia clássica incompatível com uma experiência espiritual, pois, aparentemente, ele a via comprometida demais para estar aberta à manifestação. Aliás, Schoenberg havia constatado que não tinha nenhum sentido da harmonia.) A música do americano, bem como a de Mahler, é uma música que desliza, heracliteana, na qual não nos podemos banhar duas vezes: ela tem o tempo diante de si e por isso postula um sujeito consistente, mas exterior à obra.

Pudemos dizer, a esse respeito, que a música de Mahler constata a dissolução do sujeito. De fato, constata apenas a dissolução do sujeito da obra (por razões, antes de mais nada, internas, pois "a falta de autentici-

---

[9] Citado em Theodor W. Adorno, *Essai sur Wagner*, trad. Paris, Gallimard, 1966, p. 125.

dade da linguagem torna-se aquilo em que se conta o teor da música", como assinala, com justa razão, Adorno[10]). Ela constata, sobretudo, a impossibilidade de o sujeito criador conseguir salvá-la. (Schoenberg dizia sobre a *Nona Sinfonia* de Mahler que não era diretamente o compositor que nela falava, mas um terceiro.) Entretanto, o sujeito criador não é artisticamente afásico, pois também podemos dizer que a obra de Mahler era autobiográfica (em um sentido diferente, é claro, daquela de um Strauss, por exemplo). "A alma voltada para si mesma não se reconhece mais em seu idioma hereditário[11]", observa Adorno, fiel a seus postulados. O compositor deve manter distância em relação a sua obra, pois não pode fazer brotar o sentido 'de uma totalidade que não se deve fechar sobre si mesma'. Se sentido houver, deve ser de outro tipo, pois a antiga maneira de construir um significado estava ligada à idéia de totalidade, que podemos ver *dos dois lados*, segundo a célebre imagem de Wittgenstein. Nesse caso, o sentido sobrepunha-se ao exercício da organização pelo sujeito criador, enquanto Adorno constata que, ao contrário, "desorganização e sentido confundem-se". Esse sentido, no entanto, já não é da mesma natureza: o da música clássica era imanente, porque obra e organização estavam ligadas, enquanto o sentido da obra crítica é justamente dado pela distância entre o tema do artista e o tema da obra e ele potencializa, portanto, objetiva, uma pirâmide tombada, uma desierarquização. Para o pensamento clássico, geral e particular eram, finalmente, a mesma coisa, por tanto tempo quanto o espaço e o tempo musicais fossem conjugados a ponto de configurar a obra e, ao mesmo tempo, de se desta-

---

[10] Theodor W. Adorno, *Quasi una fantaisia, op. cit.*, p. 99-100. *Ibid.*, p. 99.
[11] *Ibid.*, p. 99.

car dela para considerá-la como uma totalidade fechada sob o ângulo da finitude. Mas Mahler, para recuperar o sentido, teve que realçar o particular, em detrimento do geral, e isso não se pode fazer sem a potencialização da heterogeneidade, alçada como princípio universal, se não mesmo teomorfo. E o raciocínio da obra, com essa nova maneira que adota para instalar-se no tempo (físico, desta vez), o raciocínio implícito, portanto, de dedutivo torna-se indutivo. É em parte nisto que Adorno pensava ao considerar a música de Mahler como próxima do romance[12]: épico, por um lado, dramático, de outro; esta oposição é a do indutivo versus o dedutivo, em última instância, do crítico versus o orgânico.

Se, para a obra orgânica, podemos dizer, com Hölderlin, que "*sempre [...] a terra caminha e o céu permanece*", no "mundo ao contrário" da obra crítica, a terra sempre permanece e o céu caminha.

---

[12] *Ibid.*, p. 101.

O PRINCÍPIO DE ANTAGONISMO

DOMINIQUE TEMPLO
Bióloga

A física quântica revelou que a matéria e a energia, das quais a física clássica dava uma definição não contraditória, procediam, ambas, de uma entidade episódica, contraditória em si mesma.

A noção do *contraditório* surgiu, de fato, com a descoberta do *quantum* de Planck no estudo da luz e quando foi preciso explicar que ela podia se manifestar como a vibração de um meio homogêneo e como um feixe de partículas elementares. Bohr expressou o embaraço da física com a seguinte ilustração:

"Quando um espelho semiprateado é colocado no caminho de um fóton, oferecendo-lhe duas possíveis direções de propagação, o fóton pode ser registrado sobre uma e somente uma das duas placas fotográficas colocadas a grande distância nas duas direções, mas também podemos, substituindo as placas fotográficas por espelhos, observar os efeitos que colocam em evidência as interferências entre os dois conjuntos de onda refletidos."

Que o acontecimento de origem seja capaz de conter, em si mesmo, as potencialidades desses contrários – contínuo e descontínuo –, colocado em evidência na ilustração de Bohr, um pelos impactos sobre a placa fotográfica, outro pelas interferências, enquanto a lógica exclui a própria idéia de contraditório de todo conhecimento, fez surgir um problema completamente inesperado para os físicos.

"Pessoalmente, comentou Bohr, penso que haja somente uma solução: admitir que, nesse domínio da experiência, estamos diante de fenômenos individuais e que nosso uso dos instrumentos de medida apenas nos deixa a possibilidade de fazer uma escolha entre os diferentes tipos de fenômenos complementares que queremos estudar."[1]

Bohr acrescenta: "É de decisiva importância reconhecer que, mesmo que os fenômenos ultrapassem, em muito, o alcance das explicações da física clássica, a descrição de todos os resultados de experiência deve ser expressa em termos clássicos."[2]

De acordo com esses termos clássicos, os fenômenos complementares só podem ser independentes uns dos outros, o que não permite esperar um conhecimento imediato e total do acontecimento de onde eles provêm. A dificuldade será, pois, contornada graças ao *princípio de complementaridade*, ou seja, graças ao uso de perspectivas, cada uma não-contraditória em si mesma, exclusivas umas das outras, e que serão consideradas complementares entre si.

Certos teóricos do formalismo quântico propuseram dar o nome de *complementar* às soluções intermediárias entre as medidas de um acontecimento dado, ou seja, aos diferentes graus de atualização de cada fenômeno observado. Esses diferentes graus de atualização são cha-

---

[1] Werner Heisenberg, *Physique et Philosophie*, Albin Michel, 1971.
[2] *Ibid.*

mados, por Weizsäcker, de '*estados coexistentes*'.[3]

Weizsäcker diferencia esses *estados coexistentes* por aquilo que chama seu *grau de verdade*, ou seja, seu grau de não-contradição, pois, segundo a lógica clássica, o critério de verdade é a não-contradição. O formalismo quântico permite, assim, a ligação da nossa lógica do terceiro excluído, que usamos diariamente para definir os fenômenos observados, à lógica do terceiro incluído, que deve ser reconhecida nos acontecimentos sobre os quais dirigimos a observação.

No Congresso de Antropologia e Etnografia de Copenhage, em 1938, Bohr observou que, no estudo das comunidades e sociedades humanas, a resposta que o observador consegue receber, para aquilo que estuda, é somente uma resposta produzida por sua observação. Bohr propôs, então, aos pesquisadores de ciências humanas usar também o recurso do princípio de complementaridade.[4]

Mas nessa época (1935), um outro princípio já permitia a ligação do *contraditório* e do *não-contraditório: o princípio de antagonismo* de Stéphane Lupasco.[5] O *princípio de antagonismo* de Stéphane Lupasco junta a *atualização* de um fenômeno *à potencialização* de seu contrário. A *potencialização* é definida como uma *consciência elementar* (*coscience*, dirá Marc Beigbeder [6], pois não se trata apenas de consciência sem consciência de si mesma e nem mesmo do que chamamos *consciência* quando falamos da consciência humana). Para fazer a imagem dessa tese, diremos que a onda atualiza-

---

[3] *Ibid.*
[4] *Ibid.*
[5] Stéphane Lupasco, *Le Principe d'antagonisme et la Logique de l'énergie*, Hermann, 1951.
[6] Marc Beigbeder, *Contradiction et Nouvel Entendement*, Bordas, 1972.

da está unida a uma estrutura corpuscular potencializada, que a estrutura corpuscular atualizada está unida a uma onda potencializada e que cada uma dessas potencializações é uma consciência elementar.

Por sua vez, essas atualizações-potencializações podem atualizar-se (atualização, pois, de segundo grau). Se essa atualização tiver o mesmo sinal que a primeira – e assim por diante –, a série das atualizações será chamada *ortodialética*; se ela tiver sinal inverso de *paradialética*.

A ortodialética da homogeneização é a da energia, segundo a definição da física clássica, da qual a imagem é a luz. A ortodialética da heterogeneização, qualificada nos dias de hoje de neguentropia, é a da vida, da organização da matéria, do átomo, da molécula, do código genético. O sinônimo de *heterogeneização* é *diferenciação*, termo que valoriza, talvez mais, o fato de esse fenômeno constituir-se, inicialmente, em uma oposição entre dois pólos, aparecendo cada um como partícula correlata a seu oposto. Não existem, portanto, elementos materiais isolados de forma absoluta, mas pares ou díades de elementos correlatos (matéria e antimatéria). Sendo cada fenômeno de diferenciação, em si mesmo, correlato a seu oposto, a *diferenciação* transforma-se em *organização* ou em *complexificação*.

Cada uma das duas ortodialéticas tende para um ideal de não-contradição. Uma, ilustrada pelo princípio de Pauli[7], provoca uma organização sempre mais com-

---

[7] A Física classifica as entidades elementares em duas categorias: os *bósons*, assim chamados pois respondem à estatística de Bose-Einstein; os *férmions*, que respondem à estatística de Fermi-Dirac. Os *bósons* podem associar-se indiferentemente uns aos outros, enquanto os *férmions* somente podem ser associados se diferenciados uns dos outros (princípio de Pauli).

plexa, a matéria viva; a outra, explicada pelo princípio de entropia de Carnot-Clausius, leva ao que denominamos a morte do universo.

Para Bohr, os fenômenos são manifestações de uma realidade cuja consciência somente pode ter uma tradução graças a duas leituras parciais complementares. Mas essas duas leituras não são como os dois lados de uma medalha. O fenômeno medido é, em cada vez, todo o acontecimento. Ou a realidade se manifesta como onda ou como corpúsculo. Para Lupasco, a realidade atualizada está ligada a uma potencialização, uma consciência elementar, da qual procederá a consciência da consciência (a consciência humana) e esta não será, assim, arbitrária.

O que, na realidade, acontece quando duas atualização-potencialização antagônicas têm intensidade igual, em um equilíbrio simétrico, quando, portanto, elas se anulam recíproca e rigorosamente? O princípio de complementaridade de Bohr não pode ser utilizado; tais estados não são passíveis de serem conhecidos porque não se pode ter nenhuma imagem deles, nenhuma idéia, pelo fato de que não se atualiza nenhum fenômeno que possa ser medido. Realmente, podemos imaginar, para esse estado intermediário entre atualização-potencialização antagônicas, um espaço de um novo tipo, mas esse espaço, por ser contraditório, não tem limite e é totalmente vazio. Ninguém pode dizer nada sobre ele. Esse vazio caracteriza os estados coexistentes com *grau de verdade zero*. Costa de Beauregard sustenta que, já que é impossível falar do que não se pode medir, o físico deve se calar diante do desconhecido.

Voltemos, no entanto, aos estados coexistentes simétricos, nem ondas, nem corpúsculos, nem homogêneos, nem heterogêneos. De acordo com Heisenberg:

"*Cada estado contém, até um determinado ponto*, os outros estados co-existentes [...]. Por outro lado, se considerarmos a palavra 'estado', como a descrição de uma potencialidade qualquer, antes que uma realidade, poderíamos até substituir o termo 'estado' pelo termo 'potencialidade'. Então, o conceito de potencialidade co-existente seria plenamente razoável, pois uma potencialidade pode comportar tudo ou parte de outras potencialidades."[8]

A noção de *potencialidade* é usada por Heisenberg no sentido dado por Aristóteles, que definia a *Matéria* como uma entidade indiferenciada contendo *potencialmente* os contrários, como a criação e a corrupção, a vida e a morte, a ordem e a desordem. É chegada a hora de introduzir um termo novo para esse estado particular de potencialidades co-existentes simétricas. Trata-se do estado T de Lupasco[9], que significa o que é, em si mesmo, contraditório. Esse terceiro é o terceiro que a lógica clássica *exclui* e que Lupasco denomina o *terceiro incluído*. Esse estado T corresponde àquela situação particular em que as duas polaridades antagônicas de um acontecimento têm igual intensidade e anulam-se reciprocamente para dar nascimento a uma terceira potência em si mesma *contraditória*.

Tal estado, em si *contraditório*, pode ser enunciado sob forma negativa, por exemplo: nem onda nem corpúsculo. Mas como falar a seu respeito de maneira positiva? Poderíamos dizer que o terceiro incluído é uma semi-atualização de dinamismos antagônicos e, ao mesmo tempo, uma semi-potencialização desses mesmos

---

[8] Em: Werner Heisenberg, *op. cit.*

[9] Stéphane Lupasco, *Le Principe d'antagonisme et la Logique de l'énergie, op. cit.; L'Énergie et la Matière psychique*, Julliard, 1974.

dinamismos antagônicos. Mas nem assim apreendemos sua originalidade enquanto terceira dinâmica entre a energia e a matéria.

É neste momento que a proposição de Lupasco, de considerar as potencializações como consciências elementares, torna-se fecunda, pois uma consciência elementar que se relativiza através de sua consciência elementar antagônica deixa de ser uma consciência cega de si mesma, mas adquire uma luminosidade sobre si mesma a partir da consciência à sua frente, a qual adquire essa mesma luminosidade sobre si mesma, luminosidade que podemos, então, descrever como uma luminosidade da luminosidade, uma consciência da consciência, uma iluminação de si mesma. Porém, a partir de então, o que poderá ser questionado é, exatamente, a consciência propriamente dita, a consciência da consciência como a conhecemos através de nossa experiência humana e que denominaremos revelação.

Se considerarmos esse estado T da perspectiva da atualização – relativizada pela atualização antagônica –, toda realidade acaba, quer seja a da matéria ou a da energia, mas o estado intermediário, atualização relativizada por sua atualização antagônica, não cessa de ser muito real, a ponto de poder ser definido pelo nome de matéria primordial. O princípio de antagonismo leva, assim, ao reconhecimento de uma entidade sem matéria nem energia, tão real quanto a realidade, uma matéria-energia que é, ao mesmo tempo, uma consciência da consciência. Lupasco a denomina energia psíquica.

Surge, então, entre atualização-potencialização antagônicas uma terceira polaridade, que é a do próprio *contraditório* e pode, por sua vez, desdobrar-se como ortodialética.[10] Sua vinda pode ser classificada como um fenômeno de autoconsciência que não conhece nada além do que esteja em interação, ou seja, ela mesma.

A energia psíquica tem, realmente, uma especificidade como consciência própria, revelação transparente de si mesma, despojada de qualquer conhecimento além da sensação da própria liberdade, mas essa dinâmica não está menos ligada aos pólos do *contraditório* através de todos os *graus de verdade* de Weizsäcker, de forma que, *entre a consciência de si mesmo e as consciências elementares podem aparecer todas as consciências de consciências que denominaremos consciências objetivas.*[11]

Lupasco assinala uma analogia de estrutura entre os *estados coexistentes* da física quântica e a consciência humana. Se não for possível conhecer os *estados coexistentes* de grau de verdade zero, não é impossível que eles não se conheçam, que não sejam consciências de consciências. Esta já era a intuição da *noosfera* de Teilhard de Chardin e de sua *evolução contínua* do alfa ao *ômega*.

Lupasco interessou-se pelo sistema da vida, depois pelo sistema psíquico e constatou, imediatamente, que o sistema da vida respeita o princípio do antagonis-

---

[10] Lupasco definiu a atualização-potencialização para os dois pólos do *contraditório*, mas não propôs um termo preciso para a manifestação do *contraditório* como tal. Por outro lado, ele sempre considerou a afetividade como exterior à consciência da consciência e não aceitou a idéia de que ela pudesse ser a consciência reconhecendo a si mesma.

[11] O *princípio do antagonismo* implica que a atualização da energia e da matéria não pode atingir uma não-contradição absoluta. Em toda matéria ou energia, permanece, portanto, o *contraditório*, ligando-os à energia psíquica; mas reciprocamente, o *contraditório* não pode liberar-se dos dinamismos que lhe dão origem por seu confronto. *Não há espírito sem matéria e sem energia.*

mo polarizado pela *diferenciação*[12], e o sistema psíquico, o princípio do antagonismo polarizado pelo *contraditório*[13]. As neurociências confirmam o caráter *contraditório* do sistema psíquico. Este resulta da confrontação de informações antagônicas. Ele se construiu, efetivamente, pela *complexificação de antagonismos*. A neurologia descobre, mesmo, diferentes fases do aparecimento do *terceiro incluído*: quando as células nervosas, oscilando entre a vida e a morte, criam um equilíbrio sem perturbações externas, participam na elaboração de *pré-conceitos* (sem excluir a lembrança das *potencialidades co-existentes* de Heisenberg). Esses pré-conceitos são, efetivamente, neutros, indeterminados, mas quando os complexos de neurônios mobilizados na elaboração dos pré-conceitos interagem com o meio físico ou biológico, seus pré-conceitos são orientados (como os acontecimentos quânticos são *fenomenalizados* através de sua interação com os instrumentos de medição). O campo do pré-conceito é limitado pela consciência elementar antagônica da atualização biológica provocada pela ação do meio. Essa consciência elementar corresponde à ação física do meio. As potencializações que surgem no horizonte do pré-conceito vão tornar-se tanto mais não-contraditórias quanto as atualizações às quais essas potencializações estão ligadas forem mais não-contraditórias. A realidade do mundo é, portanto, conhecida de forma não arbitrária.[14] Atualizações despóticas provocam reações cada vez mais unilaterais, os reflexos e

---

[12] Stéphane Lupasco, *L'Énergie et la Matière vivante*, Julliard, 1974.

[13] Stéphane Lupasco, *L'Expérience microphysique et la pensée humaine*, PUF, 1941.

[14] Jean-Pierre Changeux, *Remarques sur la complexité du système nerveux et sur son ontogenèse*. Em *Information et communication – Séminaires interdisciplinaires au Collège de France*, Paris, Maloine, 1983.

as consciências de consciências são substituídas por consciências elementares, como as do instinto ou do hábito.

Mas, no âmago das consciências de consciências, no estado T, quando não domina nem uma nem outra das forças antagônicas que se confrontam, nada pode aparecer no limite da consciência de consciência e nenhuma consciência pode ser definida. O *conceito* reduz-se a um *estado coexistente*, complexo sem dúvida, mas tão indeterminado quanto o *vazio quântico* dos físicos. *Não saberíamos se a prova por si mesma da consciência não se traduzia pela afetividade.* Ora, novo paradoxo que derrotou a reflexão sobre o contraditório, a afetividade traduz-se como um *em si absoluto.*[15]

Se para o físico, os estados coexistentes de grau de verdade zero são impossíveis de conhecer, esses estados se revelam a eles mesmos na energia psíquica como a afetividade pura.[16] O sentimento de si mesmo como existência resulta disso. De forma mais elaborada, a consciência desse sentimento como sentimento da consciência dele resulta igualmente. A experiência introspectiva da dúvida sistemática é, efetivamente, a sede de uma certeza ontológica que se desdobra com tanto mais força quanto a dúvida se radicaliza.

O *princípio de antagonismo* propõe, assim, uma solução original à questão das relações do espírito com

---

[15] Por causa desse caráter *absoluto*, Lupasco situava a afetividade fora da consciência de consciência e não aceitava a idéia de que a iluminação da consciência pudesse fundir-se em uma pura afetividade, parecendolhe a passagem implicar uma solução de continuidade irredutível entre duas naturezas.

[16] As técnicas dos budistas têm por objeto a criação desse *estado de vazio de todas as consciências objetivas*, mas que se traduz por uma afetividade perfeita.

a matéria e a energia. *A energia psíquica tem a mesma natureza fundamental que qualquer outro fenômeno, mas tende para o contraditório, enquanto a matéria e a energia tendem para o não-contraditório.* As manifestações da matéria-energia psíquica são, desde então, irredutíveis às da matéria e da energia, o que traduz a contradição cara aos idealistas do espírito e da natureza e, no entanto, elas são suas parentes, o que havia percebido intuitivamente o materialismo. A teoria de Lupasco reduz a distância entre a ciência e a ética. Não há hiato entre o espírito cientifico e o espírito místico, apenas uma orientação diferente.

O *contraditório* pode atualizar-se (atualização de segundo grau) e ser potencializado por uma atualização antagônica ou, ainda, manifestar-se de forma contraditória. Conhecemos bem essa última manifestação: *a palavra.*

Na expressão da consciência por um significante podemos distinguir duas dinâmicas opostas: uma converge para a unidade e a chamaremos *princípio ou palavra de união*; a outra, caminha em sentido inverso e se manifesta pela diferenciação e a chamaremos *princípio ou palavra de oposição.*

Se o estado T persiste em si mesmo, ele é tragado por aquela identidade, que é uma homogeneização de segundo grau. Se ele se atualiza por diferenciação, será tragado por tal diferenciação. A palavra só significaria *para si*: ela tranformar-se-ia, imediatamente, em um sinal do que coloca em perigo a existência do eu. Como o contraditório poderia escapar tanto de sua homogeneização definitiva como de sua heterogeneização definitiva? Seria necessário que ele pudesse parar de ser ele mesmo, sem por causa disso diferenciar-se de si mesmo, ou diferenciar-se permanecendo idêntico a si mesmo. O contraditório não pode renascer, a menos que a palavra não produza sua própria estrutura de reciprocidade. Uma encenação particularmente dramática desse vir-a-ser do contraditório, que morre no significado e renasce da estrutura de linguagem no jogo dos significantes, é a da *Encarnação*, da *Morte* e da *Ressurreição*, do que se diz a si mesmo *Revelação*.

Mas as duas palavras não podem se reencontrar pois exprimem duas atualizações que são, por definição, exclusivas uma da outra. Cada uma das duas palavras, *união* e *oposição*, deve reencontrar em si mesma a possibilidade de sua relativização. A coisa é imediatamente possível a partir do momento em que ela é reproduzida pela outra de forma antagônica, ou seja, por cada uma em uma relação de reciprocidade. Por exemplo, a palavra de oposição irmã-esposa, ou amigo-inimigo, pode ser redobrada pelo confronto sendo invertida. Esse confronto é, por exemplo, o das organizações chamadas dualistas, ou seja, divididas em duas metades que são, ao mesmo tempo, inimigas e amigas. Assim, reconstitui-se um espaço contraditório, mas dessa vez no nível da linguagem e não somente do real. E são, portanto, estados T diferentes que vamos descobrir como segunda geração. O mesmo acontecerá com a palavra união. Cada uma das duas palavras tem, portanto, um futuro distinto para poder estruturar-se de acordo com o princípio de reciprocidade. Podemos ver, nesses dois vir-a-ser opostos, o do pensamento científico e o do pensamento religioso.

Nota sobre a relatividade

Em 1905, Einstein mostrou que, para cada ponto

do universo considerado imóvel, todo fenômeno obedece a leis idênticas e as coordenadas de espaço e tempo de cada sistema de referência utilizado estão ligadas entre si pelas fórmulas de transformação de Lorentz. Essas relações foram representadas por Minkowski por um continuum com quatro dimensões: o espaço-tempo.

Entretanto, Einstein aceitou, no mesmo ano, dar à descoberta de Planck – o quantum contraditório da luz – um alcance decisivo, considerando-o não como um artifício matemático, mas como uma realidade.

Como a análise fina da estrutura da energia revelava uma descontinuidade constitutiva do fenômeno mais unificado e homogêneo conhecido da natureza, a luz, Louis de Broglie imaginou que toda matéria discreta era a manifestação de uma entidade que podia, igualmente, manifestar-se como uma realidade homogênea.[17] Assim, tudo no universo é atingido pela marca do contraditório. Einstein aceitou, embora a contragosto, que a tese de uma realidade não-contraditória da matéria não tem mais que o caráter de um *programa* para o espírito científico.[18]

Nota sobre a expressão 'matéria'

No século XIX, para os físicos, a *matéria* opõe-se à *energia*, como o *descontínuo* ao *contínuo*. Einstein formulou o princípio de equivalência. As noções de *matéria* e *energia* são, então, redutíveis a duas formas

---

[17] Louis de Broglie, *Matière et Lumière*, Albin Michel, 1937.
[18] Albert Einstein, Introdução a "*Louis de Broglie, physicien et penseur*", Albin Michel, 1959.

ou fenômenos de uma mesma natureza: as *duas matérias* ou as *duas energias* – uma tendendo para o contínuo, o homogêneo e a morte, a outra para o descontínuo, o heterogêneo e a vida.

Os pontos materiais são a expressão da heterogeneização, da vida, que implica, no mínimo, em uma dualidade, uma oposição, uma contradição entre dois termos irredutíveis um ao outro, ainda que correlatos um ao outro. Também não existe *partícula* sem *antipartícula* (elétron negativo/elétron positivo, por exemplo). Porém, como se havia denominado de *matéria* a partícula observada em primeiro lugar, chamou-se *anti-matéria* à partícula correlata descoberta em seguida.

Daí três sentidos para a palavra 'matéria': um sentido muito geral, que significa tudo o que pode ser *objeto de medida*; outro que significa *heterogêneo;* o terceiro, finalmente, que significa, no interior do heterogêneo, *um dos dois termos da diferenciação.*

O senso comum dá, à palavra matéria, sentido completamente diferente: o indiferenciado, o contrário da organização e da vida, ou seja, o contrário da definição dos físicos.

Quanto a Aristóteles, ele lhe deu o sentido de *Poder*, ou seja, de uma entidade que contém os contrários da vida e da morte sob a forma de potencialidades, o *contraditório.*

A palavra 'matéria', portanto, recebeu os significados mais opostos, ora de homogêneo, ora de heterogêneo, ora contraditório. Poderíamos encontrar outras definições para a palavra 'matéria'... Convém, portanto, especificar o sentido deste termo de acordo com seu contexto.

Nota sobre o vazio quântico

Quando uma partícula de anti-matéria e sua partícula de matéria correspondente se encontram, elas se anulam. Falamos de *desmaterialização*. Esta desmaterialização dá origem a um *campo* contínuo, homogêneo: a energia. A experiência é reversível (materialização da energia). Parece, portanto, que podemos passar de forma progressiva de uma matéria descontínua a uma energia contínua, mas a física quântica revelou um *vazio* entre uma e a outra como se a passagem de uma para outra fosse um salto por cima do nada. Materialização e desmaterialização da energia estão separadas uma da outra pelo *contraditório* de Lupasco.

UM NEO-RACIONALISTA DIALÉTICO*

VASILE SPORICI
Escritor e filósofo (Romênia)

Um filósofo que Stéphane Lupasco invoca, com frequência, é o neo-racionalista Gaston Bachelard. Assim, no extenso prefácio a um de seus livros fundamentais[1], o autor escreve: "Bachelard dá um sentido novo e dos mais prudentes à dialética: um *não* incessante vitaliza e deve vitalizar a razão, para que o espírito elabore e especifique o que ele chama um *supra-racionalismo* [...]"

Lupasco diverge com firmeza de Bachelard naquilo que diz respeito à dialética, mas elementos de neo-racionalismo também persistem em sua obra. Poderíamos argumentar que a historiografia não aborda, explicitamente, tal movimento filosófico. No entanto, alguns dicionários[2] tentam justificar a inclusão, entre as orientações do pensamento metafísico do século XX, do neo-racionalismo e pensamos que isso ocorreu em torno da revista suíça *Dialectique*. Os principais representantes dessa idéia teriam sido F. Gonseth, J. Ullmo, J. Piaget, G. Bachelard.

**Texto traduzido do romeno por Vasile Sporici e Basarab Nicolescu.*

[1] Stéphane Lupasco, *Logique et Contradiction*, Paris, PUF, 1947, p. VIII.

[2] *Dictionar filozofic*, Bucareste, Ed. Politica, 1978, p. 496.

Por que seria possível considerar a orientação de Stéphane Lupasco como um neo-racionalismo dialético? Primeiramente, devo reconhecer um fato: ainda que a denominação tenha sua justificativa na obra lupasciana, ela não é muito adequada. Da mesma forma, essa noção não é muito atraente, pois ela é demasiado alegada pelos marxistas-leninistas. É fato bem conhecido que os ideólogos soviéticos denominaram a filosofia oficial do regime de "materialismo dialético e histórico", forma suprema do materialismo e do racionalismo. Daí uma desvalorização, um tanto injusta, seja do materialismo quanto do racionalismo.

E, no entanto, se nos aproximamos, sem prejulgamentos, da lógica, da gnoseologia e da visão de conjunto de Lupasco sobre a realidade, somos levados a pensar que ela é, em grande parte, *neo-racionalista* e, na totalidade, *dialética*. E se aceitássemos a sugestão de Bachelard, poderíamos até falar de um *supraracionalismo*. Mas, igualmente, poderíamos falar de realismo e até de irracionalismo. Em uma monumental história universal da lógica[3], Anton Dumitriu considera que, na lógica de Stéphane Lupasco, "precisamos reunir o racional ao irracional, a identidade à não-identidade", o que define um racionalismo renovado, ligado a uma lógica capaz de transformar o princípio da complementaridade em um método de compreensão da coexistência e do equilíbrio assintótico dos contrários. Para uma visão como essa, não se trata de ecletismo, mas de enciclopedismo, de espírito sistêmico.

Uma característica neo-racionalista do lupascianismo é a ênfase sobre a contribuição do sujeito, com sua

---

[3] Anton Dumitriu, *Istoria logicii*, Bucarest, Éditions de l'Académie Roumaine, 1969, p. 522.

fantasia criadora, ao conhecimento. A estrutura do dado lógico é a estrutura da própria experiência, cujo significado é diferente daquele concebido pelo empirismo: "Nenhuma experiência sem lógica, nenhuma lógica sem experiência. Porém, ainda mais, a lógica é uma experiência e a experiência lógica é a própria experiência", declara Lupasco.[4] A teoria está subordinada ao objeto, como no realismo, mas um objeto em complementaridade ao sujeito. O sujeito e o objeto são consequências funcionais da experiência como operação lógica. Daí decorre que não se trata de uma lógica inerente ao sujeito e ao objeto inteligíveis, pois os dois dependem da lógica e não inversamente. Lupasco dá um novo sentido às noções filosóficas fundamentais, a partir do princípio de que o aparelho lógico, contraditório e dinâmico, determina, por si mesmo, o objeto e o sujeito, a realidade e a irrealidade, o conhecimento e o desconhecimento. A lógica transforma-se em sinônimo do método e da experiência: "A lógica, pensamos, deve ser, a partir de então, a ciência primeira dos dinamismos contraditórios de qualquer experiência. Tal seria a reforma do entendimento que proporíamos", conclui o fundador da lógica dinâmica do contraditório.[5] Poderíamos deduzir disso que o sujeito e o objeto são inseparáveis, mas daí não resulta que não existam distintamente.[6]

Está bem claro que, assim, afastamos a dificuldade fundamental do racionalismo clássico, notadamente o desacordo entre as estruturas lógico-matemáticas e a experiência. A unificação neo-racionalista do sujeito e do

---

[4] Stéphane Lupasco, *Logique et Contradiction*, *op. cit.*, p. XVII.
[5] *Idem*, p. 231.
[6] Stéphane Lupasco, *Logica dinamica a contradictoriului*, Bucarest, Editura Politica, 1982, p. 433, seleção de textos, tradução e posfácio de Vasile Sporici, prefácio de Constantin Noïca.

objeto apóia-se sobre o estudo crítico da história da ciência e também sobre a pesquisa psicológica experimental da gênese dos mecanismos do conhecimento e do pensamento. Para os neo-racionalistas representativos, a dialética é, ela própria, uma modalidade epistemológica fundamental. A orientação geral é a da pesquisa histórico-genética do conhecimento.

Como o próprio Lupasco, os neo-racionalistas rejeitam o convencionalismo subjetivo, característico do neo-positivismo e do apriorismo kantiano. Mas, por outro lado, Lupasco também tem em comum com o neo-positivismo seu esforço de atribuir à filosofia um caráter rigoroso, pela eliminação da especulação arbitrária e sua substituição pela lógica das ciências exatas. Neo-positivista é também sua refutação do materialismo e do idealismo clássicos, que se apoiariam sobre especulações incontroláveis e desprovidas de sentido. Devido a seu caráter predominantemente logicista (baseado nas teorias dedutivas da ciência moderna), o lupascianismo, por sua tentativa de dar um caráter de precisão ao procedimento filosófico, está em convergência com a metodologia de filósofos como B. Russell, L. Wittgenstein, R. Carnap, etc. Podemos, mesmo, identificar alguns elementos de neo-criticismo, como, por exemplo, a solicitação epistemológica das ciências exatas para reconstruir uma filosofia situada entre a metafísica especulativa e o empirismo.

Precisamos assinalar que, para os neo-racionalistas, como para Lupasco, a dialética é uma modalidade epistemológica fundamental. Mas de que tipo de dialética se trata?

É difícil encontrar, na filosofia contemporânea, um conceito tão propício a especulações, contestações e conotações tão diversas como o da 'dialética'.

Na Antiguidade, houve uma dialética espontânea, considerada ingênua por alguns historiadores, porque não explicaria, cientificamente, sua própria descoberta de uma inter-relação universal dos fenômenos do mundo real, formando um conjunto que se encontra em um movimento e uma transformação perpétuos. Por sua vez, a dialética de Hegel interpreta o mundo como um processo de autodesenvolvimento determinado pelas contradições internas. Stéphane Lupasco considera a generalização, feita por Hegel, da presença das contradições no mundo, como um progresso decisivo em relação a Kant. Este, como sabemos, não admitia a contradição senão nas antinomias. Para os filósofos materialistas, a dialética objetiva dos fenômenos da natureza e da sociedade determina a dialética subjetiva, ou seja, a lógica, o conhecimento. Segundo uma expressão consagrada, a dialética das coisas cria a dialética das idéias e não o contrário, extremismo metafísico equivalente à asserção de que a dialética das idéias cria a dialética dos objetos.

Lupasco prova que elas se engendram reciprocamente, se intercondicionam. O autodesenvolvimento material da energia, como processo transfinito, poderia comparar-se – com as reservas de rigor – ao autodesenvolvimento histórico da idéia em Hegel. O reflexo dos princípios dialéticos na consciência exprime o fato de que a dialética pode ser considerada, ao mesmo tempo, ontologia, gnoseologia e lógica. Também, uma tese dialética importante, a da coincidência do lógico e do histórico, encontra seu correspondente na lógica lupasciana. Isso se reconhece no conflito incessante das dialéticas inversas – de homogeneização e de heterogeneização –, portanto antagônicas e contraditórias. Nesse processo energético transfinito, os indivíduos e os grupos estão em interação e fundam sistemas e sistemas de sistemas conforme a sistemologia lupasciana. No domínio social, Lupasco fala de dialético-sociologia: partimos do *lógico* e descobrimos o *histórico*. Disso deduz-se que a história deveria, também, ser corrigida pela lógica.

Em Lupasco, o lógico é um dinamismo contraditório não-histórico. Mas ele não se pode manifestar sem criar uma sucessão de sistemas de sistemas, portanto sem desencadear um desenvolvimento no tempo, que é a história. Também precisamos observar que o lógico está ligado à complementaridade e à história ao futuro. A história avança frequentemente em 'zigue-zague', por saltos imprevistos, o que faz com que o desdobramento das idéias seja interrompido por detalhes insignificantes. A maneira apropriada de focalizar a história é a da lógica. Assim, a história será refletida logicamente, de acordo com as leis tornadas acessíveis pelo próprio desenvolvimento histórico real.[7]

Em uma de suas últimas obras[8], Stéphane Lupasco ocupa-se das 'dialéticas das sociedades humanas'. A novidade das análises 'socio-dialéticas', 'dialético-sociológicas' ou 'dialético-metodológicas' feitas pelo autor, em suas obras de sociologia, é impressionante. O histórico e o lógico interpenetram-se com um ritmo e um rigor implacáveis. Por exemplo, Lupasco aborda, graças à lógica dinâmica do contraditório, a questão apaixonante da relação entre 'a sociedade chamada liberal e a sociedade chamada coletivista ou comunista'. Suas descobertas e seus diagnósticos são magistrais devido a seu lado inédito e sua audácia. Mas ser audacioso implica também riscos. A meu ver, é arriscado estudar a história

---

[7] Vasile Sporici, *Determinare si structura în genetica moderna*, Jassy, Editura Junimea, 1978, p. 201-202.
[8] Stéphane Lupasco, *Psychisme et Sociologie*, Paris, Casterman, 1978, cap. 5.

sócio-humana com os mesmos meios científicos e com a mesma metodologia de interpretação daqueles usados para o estudo da natureza. Lupasco considera como resolvida essa questão da filosofia da ciência por seu panlogismo moderno. Ele se encontra em oposição ao positivismo ou ao empirismo lógico. A doutrina lupasciana situa-se entre as escolas realísticas-científicas e instrumentalistas.

Definindo seu enciclopedismo filosófico, Hegel falava da "necessidade de conhecimento racional que dá a dignidade". A própria filosofia estaria em busca do absoluto. Porém, o enciclopedismo, em filosofia, permite abordar as ciências e a realidade? Uma lógica universal não garante a travessia dos níveis estruturais do mundo. Nem mesmo uma visão panlogista do universo permite a viagem imprudente da física à metafísica. Não se deve perder de vista que, no pensamento contemporâneo, há um pluralismo de métodos.

O fundador da lógica dinâmica do contraditório não acredita na possibilidade de aplicar as noções clássicas a ciências como a física quântica, por exemplo. Atualmente, a complementaridade implica a associação de processos cada vez mais complexos a fenômenos cada vez mais elementares. Essa tendência corresponde ao isomorfismo lupasciano entre o mundo psíquico e o mundo microfísico. Esses dois mundos encontram-se, efetivamente, na extrema complexidade energética do mundo.

Há, no entanto, segundo meu ponto de vista, em determinados domínios, uma *superdeterminação* por outros fatores além daqueles considerados como universalmente válidos.

A noção de superdeterminação é emprestada da psicanálise para ser aplicada nas ciências da sociedade.

Ela descreve a maneira pela qual as contradições gerais, principais, fundamentais, do nível 'micro', são, finalmente, modificadas e mesmo desviadas pelos inúmeros fatores que formam a estrutura do nível macro. Por ativa que seja, a contradição fundamental não se manifesta como fenômeno puro, mas é condicionada, afetada pelas instâncias que a governam. Isso quer dizer que ela determina, mas é igualmente determinada em um único e mesmo movimento: ela é determinada pelos diferentes níveis e instâncias do sistema que anima, ou seja ela é superdeterminada em seu princípio.

A lógica dinâmica do contraditório considera que a totalidade das determinações de uma contradição reflete-se em um princípio único, não-influenciável pela estrutura local das relações. Mas as conclusões das ciências psico-sociais sugerem que os antagonismos não agem diretamente. A superdeterminação é somente do domínio do singular ou da aberração histórica ou biológica. Uma mutação genética não é superdeterminada (salvo em casos experimentais), mas o aparecimento de uma espécie o é, necessariamente. Disso resulta que processos como a evolução biológica ou a história social não podem ser investigados e interpretados por raciocínios lógicos universais, porque não são do domínio de um único tipo de contradição. Acredito que o futuro não possa ser reduzido a uma ou outra de suas determinações – mesmo que fosse o antagonismo energético. A superdeterminação estabelece relações entre diversos tipos de contradição. Em biologia, por exemplo, a superdeterminação manifesta-se por interações entre a evolução e a adaptação às condições do meio. A existência do DNA, como suporte material da hereditariedade, não é o produto de uma autodeterminação absoluta pela ação do princípio de exclusão de Pauli. A heterogeneização diversificadora não implica uma direção, um sentido, pois ela não se confunde com a evolução. Esta não se reduz à 'fabulosa heterogeneidade do ser vivo', como a definiu Stéphane Lupasco.

Frequentemente, o próprio Lupasco assinala os limites do reducionismo microfísico. Ele declara, por exemplo, que o segundo princípio da termodinâmica não é absoluto, mas apenas assintótico, realizável no final do vir-a-ser físico. Mas isso pode ser dito também em relação a outros princípios, como o da exclusão. Lupasco admite a existência dos fenômenos que não se inscrevem nos limites definidos pelo princípio de exclusão ou pelo antagonismo heterogeneização-homogeneização e reconhece que a homogeneização é uma criação diversificadora. A questão é saber se, na dinâmica de homogeneização-heterogeneização manifestam-se o acaso e o contingente. Pois os dialéticos não podem ignorar a tese hegeliana da unidade entre a necessidade e o acaso. Ainda que Lupasco rejeite, formalmente, essa tese dialética, ele a aceita, entretanto, quando admite que a ação do acaso físico deve ter lugar para diferenciar a matéria viva. Esta e a matéria física afrontam-se e colaboram antagonicamente, engendrando fenômenos dinâmicos novos, 'dados criadores', como os denomina Lupasco.[9] A lógica da evolução, ele a vê se manifestar na mutação dos genes, princípios e estruturas encontrando-se na base da matéria viva. Ora, para os biólogos, a mutação é um fenômeno acidental por definição. Colocando a origem da diferenciação viva no nível dos elétrons, empurramos, implicitamente, o determinismo mutacional até o limite de interação elétron-fóton; de

[9] Stéphane Lupasco, *L'Énergie et la Matière vivante*, Paris, Julliard, 1962, p. 163.

forma que deixa de haver lugar para fenômenos estatísticos. Ou seja, tendemos para a absolutização das leis dinâmicas e do determinismo microfísico onde, no entanto, governam as leis estatísticas e o indeterminismo.

A lógica de Lupasco admite a correlação do acaso e da necessidade. Mas, pela ofensiva do determinismo da variabilidade e da diversidade biológica no nível quântico, criamos as premissas para considerar a mutação como um fenômeno extremamente difundido e, sem exceção aproveitável, o que significa a absolutização da necessidade. Ora, sabemos que a mutação biológica é um fenômeno excepcional, raríssimo, aleatório. E também a mutação genética não é a única maneira de heterogeneização do mundo vivo.

Acredito que Stéphane Lupasco tenha privado sua genial teoria de uma nova confirmação ao considerar que o acaso mutacional e a telenomia são inaceitáveis. O acaso, as mutações no mundo vivo são, de fato, complementares da finalidade – em outras palavras, da atualização dos fenômenos incluídos no código genético, na informação hereditária. É o começo da evolução que, como também o explica Lupasco, é uma atualização das potencialidades complexas, originárias da interação entre o genotipo e os fatores aleatórios internos e externos.

Gostaria de encerrar esta apologia da filosofia de Stéphane Lupasco com as palavras inspiradas do filósofo Constantin Noïca, consagradas a seu colega de geração: "Em um mundo onde a filosofia é feita pela história da filosofia, ou seja pela autofecundação, indo até a autodevoração (Heidegger), ou pela submissão do pensamento filosófico à ciência – esse milagre europeu, perfeitamente comparável ao milagre grego –, Stéphane Lupasco traz a frescura e o candor de um princípio não revelado nem pela história da filosofia nem pela ciência, mas que engloba ambas."[10] Assim Constantin Noïca também formulou a convicção de nossa própria geração.

[10] Constantin Noïca, prefácio a *Logica dinamica a contradictoriului, op. cit.*, p. 6-7.

A POTENCIALIZAÇÃO ENERGÉTICA SEGUNDO LUPASCO E SUA APLICAÇÃO À EDUCAÇÃO E À CULTURA

ANDRÉ DE PERETTI
Diretor de Programa honorário no Institut National de Recherche Pédagogique (INRP)

Gostaria de me colocar sob a proteção das palavras muito características de Stéphane Lupasco: "Tudo tende, ao mesmo tempo, a se limitar no finito e ultrapassá-lo e, ao mesmo tempo, ultrapassá-lo sem atingir o infinito; tudo é transfinito". Saberia eu situar-me no finito, ousando olhar para o infinito? Caro Basarab Nicolescu, ficarei, talvez, no transfinito, refletindo sobre a educação e a cultura.

Encontrei Stéphane Lupasco ao apresentar, em Paris, Carl Rogers, por ocasião da publicação de seu livro, cujo título em inglês era de difícil tradução em francês: *On Personal Power* (Sobre o poder Pessoal). O poder 'pessoal' na França estava muito centralizado sobre uma personalidade e foi preciso traduzi-lo para: *Un manifeste personnaliste* (Um manifesto personalista). Mas o que se sabia de Carl Rogers e fazia de sua presença uma realidade na educação, como nas relações de todos os tipos, era aquele sentimento da importância histórica de uma conjuntura que exige, em termos de responsabilidade, que cada indivíduo retome seu próprio poder: "*On Personal Power*, poder, potencialização. Fiquei muito animado por Stéphane Lupasco ter querido assistir à apresentação francesa desse livro. E, em segundo lugar, é claro, fiquei muito alegre por encontrá-lo.

Porém, o que me pareceu importante em sua mensagem, por refletir sobre a cultura, ou agir sobre ela, a civilização e a educação, foi precisamente aquele aspecto dinâmico incessante, que ele designa de acordo com uma movimentação das realidades que tendem a confrontar-se. E sabemos que as controvérsias, na França, estão repletas de força e perenidade e que não se pára de discutir, para citar apenas alguns antagonismos entre múltiplos outros, a respeito de autoritarismo e quietismo em educação. Não se pára de mostrar atitudes de pessimismo ou de otimismo em relação aos jovens, às crianças e é, aliás, característico que se tenha podido denunciar – penso no que fez Georges Snyders a respeito, para o século XVII e XVIII – a ambivalência radical dos adultos em relação às crianças. Estamos repletos de solicitude e de ternura para com os jovens, mas, ao mesmo tempo, pesados de ameaça, de medo e daquele desejo devorador que provoca o desenvolvimento indefinido dos programas nas escolas, pois queremos que esses jovens fiquem lastreados intensamente em relação aos riscos que sua criatividade poderia manifestar em nossa cidade, como vemos acontecer em alguns casos!

Desses antagonismos múltiplos, eu não deveria reter senão aquele que realmente está presente na controvérsia típica entre civilização e cultura. É verdade que se disse não importa o que em um ou outro caso. Será que cada uma está, ou não, centrada sobre o indivíduo ou sobre o grupo ou quantidade de outras alternâncias? E, como observa Fernand Braudel, nessa distinção que não cessa de oscilar, há a tentação de distinguir as duas palavras *cultura* e *civilização* de tal maneira que uma se encarrega da 'dignidade do espiritual' e a outra da 'trivialidade do material'. Arriscaria discorrer, também pensando em meu amigo Teilhard, sobre a dignidade do material sem ousar evocar a trivialidade de algumas espiritualidades.

Essa oscilação reencontra-se também na finalidade da educação e do ensino de forma mais geral. O que é preciso fazer? O que é preciso potencializar? O que merece ser potencializado, entre os jovens, para permitir, seguramente, atualizações posteriores? Eis todo o problema do programa, mas também dos valores e de tudo o que não cessa de agitar o sistema educativo. Também nos rejubilamos que Edgar Morin e alguns outros preparem uma evolução que permita que, em lugar de manter as separações em suas recíprocas objeções, sejam possíveis as aberturas transdisciplinares, uma antiga e grande batalha.

Voltando ao antagonismo entre civilização e cultura, parece-me que poderíamos, de forma global, ainda uma vez, apesar do fato de se atribuir qualquer coisa a qualquer coisa no espírito das controvérsias que não cessam, observar, no entanto, o hábito do lado alemão de falar de cultura e do lado anglo-saxão de falar de civilização. Existem, atualmente, alguns debates, na medida em que esta civilização tende para um desenvolvimento dos meios materiais e tecnológicos, mas também para uma mundialização variada, enquanto a cultura é levada a protestar, a mostrar-se em seu antagonismo com algum vigor e alguma prontidão. Poderíamos, pois, situar a civilização como centrada, de preferência, sobre uma forte densidade coletiva, uma intervenção de conformismo e um peso de objeções e de dados materiais: em relação a uma cultura que sentiríamos orientada do lado de uma individualização mais forte, de uma maior heterogeneização, ao mesmo tempo com a necessidade de especificar distintamente indivíduos cada vez mais diferenciados, graças a uma potencialização centrada muito fortemente para permitir em seguida uma atualização viva da personalidade.

É claro que seria necessário muito tempo para desenvolver esses problemas, mas poderíamos dizer que o espírito de uma educação, seu sentido, sua função, seu impulso, deveriam ser o de poder, precisamente, equilibrar tudo o que empurra a civilização para uma homogeneização, com, além do finito, os riscos de uma banalização do blue-jeans e da coca-cola, através de uma cultura de heterogeneização que tornaria compatíveis pessoas múltiplas, cada vez mais marcadas por suas diferenças e não parando de prosseguir em sua diferenciação. E penso que esse problema de equilíbrio, poderemos aprofundá-lo precisamente na riqueza dos antagonismos que vimos realizada por Stéphane Lupasco: ele não se contentou com a passagem da potencialização à atualização, mas se preocupou igualmente com esse contraste, com esse antagonismo imanente, essencial, entre a homogeneização e a heterogeneização. Esse emparelhamento de dois antagonismos, com sua riqueza, deve, efetivamente, ser preservado no interior de uma civilização em desenvolvimento, confrontada com uma realidade cultural que será cada vez mais heterogênea. Pois o choque das culturas, sua inter-fertilização recíproca é a substância do que sentimos na realidade atual, segundo uma difusão fantástica das informações, dessa capacidade de captá-las, com meios para miniaturizar, partindo dos custos e das realidades locais, em relação a essa imensidade global dos possíveis, onde a Internet é uma realidade simbólica, pelo menos tanto quanto prática.

Esse conjunto muito vivo, muito rico, deve colocar-nos em uma posição de respeitar o duplo movimento heterogêneo-homogêneo, mas também potencialização e atualização. A propósito, a palavra potencialização, derivada do latim, que veio apoiar a palavra grega *dunamis* em tantos acontecimentos, deve nos lembrar o tensionamento criador entre o que foi o impulso cultural grego e oriental e o que foi o impulso romano, com todas as suas idéias, justamente, de poder civilizador permitindo, igualmente, as ações.

Direi, pois, para me apressar, que a educação deve dar a possibilidade de desenvolver cada aluno em sua originalidade, que esta seja sustentada por facilitações, ou que esteja voltada para os deficientes e alegro-me ao ver jogos paraolímpicos mostrando que são sempre possíveis os desempenhos e que o ideal é que cada indivíduo seja levado a seu potencial máximo de realização. Mas a educação deve, antagonicamente, assegurar a possibilidade de desenvolvimento da cidadania da qual voltamos, de repente, a falar, aquela civilidade, aquela inclusão na cidade, do ponto de vista de uma proximidade de contato, como no *Tempo das Tribos* da qual fala, com tanta propriedade, meu amigo Maffesoli. Precisamos, realmente, reconstituir, condensar, um tecido social, neste momento em que realmente sentimos que a mundialização poderia deslocar múltiplos laços, levando individualidades diferentes a riscos de desagregação recíproca: aí onde, ao contrário, precisamos, ao mesmo tempo, salvaguardar a pluralidade das diferenças e também a compatibilidade dessas diferenças na construção energética de uma cidade que não seja uma cidade de castas e de rigidez, mas uma cidade viva e feliz.

E, para chegar ao plano prático da batalha que deve ser travada, é importante, por um lado, dar, aos alunos, não uma formação monótona, conformista, mas uma formação responsabilizante para que sejam diversificadas das pedagogias originais, próprias a cada um, adaptadas a grupos e a alunos originais em uma lógica de heterogeneidade. Convém honrar, por outro lado, uma lógica da compatibilidade com os valores, de acordo com uma homogeneização que se possa realizar. Essa, ao mesmo tempo, implica equilibrar a variedade das maneiras de fazer cursos e de exercer as aptidões a serem desenvolvidas em sua diversidade, entre os alunos: por uma atitude central que vimos há pouco, tão bem vivida, tão apaixonadamente vivida, tão energicamente vivida por M. Georges Mathieu. É precisamente a atitude fundamental do humor, onde antagonismos importantes vêm se manifestar, antagonismos entre uma lucidez que se transforma em ternura, entre uma força que se transforma em delicadeza. Essa palavra 'transformar-se' significa, para mim, aquela passagem que continua sendo o importante mistério da reflexão, entre a potencialização, a atualização e seu inverso, aquela passagem misteriosa que efetivamente supõe uma presença imediata e, ao mesmo tempo, uma riqueza de conotações, marcada de leveza e de uma visão do futuro e do passado em uma amplidão que deve ser alimentada pelos esforços de informação.

Direi que, efetivamente, continuo ainda trabalhando em um aprofundamento da informação no pensamento de Lupasco: na medida em que, de modo preciso, sinto-me igualmente próximo, muito próximo de meu amigo Teilhard e que de fato não sinto a separação radical entre uma energia motriz, forte, física, poderosa, aquela que você maneja com tanta força nos laboratórios e nos grandes centros e, depois, aquela realidade de uma energia cada vez mais sutil, cada vez mais leve e, no entanto, cada vez mais ligada, cada vez mais informativa, cada vez mais indispensável para que tudo se mantenha, que o *bootstrap* não apenas topológico, mas cosmológico funcione. A propósito da energia, poderíamos dizer que, entretanto, ela se mantém, enquanto se move, que ela faz o movimento nas coisas.

A potencialização efetuada, pois, no nível da educação deve corresponder a um cuidado para desenvolver cada personalidade, para ajudar cada pessoa a retomar todo o seu poder, ou seja, toda a sua responsabilidade, em sua dimensão verdadeira, em sua originalidade e, ao mesmo tempo, em respeito ao laço social. Disso resulta que a tarefa do professor deve ser a de um homem ou uma mulher que pratique o humor a todo instante: humor sem o qual, efetivamente, haveria uma espécie de provocação em relação aos jovens, pois, nesse momento, a ambivalência adulta pende depressa para a desconfiança.

É preciso confiar. É preciso também que, desde a mais tenra idade, a responsabilidade seja estabelecida, o que não páro de dizer neste momento em que nos interessamos, em todo sistema educativo e no ministério, em particular, pelo problema da cidadania. Não é o caso de dispensar encantamentos, dos dois até os vinte e dois anos, aos alunos, mas é preciso que seja uma potencialização da civilidade assegurada pela atualização de atos de responsabilidade recíproca, de serviço recíproco. E é toda uma teoria dos papéis e das práticas de avaliação a serem propostas aos alunos e eis-nos também no interior de uma lógica lupasciana. O significado de nossas avaliações e procedimentos em nosso sistema educativo deve ser, não "*você tem que vencer por si mesmo contra os outros*", que é um falso antagonismo infelizmente imposto e não apenas simbolicamente, mas sim "*você deve vencer para você e para os outros, por você e pelos outros, com os outros*": de acordo com o antagonismo de uma participação com os outros, de uma responsabilidade assumida com eles e, ao mesmo tempo, de um desenvolvimento pessoal que não é um desenvolvimento que se faz contra os outros, mesmo se feito pelo contato, pela relação, pelo antagonismo vivido com os outros. Trata-se de se colocar em harmonia com a transformação de uma civilização, cuja lógica não será a de um antagonismo separatista, elitista, identitário, mas, ao contrário, a de uma aproximação criadora de sensibilidades de espíritos cada vez mais diferentes, mas também cada vez mais paradoxal e, portanto, apaixonadamente ligados, confortando e reforçando-se reciprocamente.

A ENERGIA
E A TERCEIRA MATÉRIA

MICHEL RANDOM
Escritor, cineasta, fotógrafo

Introdução

Stéphane Lupasco tinha uma maneira muito original de nos fazer sentir que era visionário, sem nunca deixar o cachimbo – o célebre cachimbo de Lupasco! – do real. Nós o escutávamos repetir as palavras *potencialização, atualização, estado T, afetividade*, depois, de repente, ouvíamos *consciência da consciência, conhecimento do conhecimento* e percebíamos que seu pensamento era, senão infinito, pelo menos transfinito, como declarava.

Lupasco introduziu-nos ao cadinho alquímico de uma ciência e de uma filosofia rigorosa que, por uma espécie de lógica interna, conseguia abrir os maiores horizontes. Insensivelmente, ele nos fazia compreender a natureza do espelho, mas também pressentir o que existia do outro lado do espelho. Era preciso um outro olhar. Pois, dizia, "se só há o procedimento científico, as aquisições teóricas do conhecimento constituído deixaram de responder-lhe".[1]

É certo que a energia é a tensão dos contraditórios, e é certo que é, constantemente, uma interação em

[1] Stéphane Lupasco, *Les Trois Matières*, Julliard, 10/18, 1970, p. 58.

todos os níveis, uma energia criadora que não obedece à entropia, mas à neguentropia. A energia tem, pois, um sentido. Ninguém sabe realmente se, em cinquenta bilhões de anos, o universo se desintegrará em luz pura, nem mesmo qual será a natureza dessa luz e para onde ela irá. A ordem viva tem um sentido. A energia manifesta-se sob forma de acontecimentos constantes: a interação das partículas. A maior parte dessas partículas obedece ao Princípio de exclusão de Pauli. Felizmente, pois sem isso não estaríamos aqui para falar. Mas os fótons, que não têm nem carga, nem massa, são independentes, da mesma forma que os neutrinos. Eles obedecem a uma outra ordem. Qual? Uma ordem global, onde a causalidade, se existir, escapa à nossa percepção.

Outra questão: no âmago dessas energias, há simetria entre o macrocosmo e o infinitamente pequeno? Não, responde Lupasco. Há dissimetria: o infinitamente pequeno e o infinitamente grande são, de algum modo, homogêneos um com o outro, mas suas ações são diferentes.

Mas, e as energias não-quantificáveis da consciência, até mesmo da alma? Ainda são energias e, quando há energia, existe, forçosamente, uma lógica. A parte e o Todo são coerentes e contraditórios, o caos não está em nenhuma parte e a lógica está em toda parte: "Que se dê a essa matéria o nome que se quiser: alma, consciência, inconsciência, até inconsciente coletivo de Jung, [continua sendo] alguma coisa que oferece certa resistência, certa permanência, que apresenta uma certa configuração e uma certa estrutura determinadas, admitindo, portanto, leis, uma dedução imanente, uma lógica".[2]

O princípio de contradição começa com o aparecimento da partícula e, sem dúvida, antes mesmo do famoso *big-bang*, pois a Inteligência criadora prevê o aparecimento da matéria ao fim de uma luta entre a matéria e a não-matéria. O que indica que a idéia do conflito, cara a Lupasco, seja a própria essência do universo e de toda coisa manifesta.

"A contradição existe, diz Lupasco, no interior do menor grão de energia pela coexistência fundamental de um valor aritmético descontínuo e de um valor ondulatório contínuo."

"Um ponto essencial e verdadeiramente revolucionário foi ganho desde a Relatividade de Einstein e que demonstra a equivalência da matéria e da energia: tudo, nessa matéria de triplo aspecto – ou nessas três matérias, como se quiser –, tudo se reduz à da energia."[3]

"Mas, então, se a energia é essa realidade derradeira e básica, una e homogênea, como extrair dela todos os variados sistemas, tanto físicos como biológicos, e como imaginar os múltiplos antagonismos que os engendram?"[4]

"Grande questão, quem engendra, imaginamos, uma infinidade de outros. Pois, se todo sistema gera seu sistema antagônico, vemos aparecer um universo inverso ao nosso e, pois, mundos que esse fundamento antagônico de energia engendra."[5]

Vemos aparecer essa *lógica dinâmica do contraditório*[6], tão quântica, arrisco-me a dizer, quanto a natureza do feminino. O que talvez não seja apenas uma brincadeira, pois se o feminino simboliza o sistema psí-

---

[2] *Ibid.*, p. 62.
[3] *Ibid.*, p. 65.
[4] *Ibid.*, p. 67.
[5] *Ibid.*, p. 49.
[6] *Ibid.*, p. 76.

quico, existe uma analogia entre o sistema psíquico e o sistema quântico. Analogia que impressionou Lupasco e que, declara ele, também não deixou de impressionar alguns fundadores da microfísica, como Bohr, principalmente.[7]

Para que dinamismos possam ser antagônicos, é preciso que sua natureza energética participe, ao mesmo tempo, do homogêneo e do heterogêneo, que eles queiram, de algum modo, aproximar-se e afastar-se, confundir-se e isolar-se, que sejam contraditórios.

Mas, o que vem a ser a alma? Seria, por causa disso, dependente dessa lógica? Não, diz Lupasco, a alma não é limitada por essas tensões criadoras. Ela não é limitada pelos fenômenos, pela complexidade da Manifestação.

Se a Manifestação (ou a Criação) for a expressão de um antagonismo permanente, a alma liberada é, portanto, liberada desse aspecto das tensões criadoras. Ela atinge sua finalidade: a harmonia, a serenidade, que é a ausência de todo antagonismo.

Lupasco é o visionário da harmonia e da serenidade. E ele fala poeticamente desse aspecto da alma:

A alma desprende-se da matéria, do sistema físico e biológico, porque é feita do conhecimento e da consciência dos dois.[8] Essa elevação da alma faz brotar a consciência no ser, uma consciência consciente, que vê a natureza dos aspectos transitórios e opostos da vida e da morte. Ela é 'moldada' por esses fantásticos acontecimentos de tal forma que essa consciência não é, ela mesma, nem vida, nem morte.

---

[7] *Ibid.*, p. 86.
[8] *Ibid.*, p. 94.

Nesse embate, cria-se uma consciência da consciência e um conhecimento do conhecimento que constituem a própria natureza da alma.[9]

Poderíamos aplicar esse texto à descrição da deusa Kali, na Índia, deusa da vida e da morte, que esmaga, às vezes, seus adoradores debaixo de seu carro para fazê-los renascer. Pois essa não-transcendência é uma imanência. A terra e o céu são um e consubstanciais, nutridos e engendrados um pelo outro. Só existe essa vida-morte, ou morte-vida, pois nada é jamais estático e é, na verdade, *no âmago dessa contradição indefinidamente expansível*, à imagem dos três universos, que se engendra a alquimia misteriosa do que é, do que não é e do que será.

Eis-nos no coração do coração. Pois a grande aventura do ser, diante da vida e da morte, procede, efetivamente, de *despojamentos* sucessivos. Antes de deixar o corpo, precisamos despojar-nos de nossos modos de representação do real, inclusive dos mais sublimes. Quem pode entender, não esse infinito, mas esse transfinito, que Lupasco nos faz sentir sem cessar, quando nos fala de consciência da consciência, do conhecimento do conhecimento? O que há por trás desses *holos* que se englobam sem fim, como tantos universos da consciência dos possíveis? Resumindo, como, com nossa modesta consciência de terrenos, poderemos compreender esse Todo do Todo, esse englobante do englobante?

Lupasco não responde, evidentemente, mas abre a visão. Ele nos diz: olhem a eternidade, ou melhor, aquilo que ele denomina não o infinito, mas o transfinito. Pois, diz Lupasco, o universo é um. Ou, mais exatamen-

---

[9] *Ibid.*, p. 95.

te, o universo é.

Assim, "uma história das religiões é uma história da alma [...] mas não de Deus".[10] A alma escapa à natureza contraditória dos fenômenos. Deus, ou a noção de Deus, pertence à história humana, ao contraditório do contraditório, ao oposto do oposto. A alma não tem história, ela "não é nem vida, nem morte"[11], diz Lupasco.

A alma é independente. Ainda que ligada ao ser, ela exprime um estado independente dos outros. Ela está, se posso dizê-lo, no paraíso do estado T.

Em outras palavras, o equilíbrio perfeito entre a homogeneização e a heterogeneização parece realizado na alma. Mas, em outras ocasiões, Lupasco também diz que "a alma é, antes de tudo, um conflito de tendências"[12], pois que, de fato, homogeneização e heterogeneização não podem coexistir sem contradição.[13] Podemos concluir que o destino da alma é, segundo Lupasco, realizar a harmonia em um vir-a-ser talvez sem fim.

Chegamos aqui, se não ao infinito dos universos, pelo menos aos três universos evocados por Lupasco. Aliás, ele tem uma fórmula vertiginosa para *dá-los a ver*. Ele diz que "eles próprios são transfinitos com poder transfinito."[14]

Energia e matéria viva

Seria preciso, talvez, chegar a esses picos do

[10] *Ibid.*, p. 90.
[11] *Ibid.*, p. 94.
[12] *Ibid.*, p. 89.
[13] *Ibid.*, p. 90.
[14] *Ibid.*, p. 352.

inexprimível para compreender o sentido que Stéphane Lupasco dá à palavra *energia*. "A energia, em seus constituintes mais fundamentais, possui, ao mesmo tempo, a propriedade da identidade e a propriedade da diferenciação individualizadora."[15]

Para Lupasco, essas duas propriedades da energia, identidade e diferenciação, são, ao mesmo tempo, distintas e, no entanto, estreitamente ligadas. Dessas duas energias vetoriais nascem, ainda, duas matérias, uma física, a outra biológica. As duas matérias, ao se diversificarem, levam a uma heterogeneização: elas criam tudo o que existe.

A terceira matéria contém em si mesma todas as energias. O poeta diria que ela é *a vibração do ponto infinitamente vibrante*, maneira feliz de exprimir a energia quântica. A terceira matéria, já não tendo caráter *objetivo*, exprime uma qualidade psíquica. É o estado T, onde o psíquico é independente do biológico. Lupasco vê, na matéria psíquica, a fonte do desenvolvimento futuro do homem que "leva à consciência da consciência e ao conhecimento do conhecimento. E podemos considerar que a evolução é uma evolução que aumenta cada vez mais a matéria psíquica do homem".[16] É o que Lupasco também denomina como Terceira Lógica e que considerava como sua grande descoberta.

É a oportunidade para lembrar que o sufismo xiita também concebe o universo como um conjunto de *corporeidades*. Em outras palavras, tudo o que está manifesto no universo diz respeito a formas, semelhantes a

---

[15] Stéphane Lupasco, *L'Expérience microphysique de la pensée*, PUF, 1941, p. 1.

[16] Stéphane Lupasco, *L'Homme et ses Trois Éthiques*, Mônaco, Éditions du Rocher, 1986, p. 108-119.

corpos que se tornam cada vez mais finos, mas não escapam da matéria. O próprio pensamento é também uma matéria fina.

Da mesma forma, há evolução, mas no sentido de revelação, quando se passa de um estado de consciência inferior para um estado de consciência superior. Encontramos, realmente, o processo, tão caro a Lupasco, de conhecimento do conhecimento e de consciência da consciência. Essa revelação produz, efetivamente, um estado de consciência novo, possibilidades insuspeitadas do ser. Mas não navegamos nem no transcendente, nem no *satori*. Essa via sufi possui uma racionalidade, até mesmo uma técnica intrínseca. Imagino que Lupasco talvez tivesse gostado de saber mais a respeito desse caminho, se o tivesse conhecido, pois poderíamos fazer mais do que uma aproximação entre essa *matéria psíquica*, que se transforma cada vez mais em conhecimento e consciência, e a matéria psíquica de Lupasco.

Conclusão

Esses poucos exemplos mostram em que Lupasco é um grande visionário do conhecimento. A ciência é muito sensível, ela teme deixar de ser científica quando alguma coisa não está evidente na câmara de bolha ou sob um microscópio. São necessários grandes espíritos, como Lupasco ou David Bohm, para não ter medo do sentido. Na verdade, é a visão que contribui para criar o real, tanto quanto o real cria a visão (B. d'Espagnat).

Nessas visões onde a inteligência é livre, aberta, sábia e profundamente íntegra, vemos surgir o que é a ordem da Revelação que, no decorrer dos milênios, inspirou todas as grandes Tradições. O que Basarab Nicolescu salienta tão bem, a respeito de Lupasco:

"Uma das melhores ilustrações da lógica contraditória de Lupasco é fornecida pela evolução histórica, no tempo, de seu próprio pensamento filosófico. Esse pensamento coloca-se sob o duplo signo da descontinuidade com o pensamento filosófico constituído e da continuidade (escondida, pois inerente à própria estrutura do pensamento humano) com a Tradição."[17]

O próprio Lupasco mostrava muito interesse pelas Tradições, mas, infelizmente, não teve tempo para explorá-las. Ele o explicou durante entrevistas realizadas, em 1984, com Basarab Nicolescu e Solange de Mailly-Nesle:

"A Tradição alcança conclusões às quais pessoalmente chego por trajetos extremamente complexos e extensos. É uma verificação de uma tomada de consciência da consciência do mundo pela Tradição. É sobremaneira interessante".[18]

No pensamento tradicional, energia-pensamento-criação formam uma unidade. No budismo de Mahayana, no Upanishad, no pensamento taoísta ou no shintoísmo existe um conceito muito similar do Vazio. O Vazio é a própria expressão do ser, do não-ser e da Manifestação. Não há um átomo desse Vazio que não seja consciência. E é exatamente isso que também Lupasco diz, à sua maneira: "A consciência é, para mim, a potencialização". Em outras palavras, não existem *acontecimentos* ou leis de conjunto sem que uma *consciência* englobante determine e controle esses acontecimentos.

O Vazio também é uma potencialização, um Tao

---

[17] Basarab Nicolescu, *Nous, la Particule et le Monde*, Le Mail, 1985.
[18] Stéphane Lupasco, *L'Homme et ses Trois Éthiques*, *op. cit.* p. 185.

que contém infinitas potencializações, portanto infinitos universos. A Manifestação sendo ser e não-ser, a potencialidade é, portanto, "o que ainda não está atualizado, mas que contém o que vai se atualizar".

Podemos conpreendê-lo, mesmo sob seu aspecto mais banal.

Eis um exemplo concreto, explica Lupasco: "Vou comprar tabaco em frente de casa; isto é uma potencialidade: nesse momento, meu sujeito está ocupado, porque meu sistema neuro-central está ocupado por essa potencialidade 'ir comprar tabaco'. Quando vou comprar tabaco, atualizo essa potencialidade."[19]

Podemos passar do tabaco para a escala cósmica e para o mundo de todos os possíveis. A potencialidade é consciência e a consciência, terceira matéria ou terceiro universo. "O Universo nos dá um pálido exemplo, a vulnerável, rara e, no entanto, poderosa matéria psíquica, que se constrói, surpreendentemente conquistadora, sobre nosso planeta e que não deve, sem dúvida, faltar em outras partes de nosso mundo", escreve S. Lupasco.

"Há consciência em cada nível", declara ele. A consciência jamais desaparece. Aqui, a consciência é a informação orientada, dirigida, programada, de alguma maneira *consciente.* E nossa consciência é o real, a ordem implícita e explícita do próprio mundo, como diria David Bohm.

Assim, podemos conceber outros mundos, ou outras *partes de nosso mundo.* O antagonismo energético é uma visão da unidade, unidade dinâmica do mundo, unidade de encadeamento indefinido dos contraditórios. Unidade que está *baseada sobre uma estrutura ternária universal.*

---

[19] Stéphane Lupasco, *Entretiens avec Michel Random.*

"Aí está, justamente, o mérito histórico de Lupasco, diz Basarab Nicolescu; ele soube reconhecer que a infinita multiplicidade do real pode ser reestruturada, derivada a partir de apenas três termos lógicos, concretizando, assim, a esperança formulada anteriormente por Peirce".[20]

De fato, encontramos essa estrutura ternária em nosso cérebro. Este trabalha no espaço-tempo, mas a consciência existe espontaneamente fora do espaço-tempo.

Não pode haver senão um sentido para a energia no universo: a energia-consciência. "A Consciência é Energia", diz o Shakta Vedanta. A energia misteriosa de Brahma, o Absoluto. Mas a energia ou a consciência de Brahma, de Buda ou de Lao-Tsé, já dissemos, é vazia, vazia ou imaterial como o pensamento. Esse Vazio contém todas as energias.

Gostaria de citar o Mestre Ueshiba, o fundador do Aikido. Ele explica:

Oito forças sustentam a Criação:
O movimento e a imobilidade
A solidificação e a fluidez
A extensão e a contração
A unificação e a divisão.

Tendo praticado com assiduidade todas as artes marciais de seu tempo, o Mestre Morihei Ueshiba havia chegado à conclusão de que somente a união (*Ki*) com o universo e o espírito de não-resistência forneceria, em todas as ocasiões, a força invencível.

Não-resistência que nos leva ao conceito de pura energia e de não-matéria, como bem o havia visto

---

[20] Basarab Nicolescu, *Nous, la Particule et le Monde, op. cit.*

Lupasco. "Todos os objetos que nos cercam [...] nada têm de *material*, no sentido muitas vezes milenar e instintivo da noção de matéria, eles são [...] apenas manifestações e sistematizações mais ou menos resistentes da energia."[21]

Toda percepção, todo conhecimento, toda energia procedem, portanto, da natureza do espírito. Conclusão à qual von Neumann, Henry Stapp, David Bohm, Bernard d'Espagnat e tantos outros físicos chegaram. Os acontecimentos cerebrais são fenômenos quânticos que determinam, por sua vez, a natureza da informação. Além disso, talvez estejamos programados para ver e descrever a natureza de acordo com a estrutura de nosso cérebro.

É, de fato, o enigma capital. Durante este rápido percurso, não encontramos a possibilidade de atravessar o espelho, senão no fundo de nosso próprio mistério, no indescritível, lá onde todo pensamento está suspenso.

E, no entanto, nessa consubstancialidade da alma e do mundo, do pensamento e da energia, temos uma certeza, uma única, diz Lupasco: *"O nada é impossível no núcleo do antagonismo energético"*. Pois o que percebemos é um "incessante e irresistível vir-a-ser". Aquilo que foi não pode não ter sido. Tudo se inscreve em algum lugar. Certeza consoladora ou... atroz! escreve ele, acrescentando: *"A contradição é a proteção da eternidade."*[22]

Deixo-os para meditar sobre essa extraordinária conclusão.

---

[21] Stéphane Lupasco, *Les Trois Matières*, *op. cit.*, p. 23.
[22] *Ibid.*, p. 105.

SERIA O REAL AUTOPORTADOR?

OLIVIER COSTA DE BEAUREGARD
Físico teórico,
Antigo Diretor de Pesquisa do CNRS

Sem intenção deliberada, muitas de minhas idéias coincidiram com algumas de Stéphane Lupasco. Foram as que ele resumiu em seu pequeno e brilhante livro *Les Trois Matières.* Ambos havíamos participado do Seminário de Física Fundamental de Louis de Broglie e nos reencontramos em congressos. Sinto-me feliz ao agradecer a meu amigo Basarab Nicolescu o convite para participar desta jornada comemorativa onde serão lembradas as reflexões de Stéphane Lupasco.

As 'três matérias' de Lupasco são, em primeiro lugar, a matéria propriamente dita, digamos, a 'matéria empírica' de Bernard d'Espagnat, a matéria feita das *coisas* manipuladas pelo *homo faber* que somos, segundo Bergson; nós *aqui,* o homem ocidental que 'pensa com suas mãos' – mesmo se ele for um físico teórico imaginando experiências que poderiam provar suas cogitações.

A 'segunda matéria' de Lupasco habita um universo psíquico; aparenta-se à *energia espiritual,* que dá o título a um livro de Bergson, no 'lugar' de um cosmo biface do qual, segundo Ruyer, o *inverso* é a matéria precedente.

A 'terceira matéria' de Lupasco, enfim, é a das experiências e das teorias da microfísica, aquele *imenso mundo do muito pequeno*, com a fenomenologia tão derrotista, tão *estranha* ao *sistema* para nós elaborado pela abstração da experiência vivida. Lupasco, ligado a outros físicos filósofos, pensa que essa 'terceira matéria' lance uma ponte entre as outras duas, entre o verso subjetivo e o reverso objetivo das coisas, segundo Ruyer.

Idealismo e materialismo são duas metafísicas opostas, em que cada uma pretenderia excluir ou anexar a outra.

Em Platão, o mundo das idéias subentende o dos fenômenos. O físico teórico, que equaciona o 'sistema do mundo', finge ser um pequeno platônico. Ele se equivocaria gravemente se procurasse – como acontece – formalizar a *consciência,* que não é algo formalizável ao lado das outras coisas, mas sim a *representação das coisas – o cenário ao contrário*, por assim dizer.

O materialista vê na consciência, segundo ele, um 'epifenômeno'. La Mettrie e, em seguida, Le Dantec, escrevendo que "o cérebro secreta o pensamento, como o fígado a bile", coisificam, contra toda verossimilhança, a consciência. Esta é a *representação* das coisas.

Nenhum outro ponto de partida para a exploração metafísica é concebível além do "penso, logo existo" de Descartes. Todas as nossas outras 'certezas' são inferidas a partir dessa, incluindo a da existência dos outros 'Eu'. Querer, contra todo bom senso, extrair daí um solipsismo seria somente uma mistificação.

Conhecer e *querer*, indo um do *real à representação*, o outro da *representação ao real*, são recíprocos. Em uma carta, em latim, a Arnauld, Descartes declara "evidente", para a introspecção, que "a alma anima o corpo", e isso, "diferentemente de um corpo animar um outro corpo". Recíproco ao *cogito,* esse enunciado é, cruamente, a afirmação de uma *psicocinese.* Seria preciso, incidentalmente, lembrar que Descartes foi envolvido na elucidação dos princípios de conservação da mecânica e que havia, portanto, refletido sobre "a maneira como um corpo anima um outro corpo"?

Eccles, o neurocirurgião, afirma ter observado, profissionalmente, a psicocinese. Propôs, a respeito, uma teoria baseada no formalismo quântico. O princípio de sua explicação pertence, de fato, ao Cálculo das Probabilidades clássico, sendo uma *ponderação da probabilidade* a priori *final.* Uma vez que *probabilidade* e *informação* são duas roupagens de um mesmo conceito, o cabide sendo um logaritmo precedido do sinal *menos,* trata-se de uma explicação informática.

A probabilidade que quantifica a *autenticidade* de uma ocorrência aleatória liga, portanto, *o real à sua representação* – e isto, argumento, é ida e volta. Encontrando Aristóteles, sem tê-lo procurado, a cibernética define, com efeito, a *informação* como *ganho de conhecimento* na *decodificação* e como *organização* na codificação.

Bergson, na *L'Évolution créatrice,* padronizava o ato voluntário com uma metáfora de 'explosivo vital': uma forte energia disponível aí era liberada, como por um gatilho de arma de fogo, às custas de uma energia ínfima. Era, como se dizia de modo corriqueiro, 'varrer a poeira para debaixo do tapete', correndo o risco de provocar tosse nas pessoas sensíveis, pois *não se resolve um problema miniaturizando-o.* O problema indica, essencialmente, não a energia mas a informação. *Ele se formaliza em termos de probabilidade.*

A *ocorrência aleatória* dos clássicos não era tal senão em razão de um *conhecimento incompleto* acarretando um *controle imperfeito. Essencialmente inessencial*, essa teoria postulava uma acoplagem imprecisa entre ocorrência e representação. *Completamente diferente será a solução radical aqui proposta.*

Calcular a probabilidade, eis o problema. E é, argumento, um problema não apenas de *conhecimento*, mas também de *organização*.

De acordo com a gramática, a fórmula de 'probabilidade das causas' de Bayes define a *probabilidade conjunta* de duas ocorrências correlatas A e C como *simétrica* entre si; e ela define como 'inversas' as duas *probabilidades condicionais* de A se C e de C se A. Se a correlação se exerce através do espaço ou do tempo, há *simetria ação-reação* ou *reversibilidade causa-efeito*. Legítima, portanto, a *causa eficiente* se exprime pela *avaliação da probabilidade* a priori *inicial*; e a *causa final* pela *ponderação da probabilidade* a priori *final*.

É extraordinário e fonte de profundas perplexidades que, *de fato, a ação voluntária chegue a seu fim ignorando quase todos os meios trabalhados*; 'aprender a andar de bicicleta', por exemplo, e mesmo 'aprender a andar', é um ato intuitivo implicando uma coordenação muito elaborada, misteriosamente orquestrada a partir de sua finalidade.

"Ridículo, a causa final, clamará o materialista: como, então, uma *representação pensada e ainda não existente*, poderia fazer o que quer que seja? Que idealismo agravado!"

Ora, eis o que aconteceu. Por volta de 1900, o valor finito da velocidade da luz desvendou (foi uma grande surpresa) a *relatividade do tempo*, que havia, até então, ocultado sua grandeza extrema. Contragolpe não menos surpreendente, concluiu-se que a matéria também "realmente" se desdobra sobre o tempo e o espaço. Os conceitos *existir* e *agora* cessam de estar mutuamente ligados. Eis uma metáfora: em hidrodinâmica, o feixe das linhas de corrente é provocado simetricamente pela *pressão de fontes* e a *sucção de poços* agindo, umas água acima, outras água abaixo. Eules, em seu texto básico do Cálculo das Variações, denomina, explicitamente, *causa eficiente* e *causa final* às 'condições nos limites', fixando, em mecânica, o movimento de um 'ponto material'.

Assim, não é *absolutamente por direito,* mas *de fato,* que a reversibilidade Bayesiana seja fortemente contrariada: a pesada causa eficiente esmaga, com sua passividade, a delicada causa final. A ação voluntária usa, então, um subterfúgio para responder a suas necessidades – que são, fundamentalmente, não de energia, mas de informação. De acordo com uma receita presente na raiz da enunciada por Carnot sobre a 'máquina de fogo', ela parasita a cascata universal da entropia. Subtraindo uma neguentropia presente água acima, o detonador de uma mini-psicocinese libera a avalanche que comanda a contração muscular. Será que o analista imagina isso quando codifica seu computador?

É assim que, *recíprocas por direito, a aquisição de conhecimento* e a *psicocinese* são, de fato, *uma normal* e a outra *paranormal.* É o que se encontra expresso pelo valor das unidades escolhidas como 'práticas'. Em termos de probabilidade, a *informação* é uma entropia com sinal trocado. Comparando com a taxa de câmbio entre as cotações de duas divisas, o *bit* em informática e (digamos) o *clausius* em termodinâmica, a taxa é exorbitante: um clausius vale aproximadamente 10^{16} bits. Se o bit fosse totalmente desprovido de valor, o conhecimento seria gratuito, a ação livre impossível e a consciência 'epifenômeno'. Ora, aconteceu o seguinte: por volta de 1950, a cibernética descobriu 'a equivalência entre informação e neguentropia' e fixou a taxa de câmbio. Exigindo da consciência espectadora um bilhete de entrada muito módico, ela concedeu um cachê exorbitante à consciência atriz, *com o direito de representar*. Tal é o novo enunciado do princípio de irreversibilidade física – muitos espectadores para poucos atores (porque precisamos equilibrar despesa e receita). Em outras palavras, a aquisição de conhecimento é fácil ou *normal*, a psicocinese onerosa ou *paranormal*.

Um outro recente avatar da física, a 'não-separabilidade quântica', não será discutido, pois haveria necessidade de uma exposição tão longa quanto a presente.

Digamos, para concluir, que, desde 1900, o paradigma da física tende a se reorientar, a fazer prevalecer a idéia sobre o real. O conceito de uma 'consciência epifenômeno' é (tudo bem pesado) bem menos plausível que o de um *real epifenômeno*, de um real-contrário de um *lugar*, no sentido de Ruyer, ou de um *Universo Inteligente*, no sentido do astrofísico Hoyle.

A biologia, é verdade, vê, em ontogênese como em filogênese, a consciência humana e o psiquismo animal 'emergir' da matéria, mas essa *observação* não é uma *explicação*. Pesquisar as equações da física sugere, ao contrário, que a representação não emana do real, mas sim o real emana de uma representação. Esse *monismo idealista* não é um solipsismo, porque ele postula o que Bergson denomina uma 'supraconsciência', da qual 'o inconsciente coletivo de Jung' seria uma manifestação subalterna.

O QUE É O TRABALHO HUMANO?

MIREILLE CHABAL
Professora de Filosofia no Lycée Champollion, em Montpellier

Vivemos transformações sem precedentes na técnica e na civilização. Doravante, bens necessários à vida serão produzidos em escala crescente, com trabalho decrescente e isso parece ocorrer em escala mundial. Na virada do milênio, estamos conscientes da profundidade dessas mudanças. (O CIRET, por exemplo, lembrou-as muito). Elas exigem decisões políticas para evitar que se transforme em pesadelo aquilo que poderia ser a liberação de bilhões de homens. Autores lembram-nos a urgência dessas decisões, como por exemplo André Gorz, que o vem fazendo há várias décadas e particularmente em seus últimos belos livros[1]. Não podemos resignar-nos com soluções retrógradas, que consistem em reinventar empregos de servidores, ou em transformar em empregos atividades até então voluntárias, esvaziando-as de seu sentido. De forma geral, no momento mesmo em que o vocabulário se transforma, onde a palavra *trabalho* substitui, cada vez mais, a palavra *em-*

[1] André Gorz, *Métamorphoses du travail, Quête du sens. Critique de la raison économique*, Galilée, 1988; *Misères du présent, Richesse du possible*, Galilée, 1997.

prego[2], inúmeras vozes se levantam para denunciar a ilusão do emprego integral e distinguir trabalho de emprego.[3]

Alguns sustentam, no entanto, que o anunciado fim do trabalho-emprego é o 'fim do trabalho'. Dominique Méda defendeu brilhantemente essa tese[4]: segundo ela, o conceito de trabalho é recente, está ligado ao contexto histórico da civilização industrial, para a qual todo trabalho é uma obra e a base do laço social, mesmo quando o trabalho assalariado mal realize isso. Raramente é uma obra e, por causa disso, só é laço social por acidente. Precisamos, diz ela, refletir sobre uma sociedade onde o trabalho seja "um valor em vias de desaparecimento" e que deverá, no futuro, basear-se sobre outras atividades humanas além do trabalho, por exemplo, na atividade política. Aqueles que sustentam haver um conceito antropológico, universal, do trabalho, como têm feito todas as grandes correntes de pensamento, há dois séculos, Dominique Méda acusa-os de procurar "salvar o trabalho", perpetuar uma ideologia do trabalho que os levaria, sem sequer aperceber-se desse fato, a avalizar as políticas da criação de empregos a qualquer preço!

Com esse alerta de Dominique Méda presente no espírito, defenderei, do mesmo modo, a idéia de que vivemos uma metamorfose do trabalho que poderia ser sua libertação. Não podemos isolar a questão do trabalho

---

[2] Dominique Méda observa uma intensa mudança de vocabulário na primeira metade da década de 1990, que analisa como uma defesa do trabalho-emprego e uma tentativa para "salvar o trabalho".

[3] Por exemplo o Centro dos jovens dirigentes, "L'illusion du plein emploi", *Futuribles*, janeiro de 1994.

[4] D. Méda, *Le Travail, une valeur en voie de disparition*, Paris, Aubier, 1995.

da procura das relações humanas capazes de criar riquezas imateriais. Essa criação não põe em relevo, apenas, a ação política do futuro ou o agir comunicativo. A economia política do futuro, se ela for humana[5], deverá também encarregar-se dessa produção de sentido, o que não se faz sem esforço, sem 'trabalho', até sem dor!

Dizer que existe um conceito antropológico (ou filosófico) do trabalho, é dizer que o trabalho é uma atividade criadora, essencial ao homem, à sua relação com o mundo e à sua relação com os outros, como a linguagem e a consciência. É claro, nem sempre os homens tiveram uma palavra e um conceito que fossem equivalentes aos nossos, pois as formas do trabalho mudam. O caçador-coletor do paleolítico não faz idéia, ao ir caçar, que está indo para o trabalho. Da mesma forma, o pesquisador científico que reflete enquanto toma banho, descansa na cama, anda na rua, não separa seu trabalho e sua vida. Mas a realidade não se limita ao que os homens dela dizem ou sabem. É legítimo falar de uma economia política das sociedades que ainda não tenham inventado a ciência econômica. Igualmente, existe uma história das supostas sociedades sem história, com tradição oral; um direito das sociedades de direito consuetudinário, etc. O que é essencial, no trabalho, é comum ao caçador-coletor paleolítico, à criança de oito anos obrigada a descer em uma mina, ou ao cineasta que escreve seu roteiro no computador. Alguma coisa é idêntica através das formas históricas. É verdade que o trabalho explorado, alienado, está de tal forma desfigurado, que já não distinguimos o que é próprio ao trabalho *humano*: a capacidade de ser a atualização de um *pensamento* e não somente da *vida*.

---

[5] Ver D. Temple, "L'économie humaine", *Revue du Mauss trimestrielle*, nº 10, 2º semestre, 1997.

E, no entanto, talvez seja isso que tem em vista quem o explora e não somente a capacidade neguentrópica, heterogeneizante da vida, de produzir mais do que consome.

A partir do momento em que aquilo que chamávamos o 'trabalho morto', o das máquinas, torna-se capaz de um tratamento automático da informação e imita o trabalho humano também em seu poder de pensar, revela-se aquela característica de ser o trabalho, em todos os tempos, o trabalho de um ser pensante. Seria preciso estudar como os diferentes níveis (físico, biológico, psíquico), que havia no trabalho, são descobertos na história, à medida que a máquina substitui as diferentes funções do homem. Os primeiros automatismos substituem o trabalho no que ele tem de mecânico. O apelo a novas fontes de energia, além do corpo humano, revela o trabalho como trabalho vivo. As máquinas inteligentes, por sua vez, desvendam a função de comando indispensável em todo trabalho, mesmo aquele que acreditávamos de simples execução.

Marx nunca separava, em suas análises da *prãxis*, o trabalho dos membros do trabalho da cabeça. Mas o pensamento ainda permanecia uma característica da vida, a inteligência aparecia como uma propriedade do corpo. Ela fazia, de forma consciente, o que faz a vida: colocar em forma, informar a matéria.

Lupasco permitiu reconhecer no psiquismo uma realidade própria, que não é somente um prolongamento da vida, mas que tem sua própria lógica, dominada pelo 'contraditório' e não pela diferenciação. É encontrando a morte que a vida dá vida ao espírito[6]. A ontologia lupasciana permite pensar na unidade do ser *e* em sua diversidade, na continuidade *e* na descontinuidade, na verdade do monismo clássico, onde o vir-a-ser do espírito confunde-se com o do ser, *e* a verdade do dualismo clássico, onde o espírito opõe-se à natureza e a pensa. Para descobrir a 'terceira matéria', era precisamente necessário sair do dualismo da alma e do corpo (onde o corpo físico e o corpo vivo estavam confundidos), descobrir a segunda matéria (relacionada por Lupasco ao princípio de Pauli), para distinguir as três sistemogêneses, mas sem cortar nenhuma das outras duas. O espírito tem seu próprio ser – e podemos dar férias ao materialismo biológico – mas ele procede das duas primeiras 'matérias' – e o espiritualismo idealista é igualmente desqualificado.

Podemos supor que, no trabalho, enquanto atividade vital, movida pela necessidade, o confronto da vida e da morte cede lugar a um começo de vida psíquica. Mas não seguirei o caminho que faz do trabalho um ato vital do homem. Enquanto o trabalho continuar sendo um corpo a corpo do homem e da natureza, diremos, com Marx, que ele não foi despojado de seu modo puramente instintivo. O trabalho, sob a forma que pertence exclusivamente ao homem, sempre parafraseando Marx, é aquele onde o homem representa, conscientemente, seu próprio objetivo.[7] Significa dizer que o trabalho humano não se desdobra para fora do conjunto dos sistemas simbólicos (linguagem, arte, leis, instituições, religiões) que o homem interpõe entre si e a natureza.

A explicação materialista da história (que não é a explicação marxista, mas esse é um outro debate), con-

---

[6] Não devemos perder de vista o lado metafórico dessas expressões. 'Vida' e 'Morte' designam dois dinamismos antagônicos, a heterogeneização e a homogeneização, presentes desde a origem do mundo e de onde procede a terceira 'matéria', a matéria psíquica.

[7] Marx, *Le Capital*, livro I, tomo 1, 3º seção, cap. VII.

siste em acreditar que o homem começou a trabalhar para satisfazer suas necessidades vitais, que o trabalho tem um lugar completamente à parte entre suas outras atividades, que faz sua grandeza ou sua miséria, porque destaca o real e não o imaginário ou o simbólico. Mas, à medida que satisfaz suas necessidades vitais, o homem não precisa pensar! Seu pensamento é despertado, não por suas necessidades, mas pelas do outro. É a relação de reciprocidade com outrem, a intersubjetividade, que está na origem da consciência da consciência.[8] A necessidade inerente do trabalho não é a da necessidade biológica, mas aquela de necessidades psíquicas, a de criar sentido, de se sentir útil aos outros. Podemos dizer, resumidamente: a necessidade do outro.

Se reconhecermos que o trabalho é uma característica humana fundamental, como a linguagem ou o pensamento, então daí decorre a evidência de que, *trabalho há para todos*. Podemos até ir mais longe: o trabalho de cada um é insubstituível. Não se trata do trabalho abstrato da economia de mercado, do trabalho exclusivamente voltado à produção material quantificável, do trabalho de subsistência para a produção de bens indispensáveis à vida, mas do trabalho para viver uma vida humana, do trabalho verdadeiro, do trabalho onde os indivíduos desenvolvem suas capacidades e sentem-se úteis ao próximo. Para que os indivíduos possam encontrar seu trabalho e encontrar-se em seu trabalho, é preciso reconhecer-lhes duas coisas: um direito incondicional à educação, um direito igualmente incondicional aos meios materiais de existência que os libertem da necessidade de se vender para viver, de aceitar qual-

---

[8] Ver D. Temple e M. Chabal, *La Réciprocité et la Naissance des valeurs humaines*, Paris, L'Harmattan, 1995.

quer tipo de emprego. Isso supõe algumas decisões políticas que tomem nota da desconexão, para os indivíduos, entre os recursos e o trabalho e a sistematizem.

O direito incondicional à educação é, em princípio, reconhecido. É uma base da civilização. A educação é devida, incondicionalmente, às novas gerações e estas devem, também incondicionalmente, transmiti-las às seguintes.

O direito à redistribuição dos recursos essenciais à vida, por exemplo sob a forma de uma renda universal de subsistência[9] é uma idéia antiga, mas que começa a ser ouvida pelo grande público. Ela ainda encontra resistências de opinião, que tomam, de início, a forma de objeções econômicas e técnicas; mas uma vez essas afastadas, fica claro que o freio é, na verdade, ideológico e filosófico: é o fantasma das massas voltadas à ociosidade e ao vício! Mais seriamente, pergunta-se como os indivíduos darão sentido à sua atividade. Como evitar o abismo entre aqueles cuja atividade será julgada útil e aqueles onde ela será julgada gratuita? Como evitar a armadilha de uma gratuidade que significaria o arbitrário e o facultativo? No fundo, como reinventar a necessidade do trabalho, se a necessidade vital deixar de ser uma tortura?

O que dá sentido ao trabalho humano é o sentimento de que ele é valorizado pelo próximo. No trabalho assalariado, o salário aparece como o reconhecimento social da utilidade do trabalho. O mercado tem o mérito de sancionar essa utilidade social. A gratuidade

---

[9] Todas as referências bibliográficas poderão ser encontradas no nº 7 da *Revue du Mauss semestrielle*, 1º semestre de 1996. Podemos citar, entre os pioneiros da idéia: Thomas Paine na Revolução Francesa, os socialistas utópicos e, mais recentemente, Philippe Van Parijs, *Qu'est-ce qu'une société juste?*, Seuil, 1991.

aparece, então, como o arbitrário, a perda do sentido.

Isso porque a opinião pública fica inquieta e perturbada diante do trabalho autônomo, que faz suas próprias leis e reivindica trabalho heterônomo. Nossos contemporâneos preferem (para os outros e para si mesmos) o trabalho alienado à 'ausência completa de trabalho' – incluindo nenhum trabalho-emprego. Um trabalho que fosse completamente autônomo e completamente desconectado do rendimento parece-lhes de menor valor, menos capaz de criar o laço social. É preciso levar em consideração essa inquietude para ultrapassá-la.

Será que não deveríamos criticar o dualismo da autonomia e da heteronomia, ou da liberdade e da alienação e construir uma noção contraditória do trabalho, onde liberdade e heteronomia deixariam de ser inconciliáveis, como percebia Lévinas?

Na *heteronomia,* como na *alienação* há o *outro*!...: *heteronomia*, lei imposta por um outro, *alienação*, transformar-se em outro. Em troca, a autonomia parece perigosamente centrada no indivíduo, *autos*, si mesmo. E apelo aos conceitos de Lupasco. Nos *autos*, no si mesmo, percebo o perigo do mesmo, do homogêneo, a partir do momento em que o indivíduo está apenas centrado em si mesmo, esquece o outro!

Na sociedade, a separação dos indivíduos pode ser analisada como um processo de diferenciação, de heterogeneização, favorecido, acentuado pela economia de troca de mercado e pelo capitalismo. Na troca, efetivamente, ninguém deve a ninguém; a independência dos indivíduos é um valor. Como ativo desse sistema econômico, podemos, indiscutivelmente, colocar a tomada de consciência dos direitos do homem, concebidos como os direitos da pessoa. Mas a heterogeneização, que vem depois, atualiza uma não-contradição cada vez maior, potencializa cada vez mais a homogeneização. A não-contradição submerge o 'contraditório' por um excesso de heterogeneização (como poderia fazê-lo, em um outro sistema, por um excesso de homogeneização, como o faz se a homogeneização potencializada se atualiza, por sua vez, por exemplo no coletivismo). Afastamo-nos da harmonia na sociedade onde as forças de convergência, de atração, de unidade, equilibrariam as forças de divergência, de repulsão, de diversidade. A heterogeneização exagerada leva à atomização dos indivíduos, à perda da solidariedade, tais como Hegel ou Tocqueville denunciaram em uma sociedade civil, baseada sobre a troca de mercado, que não tem como papel senão proteger os interesses do indivíduo. Este, que se fecha em si mesmo, transforma-se, então, no homem unidimensional, no inválido reivindicador identitário. O trabalho autônomo do indivíduo tem apenas o sentido de aumentar sua própria identidade.

O trabalho, que é humano, é consciente para responder à necessidade ou ao desejo do outro e procura satisfazê-lo. É o que realiza muito mal a economia de troca, pois na troca, afinal, é sempre apenas meu interesse que está em jogo. "Não é da benevolência do açougueiro, do vendedor de cerveja e do padeiro que esperamos nosso jantar, dizia Adam Smith, mas na verdade, do cuidado que eles dedicam a seus interesses. Não nos dirigimos à sua humanidade, mas ao seu egoísmo; nunca é de nossas necessidades que lhes falamos, é sempre da vantagem deles."[10] Se o interesse do outro é respeitado na troca, isso só ocorre de forma indireta:

---

[10] A. Smith, *La Richesse des nations* [1776], Paris, Garnier-Flammarion, 1991, p. 82.

ele não é o motivo da ação. O trabalho livre seria o trabalho para si?

Em todas as profissões, aqueles que realizam seu trabalho com prazer, executam um suplemento de trabalho não remunerado, independente de seu salário. Esta parte dada é a parte do humano, o que permite ao trabalho ser mais que uma atividade vital. Seria preciso reescrever a história do trabalho humano para mostrar que mesmo os trabalhadores explorados investiram, em todos os tempos, seu orgulho para aumentar, de relance, seu próprio dom. Enquanto a força de trabalho for vendida e o suplemento de trabalho roubado, só podemos denunciar as ideologias hipócritas que encorajam os escravos devotados, os servos de bom coração... a assim contribuir para sua opressão.

Mas o trabalho que é humano, não seria o trabalho para o outro, livremente voltado para outrem, reapropriado para ser dado, trabalho dado e não arrancado ou roubado?

Podemos, então, formular a filosofia da indenização universal. Ela é *devida*, porque todo homem tem o direito de viver e porque a inteligência humana, materializada nas máquinas, é capaz de produzir riquezas materiais para todos. Essa capacidade da ciência, do gênio humano, despertada e desenvolvida pelo Capital, não pode continuar propriedade particular, ela é o patrimônio da humanidade. A redistribuição das riquezas pelo Estado pode ser interpretada como uma *doação*, da qual o Estado é o mediador, porque ela é incondicional. Ela não é a 'retribuição de um trabalho benévolo obrigatório'! 'Devido' e 'Doação' combinam muito bem. Nós o sabemos, desde que Marcel Mauss descreveu a tripla obrigação de dar, receber e devolver. Devido e doação conjugam-se como obrigação e liberdade.

A liberdade opõe-se à coação e não à obrigação, como nos lembram os filósofos, desde Rousseau e Kant. A liberdade opõe-se à dependência, mas talvez não seja a independência, ela é, antes, a interdependência, pensava Rousseau. Aquele que recebe da sociedade deve, portanto, dar-lhe por sua vez. Em nenhum caso é forçado a isso. É livremente que ele dá à sociedade seu trabalho, aquele que ele é o único a poder fazê-lo. Esse sistema é o mais capacitado para criar a solidariedade e a inteligência, que por sua vez produzem as riquezas, materiais e imateriais. Podemos reinterpretar, nesse sentido, como uma divisa da reciprocidade, a fórmula de Marx: "De cada um, segundo suas capacidades, a cada um, segundo suas necessidades!" Precisamos conceber um novo contrato social, um contrato que já não esteja baseado na troca, mas sobre a reciprocidade, *um contrato além do contrato*!

As ciências humanas deveriam, no futuro, dispor-se a utilizar a lógica e a ontologia ternárias de Stéphane Lupasco.

Assim poderiam escapar das críticas que recebem desde sua origem: resistiriam às críticas dos cientistas, que duvidam do lado positivo dessas ciências. Elas responderiam às críticas dos filósofos e assumiriam seu aspecto normativo, em lugar de serem normativas sem confessá-lo. Deixariam de imitar as ciências da natureza, de se furtar às questões de sentido, de esquecer que a questão: o que é o homem? traz, em si mesma, a questão: o que queremos?

A ontologia lupasciana deveria permitir às ciências humanas apoiar-se nas ciências positivas para dizer o que deve ser, mas apoiando-se sobre o que é! Lupasco deveria ajudar-nos a sair da alternativa entre idealismo e materialismo.

Trata-se, não apenas de falar do espírito e da liberdade, mas de produzi-los!

LINGUAGEM E CONTRADIÇÃO

PAUL GHILS
Encarregado de Cursos – Haute École de Bruxelles

1. A tradição dupla

Neste fim de século XX, saímos de um longo período de dominação do paradigma que enxergava, na linguagem, somente sua função referencial, proposicional, semântica, no sentido em que ela só significava a ordem verdadeira das coisas. Que se tratasse da contradição ou de qualquer outra forma da linguagem, a evolução contemporânea das ciências humanas, em geral, e das ciências da linguagem, em particular, proibiu, entretanto, que se percebesse, através da linguagem, realidades reduzidas a seus únicos aspectos objetivos ou absolutos. A temática clássica da filosofia, antes do aparecimento dessas ciências, era tal que o sujeito informado tinha acesso diretamente ao universo, *já aí*. A linguagem era um meio transparente, cujo papel era transmitir, ao espírito, os objetos a espera de deciframento. Da ontologia do platonismo à epistemologia copernicianna, o Caminho real do pensamento inscreve-se nesse confronto, sem mediação entre o sujeito e o objeto. Platão condena a retórica dos Sofistas que, diz ele, "faz aparecer o pior argumento como sendo o melhor". Mais tolerante com relação à retórica, Aristóteles trata as condições e as circunstâncias nas quais os argumentos produzem a certeza, como aspectos que os filósofos podem abordar com consciência clara, da mesma forma que a progressão interna dos 'argumentos' pertinentes, ou seja, os encadeamentos das proposições. O estatuto da retórica, no cânon filosófico, não era inferior ao da lógica e, até o século XVII, os filósofos discutiam questões retóricas sem pressupor que elas fossem não-racionais, menos ainda anti-racionais. Mas, após 1600, foi reinstaurada a ordem platônica e, com ela, uma forma de racionalidade que colocava à frente a análise formal concebida como encadeamento de enunciados escritos e não como um encontro circunstancial de enunciados visando à persuasão e cuja força ou fraqueza deviam ser avaliadas no momento, não em função de uma verdade metafísica.

O paradigma semântico-referencial nunca pôde, no entanto, ocultar uma via mais sinuosa, que se inscrevia através do percurso retilíneo e sem obstáculos, levando à soberania não compartilhada do sujeito cartesiano, cuja Razão devia impor-se à ordem da natureza. É aquela de Heráclito, a quem Aristóteles reprovava por ter ignorado o princípio de contradição e aquela do sentido, inaugurada pelos Sofistas, a via dos signos, pelos quais as coisas e o mundo significam o mesmo que as ações e as produções humanas. Essa via destacava-se, progressivamente, ao mesmo tempo, da versão ontológica (as coisas em si mesmas) e da versão epistemológica (as leis do pensamento correto). O sujeito deixa de ser aquele que se contenta em refletir o *mundo em si,* em função das regras da *episteme* que o fazem aceder à verdade, mas encontra-se comprometido em uma retórica, onde intervêm as paixões, a persuasão, a *doxa* (opinião) flutuante e contraditória, que Platão detestava, as estratégias, que constroem um mundo de sentido não dado de início.

No século XIX, consuma-se a ruptura anunciada pelo caminho semiótico, quando Frege introduz a distinção capital entre *sentido* e *referência*. Opera-se uma bifurcação entre, de um lado, a semântica referencial, que volta à objetividade das coisas e, de outro, a expressão lingüística, que funda a significação sobre a interpretação do sujeito. A opacidade do sentido, que daí resulta, quebra o sentido homogêneo de Peirce, para quem o movimento da interpretação procede, sem nunca se deter em uma lógica tricotômica e dinâmica (*representamen*, objeto, interpretante). Merleau-Ponty funda, depois de Husserl, uma fenomenologia da tensão e da subjetivação do sentido, que se desenvolve em suas dimensões co-subjetivas e heterogêneas. Entre os lingüistas, o dinamarquês Louis Hjelmslev articula, em sua semiologia, mais importante que o sistema de Saussure nesse aspecto, uma instância intermediária dos usos ou normas objetivas entre a representação por modelos do sistema abstrato da linguagem e a indefinida variabilidade dos discursos. As diversas pragmáticas contemporâneas, fortemente influenciadas pelo segundo Wittgenstein (*Recherches philosophiques*) e pela retorização do discurso das ciências humanas, mesmo das ciências chamadas exatas[1], retomaram esse tema com certo atraso. Porém, atualmente, o campo inteiro do lingüista encontra-se envolvido em um movimento de complexificação, cujas formas de ambigüidade são apenas um aspecto. A mudança de paradigma relativiza as estruturas bipolares, sujeito cognoscitivo/objeto conhecido, verdadeiro/falso e adota pares mais dinâmicos baseados no virtual e no atual, a homogêneo e o hetero-

[1] Cf. V. de Coorebyter (dir.), *Rhétoriques de la science*, PUF, 1994.

gêneo e os dinamismos complexos da interação estudados na análise da conversação ou em etnometodologia. Entretanto, nem por isso, essas diversas correntes suprimem as análises próprias à concepção representacionista, como o mostram o cognitivismo mais radical ou as taxionomias tecno-científicas da ciência terminológica.

2. Língua e lógica

O confronto da língua e da lógica foi falseado, no século XIX, pela insubmissão da física ao modelo científico, depois, por algum tempo, da biologia. Por outro lado, a atração recíproca da lógica e da lingüística foi acentuada pelo fato de os enunciados lógicos e seus encadeamentos utilizarem o material lingüístico e conduziu a representações dessas mesmas formas lingüísticas. De forma que, no século XIX, quando se funda um saber lingüístico autônomo de natureza científica, ele está impregnado de noções da lógica. Aquele que consideramos, geralmente, como o fundador da lingüística científica, Bopp (1791-1867), empresta suas noções teóricas a Wolff que, por sua vez, retoma a herança leibniziana. Ora, a teoria de Leibniz, em matéria de linguagem, representa a primeira tentativa de matematização da gramática cartesiana, pela procura de uma técnica combinatória, cuja ambição era representar o sistema gramatical postulado como subjacente a todas as línguas existentes. Considerado, por Leibniz, como universal, esse sistema se baseava em um verdadeiro cálculo de idéias primitivas, *notiones primitivae,* que devia, pensava ele, permitir a construção de uma *gramática racional,* espécie de língua adâmica, subentendendo as variações e anomalias de línguas humanas que perderam sua univocidade e esqueceram as idéias originais. Esse sistema profundo ultrapassava, aliás a única correspondência entre língua e lógica (*ordo notionum*), pois coincidia, de acordo com Leibniz, com a própria ordem das coisas, o *ordo rerum* ôntico.[2]

A partir dos trabalhos de Frege, em fins do século XIX, e sobretudo de Carnap, na primeira metade do século XX, a língua é, sistematicamente, confrontada com a lógica. As relações entre os dois termos permanecem, no entanto, tendenciosas devido a um mal-entendido fundamental. A comunicação lingüística era, na realidade, considerada como a aproximação desajeitada de uma racionalidade que tende à racionalidade lógica clássica, sem que jamais lhe tenha sido permitido poder atingi-la. Desde 1892, não enunciava Frege, precursor de Carnap na ótica chamada logicista, que: "Ocupar-se da linguagem e descobrir o que contêm as expressões lingüísticas não pode ser tarefa da lógica. Quem quiser aprender a lógica a partir da linguagem é como um adulto que queira aprender a pensar com uma criança"[3]? A justificativa dada por Frege sobre essa diferenciação dos estatutos respectivos das línguas, de um lado, e da lógica de outro, está impregnada de conceitos evolucionistas. Segundo esses, as formas lingüísticas antigas proliferavam sem limites, para reduzir-se, em seguida, progressivamente, no sentido de uma simplifica-

---

[2] Cf. P. A. Verburg, "*Vicissitudes of Paradigms*", em D. Hymes, *Studies in the History of Linguistic*, Bloomington, Indiana University Press, 191- 230, e G. Romeyer Dherbey, "Leibniz et le projet d'un langage exclusivement rationnel", em *Le Langage*, vol 2, Ellipses, 1986, p. 23-32.

[3] G. Frege, *Wissenschaftlicher Briefwechsel*, Hamburgo, 1976, p. 102, citado por Jacques Bouveresse em *Encyclopédia philosophique universelle*, dir. A. Jacob, PUF, 1989, p. 465.

ção, da eliminação dos fatores psicológicos responsáveis pela imprecisão dos conceitos. Sem dúvida, Frege afirma, em vários escritos, que a língua é superior à lógica nos domínios onde a lógica se revela inadequada e que mesmo a língua comum já é uma linguagem perfeita, na medida em que contém, ainda que de forma dissimulada, os elementos lógicos. Mas a defesa em favor dos méritos da língua continua baseada em uma visão comparativa dos dois modos de expressão, onde a dissimulação, a armadilha, a corrupção das expressões permanecem o fato da língua, designada implicitamente como o parceiro inferior. As expressões vagas, mal definidas, não poderão, consequentemente, jamais chegar ao estatuto de conceito: "[...] Um conceito que não é definido de forma estrita é chamado, incorretamente, de conceito. Tais formações de tipo conceitual não podem ser reconhecidas pela lógica como conceitos; é impossível enunciar leis exatas a esse respeito. A lei do terceiro excluído não é, na verdade, a rigor, nada mais do que a exigência, sob uma outra forma, de que o conceito seja delimitado de maneira estrita."[4] A lógica permanece, portanto, apesar do reconhecimento da pertinência da língua nos domínios onde a lógica não se aplica, o juiz da língua. A única linguagem 'séria' parece ser a que permite estabelecer a verdade das proposições pela remissão unívoca ao referente e que nisso se distingue da linguagem, que se contenta, como a estética, com o sentido (*Sinn*).[5] Em nossos dias, as diversas concepções das ciências cognitivas, mais ou me-

[4] G. Frege, *Grundgesetze der Aritmetik* (1893-1903), Hildesheim, Georg Olme, 1966, vol. II, par. 56.
[5] G. Frege, "Über Sinn und Bedeutung", em *Zeistschrift für Philosophie und Philosophie Kritic*, vol. 100, 1892, 25-50; trad. fr. de C. Imbert em G. Frege, *Écrits logiques et philosophiques*, Seuil, 1968, p. 102-126.

nos radicais e tecnicistas (o dualismo de Chomsky e Fodor), através, notadamente, dos formalismos do IA e da teoria da informação, reconduzem, em certa medida, as leis do pensamento do paradigma ortodoxo (identidade, não-contradição e terceiro excluído) a partir dos três pólos computador/informação, espírito/lógica e cérebro/neurofisiologia e pelo viés de associações variáveis desses pólos (daí as metáforas espírito/cérebro do paradigma conexionista e espírito/computador do paradigma ortodoxo).

3. Terminologia e ordem das coisas

Atualmente, tornou-se banal afirmar que os efeitos de sentido estão ligados à situação do enunciado e aos interlocutores e que, mesmo quando se trata de referir a objetos exteriores com sentido expresso a partir das formas lingüísticas, esse sentido constrói-se obedecendo a restrições procedentes de um ponto de vista, de uma análise preliminar, que fazem com que uma língua não possa descrever fatos de forma completamente objetiva. Não apenas as normas semânticas contêm o traço dos pré-construtos sociais, culturais e outros, mas a conquista da palavra já constitui uma escolha, uma decisão, uma redução profunda da indeterminação e do excesso de sentido. É a partir dessa constatação que Jean-Blaise Grize tenta construir uma 'lógica natural' do sentido com a ajuda de esquematizações, segundo um princípio oposto à tese da transmissão da informação, regulamentada por um código ou uma linguagem especial que um cognitivista como Fodor denomina '*mentalais*' e cuja propriedade é a de um veículo que faz passar, com toda transparência, os dados do sentido, a informação numeralizada.[6]

A esse respeito, o rápido desenvolvimento da terminologia representa um caso particular. A terminologia técnica e científica permanece, com efeito, sob o charme da utopia aristotélica de uma realidade estável, que basta denominar para garantir sua objetividade. O fenômeno de observação somente seria propriamente compreendido depois de ter sido designado, denotado, etiquetado, nomeado. É facilmente percebida, na construção das redes "nocionais"[7] das terminologias, a tentativa feita para isolar um plano inteiro da linguagem e a confusão correlata entre os marcadores semânticos dos lingüistas e as denominações terminológicas tecno-científicas.[8] Percebe-se, com efeito, que uma unidade semântica não conseguiria ser estável a ponto de ter a mesma identidade ou composição, como o atestam as análises semânticas feitas por lingüistas diferentes. Tal identidade sistêmica não poderia ser aplicada à grande diversidade dos contextos de utilização reais, correspondendo ao domínio semântico definido. Há, aí, um jogo dialético arriscado, pelo qual a terminologia, tentando reduzir a indeterminação e au-

---

[6] Cf. *Logique naturelle et Communications*, PUF, 1996 e *Logique et Langage*, Ophrys, 1990.

[7] A palavra está mal escolhida, pois se trata, na realidade, de redes conceituais ou, melhor ainda, funcionais, no sentido em que Deleuze e Guattari diferenciam os conceitos, cuja realidade é virtual, das funções, que se referem aos estados de coisas atualizados. "Atualizamos ou efetuamos o acontecimento cada vez que, querendo ou não, o provocamos, em um estado de coisas, mas o *contra-efetuamos* cada vez que abstraímos estados de coisas para extrair-lhes o conceito" (*Qu'est-ce que la philosophie?*, Minuit, 1991, p. 150-151).

[8] Uma confusão do mesmo tipo ocorre com os generativistas, quando Katz considera como equivalentes os marcadores semânticos (tais como "restrição de seleção") e construto terminológico (tal como "molécula de oxigênio"). Cf. "Semantic theory", em D. Steinberg et L. Jakobovits (ed.), *Semantics*, Cambridge, 1971, p. 297-307.

mentando a parte de determinação graças à criação de termos técnicos, pode ter um efeito contraprodutivo, na medida em que os contextos e as conexões não são levados em consideração de maneira adequada. A imposição de uma maior determinação nega a oscilação entre a teoria e os observáveis, que o método científico coloca no centro de seu procedimento, segundo o princípio de contradição empírica ligado à cientificidade, tal como definida por Popper. Este vê, na contradição (eliminada, no entanto, pela escolha da teoria adequada), a motivação racional que provoca a revisão das teorias.[9] A significação no discurso comum adota uma lógica semelhante, onde a apropriação dialética da situação não é edificada nem sobre uma objetividade total do real, nem sobre a expressão de uma subjetividade não forçada, mas responde ao ajustamento contínuo do quadro intersubjetivo instável, apropriado para escapar a essa dupla alienação. A prática terminológica, seja aqui a ciência terminológica ou a terminologia tecno-científica, não deveria, talvez, afastar-se demasiado, pois, eliminando toda indeterminação das noções que ela cria, apresenta a dupla desvantagem de aumentar o campo das interpretações equivalentes (aumentando, assim, a sutileza das relações entre termos e domínios) e de fechar-se no sonho de uma língua perfeita, quase matemática, tal como a concebem os lógicos.[10]

4. Os paradoxos das teorias lingüísticas

---

[9] *Conjectures et Réfutations*, Payot, 1985 [1963].

[10] Cf. R. de Beaugrande, "Systemic versus contextual aspects of terminology", em H. Cszap et C. Galinski (ed.), *Terminology and Knowledge Engineering*, Frankfurt/M., INFOTERM/Indeks Verlag, 1988, p. 7-24.

A lingüística científica deste século pretende basear-se sobre a rejeição de uma contradição teórica principal entre a variabilidade, em parte irredutível das línguas, e a generalização dos princípios regentes de suas regras estruturais. Dando as costas ao sujeito, ao discurso, à heterogeneidade dos usos e das operações lingüísticas, ela se abrigaria, indiretamente, sob o estatuto prestigioso da lógica clássica. Desde a operação fundadora da ciência saussuriana, o objeto lingüístico encontrou-se, no entanto, ameaçado em sua identidade pela paradoxal relação instaurada entre a língua e a palavra, de um lado, e pela concepção do signo de outro. Podemos dizer que este paradoxo interno da teoria resolveu-se, de certo modo, pela entronização da língua e o exílio da palavra, mas que essa resolução está longe de ser total, pois Saussure fez uma pesquisa ligada ao que não é redutível ao sistema da língua, mas que permanece, para ele, consubstancial à linguagem. De fato, é esse outro 'ponto de vista' que aflora na teoria do signo, pois se trata de fazer dele a base do formalismo, que é o sistema da língua. A própria natureza do signo mina sua existência naquilo que ele 'nunca é o mesmo' e introduz a diferença no próprio cerne da identidade, a ponto de René Amacker poder ver, no construtivismo saussuriano, uma epistemologia da natureza heracliteana, pelo movimento perpétuo provocado pela língua e pela referência explícita de Saussure à metáfora do rio.[11] Contra-

[11] Cf. "Saussure 'héraclitéen': épistémologie constructiviste et réflexivité", em M. Arrivé et C. Normand (dir.), *Saussure aujourd'hui*, número especial de LINX, 1985, p. 17-28. O "construtivismo" mencionado pelo autor responde à acepção dada pela epistemologia de Piaget, ou seja, ao que "se opõe tanto ao empirismo mecanicista como ao idealismo inato" (p. 19, nº 7). Ver também, do mesmo autor, *Linguistique saussurienne*, Genebra, Droz, 1975.

riamente ao *generativismo*, que coloca a existência axiomática de uma língua única e homogênea, enfatizando a sincronia e considerando a questão da lógica da linguagem como definitivamente resolvida, Saussure deixa a porta aberta à representação do empírico e do diacrônico.

Para grande número de filósofos da linguagem e lingüistas, entre os quais Chomsky é o representante mais significativo a respeito, a 'única e verdadeira' lógica continua sendo, portanto, a lógica clássica. A gramática transformacional de Chomsky apenas amplificará, por decisão epistemológica deliberada e pela escolha de um modelo estrutural de tipo generativo, os traços mentalista e homogeneizante já presentes no estruturalismo 'comum'. O método chomskiano constitui, além disso, uma das tentativas mais sistemáticas de transferência dos princípios lógicos para a teoria lingüística. O procedimento encontra uma de suas fontes nos trabalhos do lógico Post que, retomando a concepção *generativa* da lógica, empresta o conjunto do vocabulário gramatical (regra, palavra, frase, linguagem) para expor diversas interpretações possíveis do sistema formal inicial. Em vez de renunciar às concepções mais banais da gramática, a teoria lingüística retoma a analogia que vai da gramática à lógica, para postular que, entre as possíveis interpretações de um sistema formal, figura a articulação gramatical das línguas chamadas, por anglicismo, de 'naturais'. Se, para Post, a aproximação entre lógica e linguagem não ultrapassa a analogia útil à descrição das operações lógicas, ao contrário, para Chomsky há identidade estrutural entre os dois sistemas. A noção de 'correção' gramatical decorre diretamente, não por cuidado normalizador, mas em virtude do princípio de *generatividade* lógica (que define o verdadeiro e o falso), portanto, gramatical (que distingue o correto do incorreto). Aí será reconhecida a bivalência que se localiza na base da lingüística chomskyana como sendo a da lógica clássica porque, como afirma Chomsky, a lógica das línguas 'é' a lógica clássica (com variáveis, ou seja, o cálculo dos predicativos) e não uma lógica qualquer intencional (sem variáveis). Curiosamente, a hipótese da gramática como objeto formal é também representação formalizada dessa língua, ou seja, uma gramática comum, exatamente como a palavra linguagem remete, ao mesmo tempo, ao sistema formal e ao objeto lingüístico concreto. Essa ligação estreita entre o formal e o empírico faz com que os *generativistas* aleguem que a lingüística é uma ciência empírica, jurisdicional, no sentido do método verificacionista de Popper aplicável às ciências galileanas. As propriedades empíricas da linguagem sendo de natureza estritamente formais, a lingüística satisfaz a esse outro traço das ciências galileanas de poder matematizar seu dado. O que também explica como os *generativistas* puderam justificar, por essa intimidade entre o formal e o empírico, a ligação que une, diretamente, a linguagem ao órgão mental pressuposto para comandá-la, através da vinculação da gramática universal à psicologia (hoje científica) e daí à biologia.[12] Em seguida, a escola chomskiana, pouco a pouco, fundiu-se no cognitivismo ortodoxo, que padroniza, segundo o mesmo princípio, os mecanismos neuronais sobre a base dos circuitos eletrônicos, o que tem como efeito, além da minorização da linguagem em relação ao pensamento, a convergência do biológico e do artificial, do cérebro e da máquina, em proveito do segundo termo de

---

[12] N. Chomsky, "La connaissance du langage", *Communications*, 40, 1984, p. 7-24.

cada um desses pares.[13] Observemos que a inversão dessa relação não supõe, necessariamente, uma opção filosófica diferente, pois se a variante conexionista do cognitivismo parte, com efeito, dos circuitos neuronais para construir os circuitos informáticos, estes recebem, como tarefa, simular o cérebro, o que supõe que este responda a um funcionamento de tipo essencialmente mecanicista. Pois o computador não pode, *a priori,* dirigir-se ao cérebro, exceto através de seus próprios meios e o especialista em inteligência artificial vê-se obrigado a definir a estrutura "de composição dos estados mentais conexionistas" na medida em que considera o espírito como uma "máquina de tratamento de estruturas sintáticas".[14], o que é habitualmente o caso. Observemos, ainda, que as estruturas sintáticas, consideradas como competência 'natural' de natureza psicológica, até mesmo biológica, são cortadas da *performance* (correspondente aproximado da *palavra* saussuriana), portanto, variações individuais e sociais constitutivas dos fenômenos de comunicação.

Os continuadores de Saussure, por outro lado, esclareceram diversos paradoxos – internos ou externos à teoria lingüística –, relacionados à definição do objeto da teoria, à instalação de seus fundamentos ou, simplesmente, à descrição dos observáveis que escolhia. Assim, em Hjelmslev, ainda que considerado o formalizador do sistema homogêneo da língua saussuriana: "*A priori,* poderíamos, talvez, supor que o sentido que se organiza pertence ao que é comum a todas as línguas e, por-

---

[13] De forma que a noção de "criatividade" encontra-se empobrecida até não mais representar senão uma combinatória lógico-matemática.

[14] P. Smolensky, "IA connexioniste, IA symbolique et cerveau", em D. Andler (dir.), *Introduction aux sciences cognitives,* Gallimard, 1992, p. 77-106.

tanto, a suas semelhanças; mas é apenas uma ilusão, pois ele assume forma de maneira específica em cada língua; não existe formação universal, mas somente um princípio universal de formação", de maneira que o "velho sonho de um sistema universal de sons e de um sistema universal de conteúdo (sistema de conceitos) é, por causa disso, irrealizável e não teria, de qualquer modo, nenhuma influência sobre a realidade lingüística".[15] Essa negação até da possibilidade de uma identidade da realidade lingüística constitui um questionamento da possibilidade de um sentido homogêneo e, portanto, da compatibilidade entre a lógica da língua e a lógica clássica. Essa hipótese do instável, lembraremos, havia inquietado Benvéniste que, privando, definitivamente, o signo como realidade em si e cujos dois termos, significante e significado, deviam, doravante, estar unidos por um elo, não mais arbitrário, mas necessário, havia realizado o objetivo constante da filosofia metafísica de assegurar a identidade do sentido separando-o, completamente, da realidade objetiva.[16] Enraizando o sentido no instável, Hjelmslev afasta-se dos princípios que subentendem a lógica – na ocorrência, a idéia de que a manipulação de signos arbitrários e abstratos lhes dá um sentido 'verdadeiro', associando-os aos objetos do mundo. Porém, ele vai mais longe, localizando, na própria língua, os aspectos que lhe conferem uma dinâmica, ausente da concepção corrente da sincronia como sistema estático: "o sincrônico não é nada senão a lín-

---

[15] L. Hjelmslev, *Prolégomènes à une théorie du langage*, Minuit, 1966, p. 98-99. Podemos ligar esta citação a uma observação análoga de Martinet sobre os universais: "[...] todo trecho de discurso automaticamente presente em todas as comunidades deve ser considerado como não-lingüístico ou como marginalmente lingüístico" (*Éléments*, p. 34, edição de 1970).

[16] *Problèmes de linguistique générale* II, p. 225.

gua em funcionamento, o jogo das oposições entre signos. O sincrônico é uma atividade, uma *energeia*. [...] A *dunamis* é o princípio mais elementar da linguagem."[17] Sem dúvida, era uma necessidade decorrente da decisão de Hjelmslev de fundar uma totalidade concedendo à *sémiosis* seu grau mais elevado de generalidade, mas cujo preço era a existência do sujeito, condenado a apagar-se sob a máscara do agente despersonalizado. Esta anulação do sujeito não é, no entanto, senão parcial pois, tendo salvado a identidade e a unidade da teoria, Hjelmslev chega a reintroduzi-lo, até certo ponto, no interior do objeto da lingüística, transformando-o em um de seus fatores constitutivos pelo viés da categoria dos casos, aplicada, por ele, às noções de espaço, de tempo, de causalidade sintagmática. Como o fará Martinet dentro de uma perspectiva funcional, mas não lógica, para estabelecer *a economia das alterações fonéticas*[18] a partir de tensões de tipo cibernético, que revelam um dinamismo interno no sistema sincrônico da língua, Hjelmslev extrai, da sincronia, os princípios dinâmicos à obra na língua.

Mas é a teoria das 'oposições participativas', do ponto de vista lógico, de cuja consideração nos ocupamos, que marca melhor a significação das articulações conceituais próprias à linguagem.[19] A 'participação' opõe, de fato, as unidades significativas que Hjelmslev denomina 'intensivo' e 'extensivo' e que, na fonologia de Troubetzkoy e Jakobson, correspondem a 'marcado' e

[17] *Principes de grammaire générale*, Det Kgl. Danske Videnskabernes Selskab, Coponhage, 1928, p. 56.

[18] Berne, Francke Verlag, 3ª ed. 1970.

[19] Este ponto é discutido por E. Coseriu, *Lecciones de Lingüística General*, Madri, Gredos, 1981, e por J. Petitot-Cocorda, *Morphogenèse du sens I*, PUF, 1985.

'não-marcado'.[20] Há aí, certamente, uma relação que não apenas permite distinguir uma das articulações lógicas da linguagem, da lógica dos lógicos, mas recupera esta lógica no que ela comporta das oposições binárias clássicas (A/não-A), oposições contrárias ('avaro' e 'pródigo' não podem ser verdadeiras ao mesmo tempo, mas podem ser falsas simultaneamente) e oposições contraditórias ('claro' engloba 'obscuro', 'velho' engloba 'jovem'). O conjunto dessas oposições constitui aquilo que Hjelmslev denomina sublógica, ou seja, o complemento no domínio lógico do que Lucien Lévy-Bruhl denomina 'pré-lógica', para distinguir a 'mentalidade primitiva' da

[20] Assim, o par A ("homem") e não-A ("mulher") realiza uma oposição assimétrica, onde o primeiro (extensivo) cobre o segundo (intensivo) nos casos onde é a soma A+não-A que está representada (por ex. "homem" para denotar "humano"). Uma relação análoga pode valer para as unidades fonológicas, onde a oposição entre duas unidades é neutralizada em certos contextos (assim, a oposição entre consoantes surdas e sonoras em finais de palavras, em várias línguas germânicas). No domínio semântico, os lingüistas também designam o fenômeno sob o termo de "auto-hiperônimo". Na lingüística de Jakobson, o paradoxo básico afeta tanto a teoria como seu objeto. O binarismo fonológico é, com efeito, colocado em oposição com a poeticidade, oposta da mesma forma aos usos referenciais, pois aqui o símbolo confunde-se mais com o objeto, "porque ao lado da consciência imediata da identidade entre o signo e o objeto (A é A_1), a consciência imediata da ausência desta identidade (A não é A_1) é necessária; esta antinomia é inevitável, pois sem contradição não há jogo dos conceitos, não há jogo dos signos, a relação entre o conceito e o signo fica automática, o desenrolar dos acontecimentos cessa, a consciência da realidade morre". A ambigüidade é uma propriedade intrínseca, inalienável de toda mensagem centrada sobre si mesma. É o mesmo tipo de dialética que caracteriza a estrutura dos eixos equivalência/combinação e sua variante trópica metáfora/metonímia, que Jakobson apresenta como eminentemente contraditória, do nível fonológico ao nível semântico: "A superposição da similaridade sobre a contigüidade confere, à poesia, sua essência, do começo ao fim, simbólica, complexa, polisêmica, [...] todo elemento da sequência é uma comparação. Na poesia, onde a similaridade é projetada sobre a contigüidade, toda metonímia é ligeiramente metafórica, toda metáfora tem uma coloração metonímica". (*Questions de poétique*, Seuil, 1973, p. 235-236).

mentalidade contemporânea. É certamente extraordinário, como o observam Ducrot e Schaeffer, após Greimas[21], que o filósofo e lógico Robert Blanché[22] tenha chegado, baseando-se no 'quadrado de Aristóteles' e, portanto, nas relações lógicas tradicionais, a uma categorização do 'pensamento natural' próximo desse 'sublógico', que precisamente caracteriza o que certos lingüistas ou semiólogos designam 'lógica natural'. Manteremos desse confronto o fato, mais notável ainda, que a aplicação do esquema lógico de Blanché aplica-se, só parcialmente, às relações lógicas que ligam as unidades léxicas da língua, em razão, principalmente, da impossibilidade de construir implicações lógicas entre certas unidades lexicais, onde o esquema conceitual correspondente estabelecido por Blanché autoriza tais deduções.[23] Por outro lado, o esquema de Blanché não admite a contradição (os contrários opõem-se de maneira absoluta), enquanto as relações de tipo 'sublógico', descritas por Hjelmslev, incluem elementos contraditórios. Enfim, parece que as relações de implicação lógica que a língua autoriza são, às vezes, neutralizadas pelo discurso, o que mostra que aquilo que surge como uma 'razão discursiva' subverte as relações lógicas que subsistem na língua, graças aos meios conceituais mais poderosos que ela trabalha. Esses diversos elementos mostram que a lógica habitual encontra-se ultrapassada por um sistema que poderíamos chamar 'arquilógico', pois ele relativiza a primeira. Neste sentido, pode ser justificado referir-se à noção de 'pré-lógica' colocada por Lévy-

---

[21] *Dictionnaire des sciences du langage*, p. 234-235.

[22] *Les structures intellectuelles*, Vrin, 1966.

[23] Assim, se "todos" implica "alguns" em lógica, o mesmo não vale no discurso, como o atesta este exemplo dado por Ducrot e Schaeffer: "Não foram alguns amigos que vieram, foram todos" (*ibid.*, p. 237).

Bruhl para explicar a significação global das articulações lógicas da linguagem, ficando claro, como assinala o sociólogo, que não devemos ver no prefixo 'pré' aquilo que seria anterior ou oposto à lógica, mas na verdade, como ele também o diz, um tipo de racionalidade que transgride os princípios da lógica, como o princípio de participação que não obedece ao princípio de identidade. O que coloca um problema nos dois níveis, entretanto, é a cisão radical entre duas mentalidades e duas lógicas. Pois, de um lado, as teorias lingüísticas e pragmáticas mostram bem que o pré-lógico é plenamente realizado nos sistemas lingüísticos demonstrados e nas operações lingüísticas comuns. De maneira mais ampla, inúmeros lingüistas, pragmáticos e semiólogos mostraram, depois de Hjelmslev, que não somente os princípios lógicos clássicos (verdade, identidade, terceiro excluído) encontram-se relativizados, mas que a mudança de perspectiva que ocorre em relação ao projeto de Carnap, cujo objetivo era traduzir todas as línguas na sintaxe lógica, levou a fazer, da lógica, uma variante da linguagem (aqui concebida como conjunto de articulações lógicas integradas na língua). Por outro lado, a racionalidade intersubjetiva, tal como a concebemos, através do jogo dessas diversas articulações entre o recuo aos formalismos cristalizados e as distorções do discurso no processo interativo, coloca a lógica em perspectiva, por aquilo que ela 'quer dizer'[24], por assumir o encargo consciente das formas lingüísticas.

---

[24] Tomamos esta expressão naquilo que Quine via de intencional (em francês) em relação ao sentido mais passivo do verbo "significar".

5. A contradição nas operações da linguagem

Os estudos retóricos e literários sempre evidenciaram interesse, com sorte indiscutível, pelos conjuntos de expressão que põem em relevo o contra-senso. Ao contrário, as teorias lingüísticas os expulsaram para as margens do aceitável, qualificando-os, como na tradição geradora e transformacional, de expressões 'mal formadas', 'meias-frases', 'frases exdrúxulas'.[25] Elas eram, então, reservadas aos estudos psicolingüísticos ou pragmáticos, ou seja, fora do domínio língüístico propriamente dito. Apenas recentemente, o contra-senso foi reconhecido como domínio do sentido cujo estudo era passível de esclarecer as condições de significância das formas lingüísticas complexas. Assim, a tropologia de Prandi valoriza a abertura recíproca das conexões lingüísticas e das solidariedades conceituais a partir da contradição, que representa, neste caso, a ponta extrema do poder de formação, mas também de significância das estruturas da linguagem. Enquanto a pertinência do contra-senso para uma teoria das figuras situa-se, geralmente, no nível da interpretação dentro de um texto ou contexto enunciador, Prandi vê a contradição como constitutiva do conteúdo das figuras e das frases, cujas condições de significância são largamente independentes das contingências do discurso e pertencem ao domínio do sistema.[26]

Mas é sobretudo na perspectiva chamada pragmática ou enunciativa que a transformação da lógica está mais manifesta e demonstra melhor sua pertinência. Essa segunda perspectiva, aberta ao 'exterior da linguagem' permitiu descobrir ou atualizar, de forma menos indeci-

---

[25] Ao contrário de Husserl, que os considerava como fazendo parte do que é dotado de sentido.

[26] Cf. Michel Prandi, *Sémantique du contresens*, Minuit, 1987.

sa, o que havia sido pressentido, no nível do sistema, por certos estruturalistas e formalizar o que aparecia a favor da abertura do objeto lingüístico em um texto aberto para o mundo. Inúmeros estudos mostram que as propriedades da linguagem podem ser a de aliar a identidade àquilo que a enfraquece, a de 'aliar, indissociavelmente, o objetivo e o subjetivo"[27], a de ridicularizar as normas lógicas fazendo compreender, como na ironia, o contrário do que é dito[28], a de colocar a polêmica e o conflito[29] no centro da interação de comunicação, a de atualizar o conflito semântico na construção de uma semântica social.[30] Mais que em uma ontologia ligada à objetividade – ainda que fosse contraditória – das formas lingüísticas, é em um papel ao mesmo tempo heurístico e praxeológico que a contradição encontra um sentido e o constrói; por um lado, pela transformação dos conceitos que ela provoca através do jogo dialético que pode engendrar[31] e, por outro, pela defasagem que revela não somente entre enunciados e crenças, mas entre as crenças e as implicações não gratas a certas crenças ou entre as consequências das crenças e das situações que as enquadram, tudo isso dentro do

[27] C. Fuchs, "L'ambigüité et la paraphrase, deux propriétés fondamentales des langues naturelles", em *Aspects de l'ambigüité et de la paraphrase dans les langues naturelles*, p. 7-35.
[28] Cf. A. Berrendonner, *Éléments de pragmatique linguistique*, Minuit, 1981.
[29] Cf. A. Berrendonner et H. Parret (dir.), *L'Interaction communicative*, Berne, Lang, 1990.
[30] Cf. J. Boutet, *Construire le sens*, Berne, Lang, 1994.
[31] O princípio de contradição não está necessariamente associado a um vetor dinâmico nos sistemas construídos sobre esta base. Em um outro nível, ele pode desempenhar um papel empiricamente dinâmico. Neste último sentido, o conceito de contradição está ligado à cientificidade definida por Popper, que vê na contradição (no entanto eliminada pela escolha da teoria adequada) a motivação racional que leva a rever as teorias (*op. cit.*).

contexto complexo e mutante da interação. É o que foi muito bem compreendido por toda uma série de pesquisadores em pragmática de língua francesa, ao se engajarem, decididamente, em uma pragmática interativa que atrai, longe de qualquer concepção binária e *télémentalaise* da comunicação, um complexo discursivo e assimétrico. Esse complexo, porque paradoxal e intersubjetivo, poderá (re)integrar as identidades semânticas e as normas socioculturais ao relativizá-las e aceitar a enunciação da subjetividade sem condenar a objetividade.[32] Falar e ouvir tornam-se, então, ao mesmo tempo, uma obra comum e dissociada, protagonizada por dois ou vários, em contraponto ou improvisação, que pode evoluir para um estado estável, para um estado oscilatório, para um acordo ou uma ruptura. As articulações lógicas implicadas pela atividade da lingüística e as representações associadas postulam uma pluralidade lógica que não desdenha os recursos oferecidos pelas lógicas 'naturais', sutis ou dialéticas[33], ainda que a noção

---

[32] Cf. Principalmente C. Fuchs, *L'Ambiguïté et la Paraphrase*, Publications de l'Université de Caen, 1987, e os estudos reunidos em C. Fuchs (dir.), *Aspects de l'ambiguïté et de la paraphrase dans les langues naturelles*, Berne, Lang, 1990, em A. Berrendonner et H. Parret (dir.), *L'Interaction communicative*, Berne, Lang, 1990 e em *La Théorie d'Antoine Culioli*, Ophrys, 1992.

[33] Próxima da lógica contraditória de S. Lupasco, a "lógica dialética dinâmica" de D. Batens, que fez rir alguns lógicos, tenta construir uma representação dinâmica ao construir as regras de inferência em função das frases derivadas, até certo ponto, no tempo (e que puderam deixar de ser deriváveis até então, ou não poderão mais sê-lo em seguida); ela é dialética naquilo que sua dinâmica depende essencialmente da ocorrência de inconsistências no conjunto de frases derivadas, em um dado momento, do processo ("Dynamic dialectical logics", em G. Priest, R. Routley *e al.*, *Paraconsistent Logic. Essays on the Inconsistent*, Munique, Philosophia Verlag, 1989, p. 187-217). Entre as numerosas lógicas integrando a contradição, também citamos as proposições de L. Peña, cujos fundamentos filosóficos estão expostos nos *Fundamentos de Ontologia Dialectica*, Siglo XXI, Madri, 1987.

de contradição continue a ser empregada de forma empírica, sem constituir o objeto de uma verdadeira formalização.

A constatação básica é a de uma diferença fundamental entre sistemas formais e línguas 'naturais'. De um lado, os sistemas formais são conjuntos de expressões bem formadas, objetos vazios ou totalmente determinados pelos axiomas do começo. As deduções provocadas são somente sequências de expressões bem formadas, ou de proposições de estatuto idêntico, cujo valor é calculado em função do verdadeiro e do falso: elas não se falam e são intemporais. De outro lado, a gramaticalidade e a semântica das expressões lingüísticas são avaliadas pelos julgamentos variáveis dos locutores. Estes objetos não são nem totalmente vazios de sentido nem totalmente determinados, mas enunciados com diversos estatutos que permitem operações argumentativas, raciocínios e condutas discursivas por meio de inferências complexas, que transformam essas expressões no tempo.

Finalmente, a metalinguagem usada para comunicar e descrever uma linguagem formal é extraída das línguas naturais, as primeiras dependendo das segundas. Ou seja, a metalinguagem deve ser mais poderosa que a linguagem-objeto, sendo a língua o interpretante de todos os outros sistemas, aquilo que dá sentido tanto aos signos quanto à enunciação.

São essas as condições que geram esse espaço intermediário pressentido na semiologia de Hjelmslev e cujas implicações são consideráveis no campo de diversas ciências humanas, assim como na renovação da filosofia da linguagem. Concluiremos, esboçando as grandes articulações dos dinamismos que subentendem esse pluralismo lógico, cujos princípios essenciais são o 'dialogal', o dialógico/polifônico e uma forma de procedimento marcado pela incerteza do objeto e a indecisão do sujeito.

6. O discurso intermediário

a) A quebra do sentido homogêneo e do modelo codificado e simetrizante de uma comunicação feita de trocas indiferenciadas entre um 'emissor' e um 'receptor' intercambiáveis tem, como primeira consequência, a atualização de uma relação 'dialogal', assimétrica, no sentido em que um verdadeiro diálogo se inicia entre participantes diferenciados.[34]

b) A noção de 'dialógica', introduzida por Bakhtine no sentido de 'polifônico', implica na 'dialogização' interna no discurso do enunciador, que se encontra investido de várias vozes misturadas, divergentes e, às vezes, contraditórias. Conhecemos as formas do discurso transcrito (explícitos ou implícitos), os provérbios e outras citações, que colocam o enunciador sob a referência desta ou daquela autoridade ou, simplesmente, da opinião, do 'a gente'; citemos, igualmente, os argumentos introduzidos pelo locutor com a ajuda de conectores ('mas, é verdade...'), as formas interrogativas, as asserções diversas que pluralizam os pontos de vista assumidos pelo próprio locutor, que se fragmenta, assim, em diversos enunciadores reais ou fictícios.

c) O objeto em questão na enunciação aparece, frequentemente, como incerto. Com efeito, mesmo que

[34] C. Kerbrat ("Hétérogénéité énonciative et conversation", em H. Parret (dir.), *Le Sens et Ses Hétérogénéités*, CNRS, 1991, p. 121-138) cita neste caso (p. 121) uma das personagens de Marguerite Duras: "Nous ne pouvons pas nous parler. Nous sommes les mêmes" (Não podemos nos falar. Somos os mesmos.) (*India Song*, Gallimard, 1973, p. 98).

haja acordo na comunicação, a consideração dada pelo auditor (que não é a duplicata do locutor) supõe admitir um fator de incerteza irredutível, pois se aceitarmos que o Outro não é um outro eu, fica impossível decidir a respeito da relação de validade do interluctor (se ele promete e mantém sua promessa, não posso decidir, em última análise, sobre a motivação de seu ato). Em outras palavras, é preciso renunciar a ocupar um lugar que integraria todos os discursos e todos os pontos de vista.

d) Finalmente, quem fala aparece como indeciso, por causa da incerteza da referência como da ambigüidade da proposta, da intenção do interlocutor ou da polifonia de seu discurso. Também aqui o êxito da comunicação ou do ato da palavra (ordem, promessa...) é indemonstrável (mesmo se o fato de ela ser irresolúvel for verdadeiro).

Admitidos estes princípios, podemos ver o desenvolvimento do diálogo de acordo com a descrição feita por Catherine Kerbrat, como um "processo duplo de *diferenciação ampliada e de homogeneização relativa*". A interação se opera no início de competências heterogêneas (os idioletos em presença) que se neutralizam, parcialmente, através de um fenômeno de sincronização, de coordenação e de harmonização dos comportamentos e das significações. De um lado, os aspectos conflitantes podem acentuar as diferenças iniciais entre os interlocutores, mas, de outro, o modelo consensual, cuja predominância pode ocultar os primeiros, como na pragmática *habermassiana*, impõe-se frequentemente (apenas no nível das normas implícitas da relação intersubjetiva, que seguem o sentido do acordo). Se o sujeito pode ganhar em coerência e em homogenidade na relação interlocutiva, pode também, o que é mais comum, segundo Kerbrat, levar a uma certa fragmentação do sujeito pela incorporação da voz do outro, como a um acréscimo da polifonia. A dinâmica da interação conjuga, assim: a) uma homogeneização 'dialogal' correlata à formação de uma comunidade enunciativa e resultante do tropismo consensual (cujo aspecto é marcado pela relação com o conflitual, estruturalmente marcado), e b) a fragmentação do locutor em enunciadores mais ou menos heterogêneos, ou seja, a ampliação do 'dialogismo' (polifonia) interna aos co-locutores. Nesse sentido, as *"contradições internas ao discurso de um locutor podem ser imputáveis às exigências da relação com outrem"* e, no nível empírico, *"constitutivas do funcionamento da interação"*.[35]

7. Aberturas

Como observava Isabelle Stengers, os conceitos são, muitas vezes, nômades e, no caso que estamos tratando, a função da linguagem, da qual acabamos de indicar algumas referências, apresenta de significativo o fato de ser criadora de objetos transdisciplinares bem definidos. A dinâmica pragmática e intersubjetiva é um deles e não é o menor de seus interesses vê-la aparecer, sob formas análogas, na concepção do *logos* presente na *ética da discussão* de Apel e na *pragmática universal* de Habermas, em certas concepções da teoria do direito, ou em certos aspectos da teoria das relações internacionais. É assim que a razão jurídica encontra-se sujeita, no processo de produção das normas, mas também no trabalho de interpretação dos textos que impulsiona a

[35] *Op. cit.*, p. 125.

evolução contemporânea do direito, a uma indeterminação e a uma complexidade crescentes, ou seja, a um acréscimo de uma 'codeterminação' associável ao pragmatismo dos atores, ou seja, ainda, à pluralidade dos atores situando-se na origem da norma, à contextualização das categorias jurídicas e à retorização, pela participação conjunta do receptor e do emissor da norma, na determinação de seu conteúdo, da interpretação dos textos e de suas aplicações às situações concretas.[36] A pragmatização da razão jurídica, cujas referências semânticas (relatadas na norma do texto) tornam-se incertas, traduz-se pelo enfraquecimento da 'predeterminação' (o direito tal como o escreve o emissor da norma – Estado, instituição interestadual, organismo público) e da 'supradeterminação' (conjuntos de princípios e de instrumentos, frequentemente originários do 'código cultural dominante', destinados a suplementar as lacunas do direito escrito) correlata à ampliação da 'codeterminação' dos conteúdos. Também aqui assistimos a uma fragmentação do lógico, cujo prêmio filosófico aproxima o da pragmática em sentido restrito, onde a noção clássica de verdade se encontra tão suspeita que a maior parte do silogismo aristotélico ("tal matéria depende de tal domínio do direito") não pode ser predeterminada pela razão semanto-jurídica, e tem dificuldade com a complexificação das condições de validade ligada à intenção originária do texto, à do interpretante (juiz ou administração) e à evolução dos códigos culturais considerados como seus fundadores. A necessidade prática

---

[36] Cf. M. Delmas-Marty, "L'imprécis et l'incertain. Esquise d'une recherche sur logiques et droit", em D. Bourcier et P. Mackay, *Lire le droit. Langue, texte, cognition*, Librairie générale de droit et de jurisprudence, 1992, p. 109-119; M. Delmas-Marty, *Pour un droit commun*, Seuil, 1994.

de perceber as transformações em andamento – da emissão como da recepção da norma – requer a intervenção de lógicas modais ou sutis para poder administrar as exigências normativas dentro de um quadro argumentativo e contextual, onde intervém uma multiplicidade de atores.[37] Observaremos que o procedimento jurídico, assim colocado, liga a tese do 'duplo movimento contraditório', formulada por Kerbrat na base da conversação comum, na medida em que o método jurídico evolui para um pluralismo das racionalidades (crescimento da heterogeneidade dialógica e lógicas decompostas da *soft law*) e que a subdeterminação das estruturas em presença pode permitir uma intersubjetividade mais forte proveniente do fato de que a identidade dos atores está imprecisa e a comunicação imperfeita.

Podemos encontrar, nos ensaios de teoria dos atores do campo das relações internacionais, uma repre-

[37] Lógica modal quando se trata de raciocinar por meio de predicados precisos na base de fatos incertos (como a noção de embriaguez aplicada a uma pessoa que havia consumido heroína); lógica sutil, quando se trata de aplicar predicados imprecisos a fatos determinados. Uma categoria tal como a matéria penal, que não obedece aos princípios aristotélicos da não-contradição e do terceiro excluído, será assimilada ou excluída do domínio penal, na óptica sutil, de acordo com o grau de proximidade das duas noções. A lógica clássica é falsa, aliás, "naquilo que ela descreve um movimento dedutivo a partir de uma maioridade fornecida, enquanto que o juiz raciocina por indução, voltando para uma maioridade que ele contribuiu, mais ou menos, colocar" (M.-A. Frison-Roche, "Logique, hiérachie et dépendance des sources de droit", em D. Bourcier et P. Mackay, *op. cit.*, p. 126. É a partir de reflexões semelhantes, tocantes às diferentes relações que a linguagem pode manter com o real, que M. Dominicy julga que "a noção técnica de verdade não é mais suficiente para assegurar a seriedade da lógica que a noção comum que lhe corresponde nos leve a acreditar na gratuidade referencial da poesia" ("De la pluralité sémantique du langage", *Poétique*, nov. 1989, p. 503).

sentação análoga[38], onde, sob a aparente simplicidade dos 'hólons' familiares (nações, povos, sociedades, classes, grupos, organizações interestaduais, atores não-governamentais, indivíduos), percebemos a real complexidade das redes interindividuais e dos processos que as atravessam. Por um efeito retroativo paradoxal, a passagem da 'complexidade' holística (muitas vezes percebida em termos muito simplistas) à 'simplicidade' do indivíduo oferece uma oportunidade preciosa para redescobrir a verdadeira complexidade do político. A individualização aparece, então, como processo inverso da classificação (como passagem ao conceito e como desaparecimento das particularidades). O indivíduo deixa de ser 'indivisível' mesmo quando não é alterado por qualquer divisão, mas reconstituível através de diferentes operadores de individualização. Entidade não repetível globalmente, mas ligada em parte, por transindividualização, às redes constituintes.

Ao contrário, podemos considerar a categoria da *Persona* (no sentido do disfarce de Bakhtine ou das *personae* de Maffesoli) como contrária ao indivíduo visto como elemento de um sistema e restaurá-la em sua qualidade de ser socio-histórico preso entre os papéis e um destino. Sua integração nas formações sociais é potencialmente tripla:

– por *anomia*, como ausência de qualquer espaço de enraizamento identitário, entre a atomização dos indivíduos e o mito da Comunidade universal;

– por *uninomia* (alienação), ou adesão a um es-

---

[38] Abusamos aqui da concepção expressa por alguns politólogos, que vêem o lingüístico como constitutivo do político (Cf. principalmente J.-F. Bayart, "L'énonciation du politique", em *Revue française de science politique*, junho de 1985, p. 343-373 e T. Ball *et al.* (ed.), *Political Innovation and Conceptual Change*, New York, CUP, 1989.

paço identitário exclusivo, redutor frente a frente à falibilidade das identidades outras;

– por *plurinomia*, ou pertinência solta em diferentes espaços identitários, de onde surgem os conflitos normativos e a necessidade de integrar a contradição. Atualmente, a crise da plurinomia aguda, que caracteriza a identidade pós-moderna hostil às facilidades unieconômicas, toma a forma de uma esquizofrenia do corpo social pela perda de território das identidades culturais, perda das identidades parentais, investimento nas identidades transnacionais.[39]

São algumas das tantas questões colocadas no início das formas variáveis da discursividade, na óptica de uma recomposição da modernidade que atrai a reintegração de pretensões contraditórias, aquela da razão lingüisticamente articulada em proposições e a da discussão de toda proposição em um quadro intersubjetivo de onde não são elimináveis nem a polifonia dos co-locutores, nem a ambigüidade residual dos pontos de vista, nem a incerteza das condições derradeiras de validade.

[39] Cf. Maffesoli, *La Transfiguration du politique,* Grasset, 1992, P. Ghils, "De l'interératique au transnational, les niveaux logiques de l'international", em B. Badie, A. Pellet et R.-J. Dupuy (dir.), *Les Relations internationales à l'épreuve de la science politique,* Economica, 1993, p. 53-71.

BIOBIBLIOGRAFIA DE STÉPHANE LUPASCO

organizada por Basarab Nicolescu

Alguns dados biográficos

1900 – Nascido em 11 de agosto de 1900, em Bucarest, Romênia.

1916 – Chegada à França onde viveu até o fim de seus dias. Estudos no Lycée Buffon, Paris.

1920 – Bacharelado.

1924/1927 – Diplomas em Ciências e Letras na Sorbonne.

1928 – Licenciado em Letras pela Sorbonne.

1929 – Casamento em Paris com Georgette Ghica.

1935 – Doutorado de Estado em Letras na Sorbonne, *Du devenir logique et de l'affectivité*, sob a direção de Abel Rey.

1937 – Casamento em Paris, em segundas núpcias, com Yvonne Bosc.

1946/1956 – Encarregado de Pesquisa no CNRS. Stéphane Lupasco foi obrigado a deixar o CNRS pois seus trabalhos foram considerados não passíveis de classificação por comissões.

1946 – Naturalizado francês em 12 de março de 1947.

1952 – Candidato, sem sucesso, ao Collège de France.

1953 – Oficial da Académie de l'Éducation Nationale.

1961 – O prêmio Femina-Vacaresco é conferido ao livro *Années obscures de Jésus* de Robert Aron, por 7 votos contra 4 para o livro *Trois Matières* de Stéphane Lupasco.

1976 – Medalha gravada por James Guitet, Club Français de la Médaille; ela tem, de um lado, a efígie de Stéphane Lupasco e, do outro, as fórmulas fundamentais da lógica do terceiro incluído.

1984 – Prêmio da American Academy of Arts and Sciences.

1987 – Membro fundador do Centre International de Recherches et Études Transdisciplinaires (CIRET).

1988 – Falecimento em 7 de outubro.

1991 – Membro da Academia Romena (post-mortem).

– Redator na *Revue philosophique*, Paris.

– Membro do Comitê de Redação da revista *Ring des Arts*, órgão do Círculo de Arte Contemporânea, Zurique.

– Membro do Conselho de Redação da revista *3e. Millénaire*.

– Membro da Sociedade Francesa de Filosofia, do Grupo Francês de Historiadores das Ciências e da Sociedade Francesa de Estética; Membro de honra da Academia Romeno-Americana das Ciências e Artes (ARA).

Livros

Dehors..., Paris, Stock, 1926 (único livro de poemas de Stéphane Lupasco).

Du devenir logique et de l'affectivité, vol I, "Le dualisme antagoniste et les exigences historiques de l'esprit"; vol II, "Essai d'une nouvelle théorie de la connaissance", Paris, Vrin, 1935; 2ª edição, 1973 (tese de doutorado).

La Physique macroscopique et Sa Portée philosophique, Paris, Vrin, 1935 (tese complementar).

L'Expérience microphysique et la Pensée humaine, Paris,

PUF, 1941 (uma edição preliminar foi publicada em 1940 em Bucarest, pela Fundatia Regala pentru Literatura si Arta), 2ª edição, Mônaco, Éditions du Rocher, col. "L'esprit et la matière", 1989, prefácio de Basarab Nicolescu.

Logique et Contradiction, Paris, PUF, 1947.

Le Principe d'antagonisme et la Logique de l'énergie – Prolégomènes à une science de la contradiction, Paris, col. "Actualités scientifiques et industrielles", nº 1133, 1951, 2ª edição, Mônaco, Éditions du Rocher, col. "L'esprit et la matière", 1987, prefácio de Basarab Nicolescu.

Les Trois Matières, Paris, Julliard, 1960, reeditado em livro de bolso, em 1970, na coleção "10/18"; 2ª edição, Strasbourg, Cohérence, 1982.

L'Énergie et la Matière vivante, Paris, Julliard, 1962, 2ª edição, Paris, Julliard, 1974; 3ª edição, Mônaco, Éditions du Rocher, col. "L'esprit et la matière", 1986.

Science et Art abstrait, Paris, Julliard, 1963.

La Tragédie de l'énergie, Paris, Casterman, 1970.

Qu'est-ce qu'une structure?, Paris, Christian Bourgois, 1971.

Du rêve, de la mathématique et de la mort, Paris, Christian Bourgois, 1971.

L'Énergie et la Matière psychique, Paris, Julliard, 1974; 2ª edição, Mônaco, Éditions du Rocher, col. "L'esprit et la matière", 1987.

Psychisme et Sociologie, Paris, Casterman, 1978.

L'Univers psychique, Paris, Denoël-Gonthier, col. "Médiations", 1979.

L'Homme et Ses Trois Éthiques, em colaboração com Solange de Mailly-Nesle e Basarab Nicolescu, Mônaco, Éditions du Rocher, col. "L'esprit et la matière", 1986.

Traduções

EM ESPANHOL

Las Tres materias, Buenos Aires, Editorial Sudamericana, 1963.

Nuevos aspectos del arte i de la sciencia, Madrid, Guadarama, 1968.

La tragedia del energia, Bilbao, Desclée de Brouwer, 1971.

Energia y materia psiquica, Fundacion Canovas del Castillo, 1983.

EM ALEMÃO

Naturwissenschaft und Abstrakte Kunst, Stutgart, Ernst Klett Verlag, 1967.

EM ITALIANO

La tragedia della energia, Roma, Edizione Paoline, 1973.

EM PORTUGUÊS

O Homem e as Suas Três Éticas, com a colaboração de Solange de Mailly-Nesle e Basarab Nicolescu, Lisboa, Instituto Piaget, 1994.

EM ROMENO

Logica dinamica a contradictoriului, Bucareste, Editura Politica, 1982, seleção de textos, tradução e posfácio de Vasile Sporici, prefácio de Constantin Noïca.

Experienta microfizica si gindirea umana, Bucareste, Editura Stiintifica, 1992, estudo introdutivo de Vasile Tonoiu, posfácio de Basarab Nicolescu.

Entrevistas

Revista *ABC*, “Incontro con Stéphane Lupasco”, Milão, 4 de dezembro de 1960, entrevista realizada por Giancarlo Marmori.

Revista *Arts*, “Quel est l’événement le plus important de 1963? – 25 personnalités répondent”, Paris, 25-31 de dezembro de 1963.

Vintila Horia, *Viaje a los centros de la Tierra*, Barcelona, Plazas y Janes, 1971; entrevistas com Werner Heisen-berg, Stéphane Lupasco, C-G. Jung, Miguel de Unamuno, Urs von Balthasar, Gabriel Marcel, Ferdinand Gonseth, Arnold Toynbee, Georges Mathieu, Olivier Messiaen, Raymond Abellio, Federico Fellini *e al.*

Revista *01 Informatique*, “Libres questions à Stéphane Lupasco”, nº 121, Paris, junho-julho de 1978, entrevista realizada por Philippe Monnin e Jo Cohen.

Revista *Psychologie Humaniste*, nº 23, Paris, dezembro de 1982 - fevereiro de 1983, entrevista realizada por Jacqueline Barbin e Philippe Girod.

Christine Hardy, *La Science devant l’inconnu*, Mônaco, Éditions du Rocher, col. “L’esprit et la matière”, 1983.

Solange de Mailly-Nesle, *L’Être cosmique*, Paris, Flammarion, 1985.

Monica Lovinescu, *Intrevederi cu Mircea Éliade, Eugen Ionescu, Stefan Lupascu si Grigore Cugler*, Bucareste, Cartea Romanesca, 1992.

Michel Random, *La Pensée transdisciplinaire et le réel*, Paris, Dervy, 1996; (O Pensamento Transdisciplinar e o Real, São Paulo, Editora TRIOM, 2000).

Artigos e estudos (seleção)

Les idées directrices d'une nouvelle philosophie des sciences, Paris, Thalès, Librairie Félix Alcan, 1936, coletânea anual dos trabalhos do Institut d'Histoire des Sciences et des Techniques de l'Université de Paris.

"La dialectique de la durée" por Gaston Bachelard, Paris, Thalès, Librairie Félix Alcan, 1936.

"La double causalité – Le problème des deux matières", comunicado ao IX Congresso Internacional de Filosofia, resenhas publicadas por Hermann, Paris, 1937.

"Infinitul si experienta", *Revista Fundatiilor Regale*, nº IV/9, Bucareste, 1º de setembro de 1937.

"Experienta fizico-biologica si infinitul", *Revista Fundatiilor Regale*, nº IV/10, Bucareste, 1º de outubro de 1937.

"Gîndire si viata a popoarelor", *Revista Fundatiilor Regale*, nº VI/10, Bucareste, 1º de outubro de 1939.

"Les cadres logiques du fait vital", *Revue Philosophique*, Paris, PUF, setembro-outubro de 1940.

"Valeurs logiques et contradiction", *Revue Philosophique*, nº 1-3, Paris, PUF, janeiro-março de 1945.

"Benjamin Fondane, le philosophe et l'ami", *Cahiers du Sud*, nº 282, Marseille, 1947; texto reeditado in *Benjamin Fondane*, Non Lieu, nº 2-3, Paris, 1978.

"Une nouvelle hypothèse cosmogonique: l'atome primitif de Georges Lemaître", *Sophia*, Padoue, abril-junho de 1948.

"Sur une certaine analogie entre l'axiome du choix et le principe de Pauli", *Revue Philosophique*, PUF, Paris, abril-junho de 1951.

"L'axiome du choix, le principe de Pauli et le phénomène vital", comunicado ao Congresso Internacional de Filosofia das Ciências, Paris, 1949, em *Comptes-rendus*, publicados por Hermann, Paris, 1951.

"Énergie et finalité", em *Actes do XIe Congrès International de Philosophie* "Philosophie et méthodologie des sciences de la nature", Bruxelas, 20-26 de agosto de 1953; Amsterdã, North Holland Publishing Company Louvain, Éditions E. Nauwelaerts, 1953.

"Des enseignements que l'expérience biologique apporte aux sciences physico-chimiques", em *Actes du Congrès de Luxembourg,* 72ª sessão da Associação Francesa pelo Avanço das Ciências, julho de 1953.

"Quelques aperçus sur la logique dynamique du contradictoire/A few Notes on the Dynamic Logic of the Contradictory", *Paris Review* – US Lines, Paris, 1953, sob a direção de Georges Mathieu, caderno central com contribuições de Louis de Broglie, Norbert Wiener, Serge Lifar, A. Rolland de Renéville *e al.*

"Les trois matières", *Les Lettres Nouvelles,* nº 48, Paris, abril de 1957.

"Microphysique et matière psychique (I)", *NRF,* nº 63, Paris, 1º de março de 1958.

"Microphysique et matière psychique (II)", *NRF,* nº 64, Paris, 1º de abril de 1958.

Quelques considérations générales sur la peinture "abstraite" à propos des toiles de Benrath, in Julien Alvard e Stéphane Lupasco, *Benrath*, Lyon, À la Tête d'Or, e New York, George Wittenborn Inc., 1959 (reedição do prefácio no catálogo para a exposição de Frédéric Benrath, Paris, Galerie Prismes, 1956); o texto de Stéphane Lupasco foi publicado separadamente em uma placa por Babel Éditeur, Mazamet, 1985, com 20 exemplares enriquecidos por uma água-forte de Benrath e 200 exemplares incluindo a reprodução de uma tela de Benrath; esse texto foi, em seguida, publicado com o título *Sur la peinture abstraite,* Mazamet, Babel Éditeur, 1992.

"Le principe d'antagonisme et l'art abstrait", *Ring des Arts,* Zurique, Cercle d'Art Contemporain, 1960, ilustrações de

Georges Mathieu, com contribuições de Jean-François Revel, Pierre Restany, Abraham Moles, Georges Mathieu, Alain Bosquet *et al.*

"L'axiome du choix, le principe de Pauli et le phénomène vital", *Lettre Ouverte*, nº 1, Paris, dezembro de 1960.

"Systémologie et cosmogonie", *Arguments,* nº 24 – "Le problème cosmologique", Paris, 4º trimestre de 1961.

"Henri Michaux et la folie", *L'Observateur Littéraire*, Paris, 17 de agosto de 1961.

"Cybernétique et système vital", *Lettre Ouverte*, nº 4, Paris, verão de 1962.

"L'énergie et la matière vivante", *Revue de l'Enseignement Supérieur*, nº 3, Paris, 1964.

"Vers les fondements d'une psycho-architecture", *Melpomene*, nº 16. Paris, dezembro de 1964.

"La logique de l'événement", *Communications,* nº 18, Paris, 1972.

"Logique algébrique", *Club Français de la Médaille*, nº 53, Paris, 1976.

"Prolégomènes neuropsychiques au problème de toute connaissance", *Agressologie*, vol 21, nº 4, Paris, 1980.

"Une nouvelle logique de l'entendement", *3e. Millénaire*, nº 2, Paris, maio-junho de 1982.

"L'énergétique sociologique", *3e. Millénaire*, nº 4, Paris, setembro-outubro de 1982.

"La connaissance de la connaissance", *3e. Millénaire*, nº 6, Paris, janeiro-fevereiro de 1983.

"Systémologie et structurologie", *3e. Millénaire*, nº 7, Paris, março-abril de 1983.

"Processus cognitifs et cybernétiques affectives de la pathologie mentale: schizophrénie, cyclothymie, mélancolie", *Agressologie*, vol. 24, nº 1, Paris, 1983.

"La topologie énergétique", *em* "Pensées hors du rond", *La Liberté de l'esprit*, nº 12, Paris, Hachette, junho de 1986, com contribuições de Raymond Abellio, Marc Beigbeder, Olivier Costa de Beauregard, Gilbert Durand e Aimé Michel.

Colóquios dedicados à obra de Stéphane Lupasco

Colóquio – debate sobre a obra de Stéphane Lupasco, 24 de abril de 1982, Paris, Université de Paris I, Panthéon-Sorbonne, organizado pela Association Hypérion e a revista *3e. Millénaire*, com a participação de René Huyghe (da Academia Francesa), Marc Beigbeder, Jacques Costagliola, Basarab Nicolescu, Michel Random e Stéphane Lupasco.

Jornadas de estudos sobre a lógica antagonista de Lupasco. "Pour un apprentissage du contradictoire", 25-27 de novembro de 1983, Maison Internationale de la Cité Universitaire, Paris, organizadas pela Associação Francesa de Psicologia Humanista, com a participação de Basarab Nicolescu, Georges Guelfand, Yves Prigent, Philippe Girod, Bruno Totvanian, Louis Deurieu, Jean Delor e Stéphane Lupasco.

Simpósio "Stéphane Lupasco", 24 de setembro de 1993, Academia Romena, Bucareste, organizado pela Academia Romena, com a participação de Alde Lupasco-Massot e os acadêmicos romenos Mihai Draganescu, Alexandru Surdu, Ilie Parvu, Nicolae Ionescu-Pallas e Victor Sahleanu.

Congresso Internacional Stéphane Lupasco – "L'Homme et l'oeuvre", 13 de março de 1998, Académie des Inscriptions et Belles Lettres, Sala Hugot, Paris, organizado pelo Centro Cultural Romeno, Serviço Cultural da Embaixada da Romênia na França, Centro Internacional de Pesquisas e Estudos Transdisciplinares, com o apoio da Académie des Inscriptions et Bellles Lettres; com a participação de Alde Lupasco-Massot, Georges Mathieu (Membro do Instituto), Michel Camus, Yves Durand, André de Peretti, Georges Lerbet, Petru Ioan, Dan Haulica,

Costin Cazaban, Gilbert Durand, Basarab Nicolescu, Mikhael Finkenthal, Dominique Temple, Vasile Sporici, Michel Random, Olivier Costa de Beauregard, Mireille Chabal e Paul Ghils.

Programas de televisão

Interrogations – la matière et la vie, 29 de junho de 1975, TF1, França, realizado por Denis Huisman e Marie-Thérèse Malfrey, com a participação de Maurice Lamy, Ernest Kahane, François Dagonet, Stéphane Lupasco e Laurent Citti.

Les mille et une visions de Dali, 19 de fevereiro de 1978, A2, França, realizado por Brigitte Derenne e Robert Descharnes, com a participação de Salvador Dali, Stéphane Lupasco e André Robinet.

Artigos e estudos críticos (seleção)

Constantin Noïca, "Filosofia lui Stefan Lupascu", *Revista Fundatiilor Regale*, nº 5, Bucareste, maio de 1936.

Benjamim Fondane, "D'Empédocle à Stéphane Lupasco ou la solitude du logique", *Cahiers du Sud*, nº 259, Marselha, 1943.

Émile Rideau, "L'expérience microphysique et la pensée humaine", Centre d'Études et des Recherches de Science Religieuse, ficha bibliográfica, abril de 1943.

Ferdinan Gonseth, "À propos de deux ouvrages de M. Stéphane Lupasco", *Dialectica*, vol. 1, nº 4, Zurique, 1947.

Jacques Fauve, "Chemins de la logique humaine", *Réforme*, Paris, 1947.

Éd. Morot-Sir, "S. Lupasco, Logique et contradiction", *Revue des Sciences Humaines*, nº 49, Faculdade de Letras de Lille, janeiro-março de 1948.

Robert Amadou, "Le principe d'antagonisme et la logique de l'énergie de Stéphane Lupasco", *La Gazette des Lettres*, 15 de agosto de 1951.

George Melhuish, *The Paradoxical Universe*, Rankin Bros Ltda, Bristol, 1959.

Alain Bosquet, "Stéphane Lupasco et les trois matières", *Combat,* Paris, 3 de novembro de 1960.

Claude Mauriac, "Un événement: *Les Trois Matières", Le Figaro,* Paris, 9 de novembro de 1960.

Jean-François Revel, "Les Trois Matières", *France-Observateur,* Paris, 17 de novembro de 1960.

Alain Bosquet, "Mes douze livres de 1960", *Combat,* Paris, 22 de dezembro de 1960.

Georges Mathieu, "Les Trois Matières", *Arts,* Paris, 3 de janeiro de 1961.

Raymond Ruyer, "*Les Trois Matières* par Stéphane Lupasco", Paris, 9 de fevereiro de 1961.

Jean-Paul Weber, "Les Trois Matières", *NRF,* nº 99, Paris, 1º de março de 1961.

Paul Serant, "La recherche philosophique contemporaine", *Revue des Deux Mondes,* Paris, 15 de abril de 1961.

Pierre de Boisdeffre, "Deux essais", *Revue de Paris,* Paris, junho de 1961.

André Thérive, "Les fins dernières", *Écrits de Paris,* Paris, julho de 1961.

Alain Bosquet, "Stéphane Lupasco", *Combat* (rubrica "Instantanés d'Alain Bosquet"), Paris, 16 de outubro de 1962.

Bernard Morel, "Dialectiques du mystère", *La Colombe,* Paris, 1962.

Hervé Falcon, "Les autres éteints", *L'Express,* Paris, 3 de janeiro de 1963.

Constantin Amariu, "La vraie 'révolution copernicienne' de Stéphane Lupasco", *La Nation Roumaine,* fevereiro-julho de 1963.

Alain Bosquet, "La science et l'art abstrait", *Combat,* Paris, 8 de outubro de 1963.

André Parinaud, "Connaissez-vous Lupasco?", *Arts*, Paris, 30 de outubro de 1963.

La Tour de Feu, Cahier 85, Jarnac, março de 1965, número especial "Être ou ne pas être avec Lupasco".

Theodor Cazaban, *Structura si structuralism*, Paris, Romania, maio-junho de 1967.

Pierre Lévy, "Qu'est-ce qu'une structure?", *Revue française de Psychanalyse*, nº 2, Paris, 1968.

André de Wissant, "Qu'est-ce qu'une structure?", *Sud-Ouest*, 11 de junho de 1968.

Pierre Chaleix, "De Lupasco à Marcuse", *La Tour de Feu*, Jarnac, junho de 1969.

Vintila Horia, "Con Stéphane Lupasco sobre Las Tres Materias", *Tribuna Medica*, Madri, 17 de outubro de 1969.

Élizabeth Antébi, "Génie ou fumiste: Stéphane Lupasco", *Magazine Littéraire*, nº 54, Paris, 1971.

Marc Beigbeder, *Contradiction et Nouvel Entendement*, Paris, Bordas, 1972 (tese de doutorado).

George Guelfand, Roland Guenoun e Aldo Nonis, *Les Tribus éphémères – Une expérience de groupe*, Paris, EPI Éditeurs, 1973, fotografias de Philippe Fresco.

Constantin Noïca, *Stefan Lupascu*, Bucarest, Centro de Informação e Documentação em Ciências Sociais e Políticas, 1973.

Alain de Benoist, "L'énergie et la matière psychique", *Valeurs actuelles*, Paris, 2-8 de setembro de 1974.

Constantin Noïca, "Stefan Lupascu – Un mare ginditor al veacului", *Tribuna*, nº 35, Cluj (Romênia), 15 de abril de 1974.

Vintila Horia, "Con Stéphane Lupasco sobre materia y psique", *Tribuna Medica*, Madri, 6 de dezembro de 1974.

Gérard Moury, *Stéphane Lupasco – Pour une nouvelle logique/la logique dynamique du contradictoire,* Paris, Instituto Nacional de Pexherche et de Documentation Pédagogiques, 1976.

J. M. Atlani, "L'énergie et la matière psychique", *L'Évolution Psychiatrique*, nº 3, Paris, 1976.

Alain de Benoist, "L'oeuvre de Stéphane Lupasco", *Le Club Français de la Médaille*, n º 53, Paris, 1976.

André Guimbretière, "Iqbal aujourd'hui", *Le Monde*, Paris, 29 de dezembro de 1977.

Alain de Benoist, "Les dix livres qui ont fait avancer la pensée", *Le Figaro Magazine*, Paris, 22 de dezembro de 1978.

Jacques Costagliola, *Le Principe d'antagonisme structurant de Lupasco, Agressologie*, tomo 20, nº 1, Paris, 1979.

Yves Barel, *Le Paradoxe et le Système*, Grenoble, Presses Universitaires de Grenoble, 1979.

Jacqueline Renaud, "Science et politique", *Science et Vie*, Paris, outubro de 1979.

Marc Beigbeder, "Un fil d'Ariane entre Abellio et Lupasco", em *Raymond Abellio, Cahier de l'Herne*, nº 36, Paris, Éditions de l'Herne, 1979, sob a direção de Jean-Pierre Lombard.

Marie-Claude Dupré, "Sous l'échange, l'inceste – Brève relecture des *Structures élémentaires de la parenté*", *L'Homme*, vol. XXI, nº 3, Paris, julho-setembro de 1981.

Pierre Solié, "Ouverture sur l'unité du monde", *Cahiers de Psychologie Jungienne*, nº 28 – "Synchronicité – Correspondance du psychique et du physique", Paris, 1º trimestre de 1981.

Basarab Nicolescu, "Lupasco et la génèse de la Réalité", *3e. Millénaire*, nº 3, Paris, 1982.

Constantin Noïca, Préface à *Logica dinamica a contradictoriului, op. cit.*, 1982.

Vasile Sporici, Postface à *Logica dinamica a contradictoriului, op. cit.*, 1982.

Psychologie Humaniste, nº 23, Paris, 1983, número especial "Stéphane Lupasco – La logique antagoniste et ses possibilités d'application en psychothérapie et dans l'intervention en entreprise", contribuições de Stéphane Lupasco, Basarab Nicolescu, Marc Beigbeder e Philippe Girod.

Jean-Pierre Chevalier, *Le Principe d'antagonisme de Stéphane Lupasco et Ses Implications psychologiques, littéraires et phénoménologiques,* Paris, EHESS, sob a direção de Edgar Morin, ano universitário 1982-1983.

Georges Mathieu, *L'Abstraction prophétique,* Gallimard, col. "Idées", nº 475, Paris, 1984.

Basarab Nicolescu, "Trialectique et structure absolue", *3e. Millénaire,* nº 12. Paris, 1984.

G. Yvette Thomas, *Au seuil d'un nouveau paradigme – Le baroque à la lueur des théories lupasquiennes,* New York/ Berna/Francfurt/Main, Peter Lang, 1985.

Basarab Nicolescu, *Nous, la particule et le monde,* cap. "La genèse trialectique de la Réalité", Paris, Le Mail, 1985.

Solomon Marcus, *Timpul,* Bucareste, Editura Albatros, 1985.

L. M. Arcade, "Le refus et l'acceptation de l'histoire chez Lupasco et Cioran", *ARA Journal,* nº 6-7, Califórnia, Davis, 1985.

Basarab Nicolescu, "Regrettables oublis", *3e. Millénaire,* nº 18, janeiro-fevereiro de 1985.

Vintila Horia, "Justificationes para un crepúsculo", *El Alcazar,* Madri, 20 e 27 de novembro de 1986.

Françoise Garoche, "L'analyse paradoxale: Trialectique et système – Méthodologie de formation et d'évaluation", *Revue française de Pédagogie,* nº 75, Paris, abril-maio-junho de 1986.

José Javier Esparza, "Stéphane Lupasco: el majo de las tras materias", *ABC,* Madri, 26 de setembro de 1987.

Ida Rabinovitch, *Le psychisme, une énergie fondamentale,*

tomo I, "Les bases du psychisme", Paris, Présence, 1987, tomo II, "La science et le divin", Paris, Présence, 1989.

Basarab Nicolescu, Prefácio a *Le Principe d'antagonisme et la Logique de l'énergie, op. cit.*, 1987.

Georges Lerbet, *L'Insolite Développement – Vers une science de l'entre-deux*, Paris, Éditions Universitaires UNMFREO, 1988.

"La mort de Stéphane Lupasco: du binaire au ternaire, un révolutionnaire de la logique", *Dépêche de l'AFP*, Paris, 10 de outubro de 1988.

"La mort du philosophe Stéphane Lupasco", *Le Monde*, Paris, 12 de outubro de 1988 (nota de falecimento).

Georges Mathieu, "La double mort de Lupasco", *Le Figaro*, 28 de outubro de 1988.

Ida Rabinovitch, "Physicien et forgeron de l'outil logique – Hommage à Stéphane Lupasco", *Sources*, nº 22, junho-julho de 1989.

Basarab Nicolescu, "Stefan Lupascu (Stéphane Lupasco)", em *Antologia asociatiilor si personalitatilor culturale romanesti din exil*, Instituto de Pesquisas Históricas da Califórnia, San Diego, Califórnia, 1990.

Bernard Dugué, "Utilisation de la logique dynamique du contradictoire pour formaliser les systèmes: vers un paradigme ondulatoire en biologie?", *Revue internationale de Systémique*, vol. 5, nº 4, Paris, 1991.

Basarab Nicolescu, "Stefan Lupascu (Stéphane Lupasco)", em *Romani in Stiinta si cultura occidentala*, American-Romanian Academy of Arts and Sciences, Davis, Califórnia, 1992.

Basarab Nicolescu, Prefácio *a L'Expérience microphysique et la Pensée humaine, op. cit.*, 1989.

Basarab Nicolescu, "Stéphane Lupasco (1900-1988)", em *Universalia 1989*, Paris, Encyclopaedia Universalis, 1989, seção "Vies et portraits".

Jean-Jacques Wunenburger, *La Raison contradictoire – Sciences et philosophie modernes /la pensée du complexe*, Paris, Albin Michel, 1990.

Dominique Terré-Fornacciari, *Les Sirènes de l'irrationnel*, Paris, Albin Michel, 1991.

L. M. Arcade, "L'autre ciel chez Eminescu et Lupasco", *ARA Journal*, nº 15, Califórnia, Davis, 1991.

Vasile Tonoiu, Estudo introdutório à *Experienta microfizica si gîndirea umana, op. cit.*, 1992.

Atsushi Takahashi, "Du logique et de l'être chez Stéphane Lupasco", *The Review of Liberal Arts*, nº 83, Otaru, Hokkaido, Otaru University of Commerce, 1992.

Costin Cazaban, "Temps musical/espace musical comme fonctions logiques", in *L'Esprit de la musique/Essais d'esthétique et de philosophie*, Paris, Klincksieck, 1992, sob a direção de Hugues Dufourt, Joel-Marie Fouquet e François Hurard.

Basarab Nicolescu, "Stéphane Lupasco (1900-1988)", em *Les Oeuvres philosophiques – Dictionnaire*, Encyclopédie Philosophique Universelle, Paris, PUF, 1992.

Georges Guelfand, "Une nouvelle approche qualitative de l'imaginaire de la consommation en Europe", *Revue Française du Marketing*, nº142-143, Paris, 1993.

Academica, revista da Academia Romena nº 12 (36), Bucareste, outubro de 1993, estudos de Mihai Draganescu, Ilie Parvu, Fanus Bailesteanu, Nicolae Ionescu-Pallas (em romeno).

Georges Guelfand, "La transdisciplinarité en acte: société de consommation et imaginaire européen", *Bulletin du CIRET* "Rencontres transdisciplinaires", nº 3-4, Paris, março de 1995, http://perso.club-internet.fr/nicol/ciret/bulletin/b3et4c5.htm.

Petru Ioan, *Orizonturi logice*, Bucareste, Editura Dialectica si Pedagogica, 1995.

Basarab Nicolescu, *La Transdisciplinarité*, Manifeste,

Éditions du Rocher, 1996, (O Manifesto da Transdiciplinaridade, São Paulo, Editora TRIOM, 1999).

Mireille Vial-Henninger, *Essai de mythe-analyse du processus de création musicale,* Paris, Septentrion Presses Universitaires, 1996 (tese de doutorado).

Atsushi Takahashi, "La métaphore isomorphe entre science et gnose", *The Review of Liberal Arts,* nº 91, Otaru, Hokkaido, Otaru University of Commerce, 1996.

Basarab Nicolescu, "Levels of Complexity and Levels of Reality", em *The Emergence of Complexity in Mathematics, Physics, Chemistry, and Biology,* Proceedings of the Plenary Session of the Pontifical Academy of Sciences, 27-31 October 1992, Casina Pio IV, Vatican, Ed. Pontificia Academia Scientiarum, Vatican City, 1996 (distribuido pela Princeton University Press), editado por Bernard Pullman.

Vasile Sporici, "Cine se teme de Stéphane Lupasco?", *Adevarul literar si artistic,* nº 343, Bucareste, 3 de novembro de 1996.

Solomon Marcus, "Problema identitatii – Stéphane Lupasco la revista *3e. Millénaire", Secolul 20,* nº 10-12/ 1997 e 1-3/1998, numéro especial "Exilul", Bucareste.

Ilie Pârvu, "Registrul interogatiei metafizice la Stefan Lupascu", *Secolul 20, op. cit.*, 1997-1998.

Basarab Nicolescu, "*Is Aristotle's Thinking Compatible with the Godelian Structure of Nature and Scientific Knowledge? Hylemorphism, Quantum Physics and Levels of Reality",* a ser publicado em Proceedings of the International Conference "Aristotle and Contemporary Science", Thessaloniki, Grecia, Setembro 1-4, 1997, Nova York, Peter Lang Publishing, editado por Demetra Sfendoni-Mentzou.

Dominique Terré, *Les Dérives de l'argumentation scientifique,* Paris, PUF, 1998.

Gaspard Olgiati, *Parole de passage ou Jean Paulhan le Médiateur,* Troyes, Cahiers Bleus/Librairie Bleue, 1998.

Benjamin Fondane, *L'Être et la Connaissance – Essai sur Lupasco*, Paris, Éditions Paris-Méditerranée, 1998, prefácio de Michel Finkenthal.

Michel Finkenthal, *Fondane et Lupasco*, prefácio a *L'Être et la Connaissance – Essai sur Lupasco, op. cit.*, 1998.

Thierry Magnin, *Entre science et religion – Quête de sens dans le monde présent,* Mônaco, Éditions du Rocher, col. "Transdisciplinarité", 1998, prefácio de Basarab Nicolescu, posfácio de Henri Manteau-Bonamy.

Basarab Nicolescu, "Godelian Aspects of Nature and Knowledge", em *Systems – New Paradigms for the Human Sciences*, Berlim-NovaYork, Walter de Gruyter, 1998, editado por Gabriel Altmann e Walter A. Koch.

Basarab Nicolescu, "Stéphane Lupasco (1900-1988)", em *Dictionnaire des philosophes*, Paris, Encyclopaedia Universalis/Albin Michel, 1998, prefácio de André Comte-Sponville.

Basarab Nicolescu, "Fondane, Lupasco et la multiple splendeur de l'être", *Convorbini literare,* nº 1 (37), Iasi, janeiro de 1999, tradução em romeno por Cassian Maria Spiridon.

Impressão e Acabamento
Com fotolitos fornecidos pelo Editor

EDITORA e GRÁFICA
VIDA & CONSCIÊNCIA

R. Santo Irineu, 170 • São Paulo • SP
✆ (11) 5549-8344 • FAX (11) 5571-9870
e-mail: gasparetto@snet.com.br
site: www.gasparetto.com.br